"中国治理观察"丛书

天津市高校习近平新时代中国特色社会主义思想研究

理解中国治理

Understanding Chinese Governance

周 望/著

天津出版传媒集团

天津人民出版社

图书在版编目(CIP)数据

理解中国治理 / 周望著. —— 天津:天津人民出版社,2019.12(2020.11 重印)

(中国治理观察丛书)

ISBN 978-7-201-15808-2

Ⅰ.①理… Ⅱ.①周… Ⅲ.①国家—行政管理—研究—中国 Ⅳ.①D630.1

中国版本图书馆 CIP 数据核字(2020)第 000791 号

理解中国治理

LIJIE ZHONGGUO ZHILI

出　　版	天津人民出版社	
出 版 人	刘　庆	
地　　址	天津市和平区西康路35号康岳大厦	
邮政编码	300051	
邮购电话	(022)23332469	
电子信箱	reader@tjrmcbs.com	

策划编辑	王　康	
责任编辑	林　雨	
装帧设计	明轩文化·李晶晶 TEL:23674746	

印　　刷	天津新华印务有限公司	
经　　销	新华书店	
开　　本	710毫米×1000毫米　1/16	
印　　张	25.5	
插　　页	2	
字　　数	280千字	
版次印次	2019年12月第1版　2020年11月第2次印刷	
定　　价	78.00元	

谨将此"中国治理"的"南开之声"

献给

新中国成立 70 周年

南开大学建校 100 周年

目　录

引言　中国治理中的技术性机制

　　作为全面深化改革设定并为之努力的总目标,推进国家治理现代化是治理者和研究者都很关注的重大议题。现代、精良且有效的治理,需要众多因素汇集并一齐发挥"综合作用"才能达成,包括体系、理论、策略、技术、能力、时机等。就技术层面而言,在中国丰富的治理实践中,一系列持续性长、遍及性广、活跃度高的技术性治理机制,已成为助推国家治理现代化进程的常用工具。这些技术性治理机制"穿插于"各个制度子系统之间,相对独立地施展功能,各自有着特定的运行逻辑及优势,灵活、机动地配合治理体系中的其他要素共同发挥作用。

　　基于持续性、遍及性、重要程度等指标,本书选择"领导小组、试点、督察、创城、网格、学习"这六项技术性治理机制为主要研究对象,就它们的现实概况、运行特点等关键议题展开梳理与解析。期望通过这些工作,可以使得各界人士,对于"领导小组、试点、督察、创城、网格、学习"这六项技术性治理机制,能够形成一个直观、到位的了解和认知。

1. 领导小组

领导小组是对广泛存在的领导小组、协调小组、工作小组、委员会、联席会议等议事性、协调性工作机构和机制的总称。

2. 试　点

试点是对各种主题的试点项目、各种类型的试验区等政策测试与创新机制的总称。

3. 督　察

督察是中央对地方、上级对下级就重大决策、重要文件、重要工作的部署贯彻落实情况所开展的督促、监督、检查等活动的总称。

4. 创　城

创城是对各式各样城市创建活动的总称,具体是指城市朝着一个明确、专门化的发展目标和定位,在限定的时间周期内,按照较为具体的标准,广泛汇集人财物等相关资源,在城市建设、城市管理中的若干领域所开展的一系列优化与提升活动。

5. 网　格

网格,即"网格化管理",具体是指依托统一的城市管理及数字化平台,根据属地管理、地理布局、现状管理等原则,将城市管理辖区按照一定标准划分为若干网格状单元,通过加强对单元网格内部件和事件的巡查,对每一网格实施动态、全方位管理。

6. 学　习

学习,即中国共产党和中国政府对世情、国情、党情的各种学习活动及行为,具体包括学习域外治理理论和实践、学习历史治理经验、学习各种现实议题的最新动态、学习党的各种理论和方法等。

这些技术性治理机制受自身存在状态的影响,在实践活动中的作用方式具有以下一些特点:其一,依附性。这些技术性治理机制本身难以通过有效的渠道独立完成相关任务,而是需要从正式制度中"抽调"出相关的要素,并对其进行"重新组合",接着再按照新的方式进行运转。其二,灵活性。这些技术性治理机制并非法定制度的组成部分,在法律法规中并无约束性的规定,较少受到成文规则的约束,没有那么多固定的原则或程序需要遵守,在开展实际活动时虽也有一定的工作步骤,但无须时时刻刻严格地遵循,运作过程的灵活性较为突出,在必要的时候常常突破相关的条条框框。其三,隐匿性。这些技术性治理机制毕竟不属于正式制度,并不彰显于整个治理体系的外层,它们隐藏于正式制度框架之中,相关的功能分布于体系中各个层面和单元,由一系列"无形而有力"的精巧治理方式构成。

在庞大的国家治理体系、丰富的国家治理实践中,关键的技术性治理机制当然不止"领导小组、试点、督察、创城、网格、学习"这六项。本书对它们的择取,是对活动频度、篇幅限制等客观因素,以及研究偏好、前期积累等主观因素进行综合考虑后的结果。在未来的研究阶段中,显然有必要保持与时俱进的更新。这既是一项需要持续投入的基础性工作,亦是一个极具学术价值的机遇与挑战。

领导小组

　　领导小组，是对广泛存在的各级各类领导小组、协调小组、工作小组、委员会、指挥部等议事性、协调性工作机构和机制的总称。作为中国本土贡献出的特定名词和特有话语，"领导小组"以其广泛的存在、丰富的功能和鲜明的特质，构成了中国国家治理体系中的一个重要板块。现实中各项重大改革的启动、各种重要政策的推进，都伴随着一批新的"领导小组"的成立，并在这些"领导小组"的主导下进行。"领导小组"的具体名称、人员构成，可以反映出政策事项在整个治理议程设置中的重要程度和优先性。正因如此，中外研究界、实务界已普遍将"领导小组"作为观测中国治理动态的关键坐标。

一、现状概览

在中国国家治理体系的实际运转过程中，能够经常看到冠以各种名称的"领导小组"，这些小组数量众多、活动频繁。但是无论是在中国共产党组织机构图还是中国政府组织机构图中，都难以见到"领导小组"的"身影"，它们既不进入正式的党政组织机构名录，其人员构成、具体运作情况也很少正式公开。"领导小组"在现实中的活跃度与其存在方式上的隐蔽性，显然形成了一种特殊的反差。

基于持续性、遍及性、重要程度等指标，这里主要介绍中央领导小组、国务院议事协调机构的基本现状。

党的十八大以来，"领导小组"尤其是中央领导小组、国务院议事协调机构发生了较大的变化。这些调整和优化既包括全新"领导小组"的成立、部分"领导小组"的撤并更名，还包括"领导小组"在运行方式上的转变和更新。可以说，在一系列新思路的指导下，"领导小组"进入了发展演化的一个新时代。

伴随着全面深化改革事业的启动，"领导小组"在新时期，以新的形式发挥作用。为完成重大战略性任务、有效推进各项重大改革，一批新的中央领导领导小组、国务院议事协调机构陆续成立并开始运转。

党的十九大尤其是十九届三中全会之后，中共中央对"领导小组"进行了改革开放以来最大规模的一次调整及优化。在新的思路指导下，一批新的"领导小组"成立并开始运行，原有若干"领导小组"得到了新改组。以此为起点，

理解中国治理

"领导小组"在中国国家治理体系和治理实践中的定位和作用,已经全面进入一个新的发展时期。

具体而言,现阶段中央领导小组的主要特征是:由过去的"系统—领导小组"这一组成结构,逐步向"跨系统领导小组—系统—领导小组"这一组成结构转变(见表1.1)。

表1.1 "中央领导小组"基本概况

跨系统领导小组	系统	领导小组集群
中央全面深化改革委员会	经济	中央财经委员会 中央农村工作领导小组
	文宣	中央网络安全和信息化委员会 中央精神文明建设指导委员会 中央宣传思想工作领导小组 中央教育工作领导小组
	组织	中央机构编制委员会 中央人才工作协调小组(中央西部地区人才开发协调小组)
	党务	中央党的建设工作领导小组 中央巡视工作领导小组 中央审计委员会
中央国家安全委员会	安全	中央军民融合发展委员会 中央军委深化国防和军队改革领导小组 中央密码工作领导小组
	外事	中央外事工作委员会 中央对台工作领导小组 中央港澳工作协调小组
	政法	中央全面依法治国委员会 中央司法体制改革领导小组

资料来源:作者根据有关于"中央领导小组"的各种公开新闻报道整理而成。

在目前中央政府层面的议事协调机构中,一部分是被直接归入了国务院议事协调机构行列,另一部分则不是。在2008年的国务院机构调整之后,国务院正式公布的议事协调机构共有30个,其中名称为"领导小组"的有8个,"委员会"的有18个,"指挥部"的有3个,"办公室"的1个(见表1.2)。

表1.2 国务院议事协调机构概况①

以"国家"为名称
国家反恐怖工作领导小组、国家防汛抗旱总指挥部、国家国防动员委员会、国家减灾委员会、国家教材委员会、国家禁毒委员会、国家科技领导小组、国家能源委员会、国家森林草原防灭火指挥部、京津冀及周边地区大气污染防治领导小组、京津冀协同发展领导小组、推动长江经济带发展领导小组、推进"一带一路"建设工作领导小组、粤港澳大湾区建设领导小组
以"全国"为名称
全国爱国卫生运动委员会、全国打击侵犯知识产权和制售假冒伪劣商品工作领导小组、全国教育科学规划领导小组、全国老龄工作委员会、全国绿化委员会办公室、全国拥军优属拥政爱民工作领导小组、全国哲学社会科学工作领导小组、全国政务公开领导小组
以"国务院"为名称
国务院安全生产委员会、国务院促进中小企业发展工作领导小组、国务院反垄断委员会、国务院防治艾滋病工作委员会、国务院扶贫开发领导小组、国务院妇女儿童工作委员会、国务院关税税则委员会、国务院国有企业改革领导小组、国务院教育督导委员会、国务院金融稳定发展委员会国务院抗震救灾指挥部、国务院农民工工作领导小组、国务院深化医药卫生体制改革领导小组、国务院食品安全委员会、国务院推进政府职能转变和"放管服"改革协调小组、国务院学位委员会

资料来源:作者根据《国务院关于议事协调机构设置的通知》(国发〔2008〕13号)和2018年党和国家机构改革方案等资料,以及公开新闻报道整理而成。

---

① 按照拼音顺序排列。2008年之后,国务院未再公布正式的议事协调机构名单。故作者以2008年国务院议事协调机构名单为基础,结合2018年3月的党和国家机构改革方案和公开新闻报道,对部分信息进行了更新。

二、运行特点

在治理实践中,"领导小组"普遍形成了"中轴依附"这一组织架构及"虚实相依"的存在方式,并在此基础上生发出"借力"与"自立"的双重运行逻辑,进而在这一逻辑下分化呈现为比较稳定的四种运行模式。

(一)"中轴依附"的组织架构

本书从"领导小组"的权力和职责分配重心的差异的角度出发,将"领导小组"的结构特点概括为"中轴依附"。中国各种类型的"领导小组",包括党政两方面的各种"领导小组",以及作为"阶段性工作机制"的各种"领导小组"等,它们的组织结构都普遍带有这一特点。

这是"中轴依附"的结构框架(见图1.1)。本书在对"领导小组"的各个组成部分在实际运行中的权责分配情况进行考察后认为,在"领导小组"的组织结构中,职能和权力重心主要集中于"领导成员—牵头部门—办事机构"这条线上,它们构成了"领导小组"在实际运行过程中的一条中轴线,而其他组成部门只是"依附"于这条中轴线而开展工作。

```
                        ┌──────────┐
                        │  领导成员  │
                        └────┬─────┘
        ┌──────────┬────────┼────────┬──────────┐
   ┌────┴────┐┌────┴────┐┌───┴────┐┌───┴────┐┌────┴────┐
   │组成部门 A ││组成部门 B ││ 牵头部门 ││组成部门 C ││组成部门 D │
   └─────────┘└─────────┘└───┬────┘└────────┘└─────────┘
                        ┌────┴────┐
                        │  办事机构  │
                        └─────────┘
```

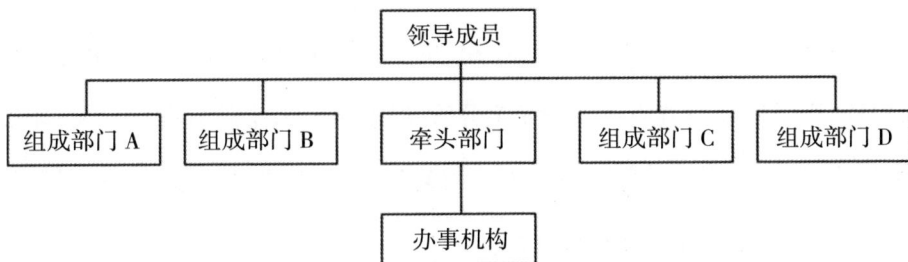

图1.1　领导小组的"中轴依附"组织架构

1. "中轴依附"结构的具体内容

（1）领导成员

"领导小组"通常不设置专职的领导,其领导成员都是由常设党政机关的相关领导兼任的。通过采用兼任领导的模式,"领导小组"可以充分运用领导成员原有职务的权力来完成计划所设定的任务,当原有职务不符合完成计划所需要的权力时,还通过正常的组织渠道,在宣布领导成员组成的同时,正式授予领导小组成员必要的"附加权力"。①

"领导小组"的正职领导一般是根据党政机关领导的原有业务分工,来出任相关"领导小组"的负责人。就多数情况而言,在中央一级,通常是由一位政治局委员或国务院副总理、国务委员出任"领导小组"的领导正职,个别情况下也可以由相关部委的负责人担任;在地方上,"领导小组"的负责人同样也是根据党政领导的日常分工来确定。"领导小组"的副职领导则有多种情况。党的方面的情况较为简单,基本上是一正一副或一正两副;在政的方面,副职

---

① 朱光磊:《当代中国政府过程(第三版)》,天津人民出版社,2008年,第153页。

的数量和构成则是视"领导小组"所承担工作的规模和复杂性,以及正职的情况等多种因素而定。如果该"领导小组"的工作非常重要,正职直接由行政首长担任,则副职一般就由对应的相关分管副职出任,通常就只有1至2人;如果"领导小组"的正职已经是常设机构的相关分管副职,则副职多由主要涉及的几个部门的代表出任,一般达4至7人。

"领导小组"采用高密度集合型的政治权力结构,充分"借用"高层级领导的原有权力,这一独特的领导构成和权力来源方式造就了"领导小组"不同于一般性常设机构的巨大权威性。虽然对"领导小组"的政治级别在制度上没有明确的规定,但它们在实际运行中的影响显然要比其他正式序列机构高出许多。比如中共中央层面的"领导小组",其实际中的政治地位明显要高于中共中央各部,它们直接向政治局及其常委会负责;国务院的议事协调机构的实际地位也高于各部委,其在与多个部门联合的发文通知中一般都居于首位。地方上的"领导小组"同样如此。这些都与"领导小组"的领导成员的高规格有着直接关联。

(2)组成部门

数量多、涉及面广是"领导小组"在部门构成上的一个显著特点。"领导小组"根据其所担负工作任务的性质和具体内容,本着宽泛的原则,尽量将涉及的相关联部门吸纳为成员单位,并且依据各部门原有的政治排序来确定它们在"领导小组"结构中的次序。"领导小组"的非领导成员就是由这些组成部门各派出一名"代表"构成,通常是各个部门内分管相关工作的副职,如果涉及的任务与本部门工作职能的相关性程度较高,也可能直接派出部门的负责人作为代表。

关于这些组成部门在"领导小组"中的具体分工,一般是在各个部门日常工作职能的基础上,结合"领导小组"所承担任务的特点,明确规定有相应的职责分配。由于各个组成部门自身职能安排与"领导小组"的任务指向的结合程度存有差异,彼此之间所承担工作量的大小不尽相同,因此还可以将它们进一步区分为主要部门和一般部门,而这从各个组成部门所派出的代表是否担任"领导小组"的领导副职就可以加以判断。首先,在"领导小组"的结构中存在有几个主要的责任部门,它们与"领导小组"的联系较为紧密,承担着"领导小组"的大部分工作,因此相对于其他部门成员,其重要性更为突出,这些部门的代表通常也就担任着"领导小组"的副职领导,尤其是这几个主要部门中工作任务最重的,通常称为牵头部门或承办部门,其代表一般担任着"领导小组"的第一副职。其余一般性的部门与"领导小组"工作的关联性弱于前者,所担负工作量较小,其派出代表通常就担任"领导小组"的一般成员。

(3)办事机构

"领导小组"的办事机构,主要有以下几种设置模式:绝大多数的"领导小组"现在已经不再单独设置办事机构,而是将"领导小组"的日常工作直接交由主要责任部门的某个内设机构承担,也即这个内设机关"兼任"着"领导小组"的办事机构的角色;还有一部分"领导小组"将办事机构设置在牵头的主要责任部门内,通常是采取与部门内设机关"一个机构两块牌子"的形式;也有一些办事机构是与某个常设机构"合署办公";只有少数几个"领导小组"的办事机构是完全单独设置的,如常设的国务院扶贫开发领导小组办公室。这些机构都内设有职能机构,个别还下辖有直属事业单位,它们不但享有相应的划拨经费,而且还占有行政和事业编制,这同时也是"领导小组"的所有组成部分中唯一单独占有编制的。

相应地,各个办事机构负责人的任职方式也不尽相同。与"领导小组"的领导成员类似,大多数办事机构的负责人是由对应常设机构的负责人兼任的:有的是由来自主要责任部门的"领导小组"的副职领导兼任办事机构的正职,并同时由这个部门某个内设机构的主管出任常务副职,这个常务副职也在事实上负责办事机构的日常工作;也有一种情况是直接由承担相关工作的部门内设机构正副主管一起兼任办事机构的正副职。除此之外,那些完全独立设置的办事机构,其机构负责人则同样是单独任命的专职人员,并拥有相应的行政级别。

2."中轴依附"的表现形式

(1)中轴线主导

在"中轴依附"结构中,领导成员、牵头部门及其相应的办事机构承担了"领导小组"绝大部分的工作,在"领导小组"中发挥着主导性的作用,它们一起构成了"领导小组"在权力和职责上的一条中轴线。

就具体的权责划分而言,领导成员的工作职责主要可以概括为"协调、组织、决策"。首先是协调,即协调和统一各成员部门配合"领导小组"的工作,执行"领导小组"的相关决策,如果"领导小组"的工作范围还涉及国际合作与对外交流,则还要负责协调外国、国际组织在国内的相关活动;其次是组织贯彻重大方针政策的实施,这既包括组织实施上级和同级党委和政府在这一方面的方针、政策、法规、规划、计划等，也包括"领导小组"自身做出的一些决策，并组织各成员部门交流执行情况，推广先进经验，表彰先进典型等，一般是通过召开动员性大会或专题性会议，由"领导小组"的领导发表会议讲话的形式启动政策实施活动，而具体的组织实施工作则是由办事机构承办；领导成员还有一项重要职责是决策，即就"领导小组"所承担业务的方针、政策、工作规划等进行审议并做出决定，如果是比较重大的决策事项，还需要向同级党委和政府请示、报告。

在"领导小组"的所有组成部门中，牵头部门的作用相对而言是比较突出的，而这又具体通过办事机构体现出来，牵头部门与办事机构在"领导小组"中的职责是高度重合的。"领导小组"的办事机构或者是由牵头部门的某个内设机构"兼任"，或者挂靠到这个牵头部门，即使是完全单独设置的办事机关，它与牵头部门在业务上也有着密切往来和相近似的部分。办事机构的主要职责是负责"研究、执行、承办"。首先是开展调查研究，提出有关法规、政策建议，供"领导小组"的决策作参考；其次是具体组织贯彻落实"领导小组"所做出的各项决策，并且还要指导、督促和检查各个成员单位以及下面对口的"领导小组"执行政策的情况；最后是承办"领导小组"交办的日常工作及其他工作事项，包括文件的起草、有关会议的会务工作、"领导小组"的财务管理、联络各成员单位并向议事协调机构报告其工作进展、组织宣传活动、编发工作简报及相关刊物等。在办事机构内部一般都还设置有相应的部、处、室，对上述职责又各自作了进一步划分。

（2）外围依附

在中轴线的外围，则是其他组成部门在依附于这条中轴线而运行。"领导小组"里面的一般成员能参与法规、政策的审议和决定，能提出自己的意见，但它们的主要职责还是在于代表自己所在部门为"领导小组"的工作提供协助，将"领导小组"的决议和要求"带回"到各自的部门中去，并将所在部门的意见反馈回来，它们只是"依附"在"领导小组"的在实际运行中的"中轴线"周围，仅仅与"领导小组"保持着短线联系。

在"领导小组"中，除牵头部门之外的各个组成部门普遍居于比较被动的地位。首先，这些部门一般是在"领导小组"的成立通知中，按工作业务的相关联程度被列入成员单位名单，并规定有相应的工作职责，并不会事先周知；其次，这些部门的职责发挥基本上以执行"领导小组"的决策为主，虽然它们会参加"领导小组"的相关会议，但主要是以接受工作安排为主，而较少发表意见，只是在"领导小组"做出决议后，各成员单位"分头去办"，并按要求向"领导小组"定期作政策执行情况的报告。在这一情况下，一般性组成部门的作用得不到凸显。尤其是"领导小组"所交办的部分工作实际上就已经在各成员单位已有的职责范围之内，因此这些部门不过是在完成本职工作而已，参加"领导小组"的会议等活动更多是一种"政治表态"。

（二）虚实相依的存在方式

"领导小组"在存在方式上呈现出虚实结合的特点，这是"领导小组"在运行过程特殊性方面的另一项重要体现。

一方面,"领导小组"并不进入各级政府机构的正式序列,不被列入政府机构名录。首先,"领导小组"不具备一般性组织机构所需的相关要件,就"领导小组"本身而言,它既不挂牌子,没有固定的办公场所,也不单独确定人员编制,不核拨经费,不确定机构规格,游离于"三定"(定职能、定机构、定编制)规定的约束范围之外;其次,各种类型的"领导小组"并无常规性的工作职责,一般只是在每一年的几个固定时间段,以召开会议、报告或检查工作等形式开展活动,平时则处于"休眠"状态;最后,"领导小组"也不具备有独立的"法人"资格,不是法律意义上的行政主体,一般不能独立发布行政命令,不能独立做出影响客体权利义务的行政行为,而是以上级机关或涉及的职能部门联合的名义发文或行动,并且其本身无法对外承担行政法律责任,不能作为行政诉讼或行政复议中的被告或被申请人。这些都是"领导小组"虚置化的一面。

另一方面,虽然"领导小组"本身并不具备正式机构通常应有的条件,但"领导小组"的办事机构却是实实在在的,并受"三定"规定的约束。它不但挂牌子、拥有固定的办公场所(多数情况是"一个机构两块牌子",或者采用合署办公的形式),而且占有人员编制(一般由承担具体工作的行政机构解决),享有下拨财政经费,有相应的行政级别,即使没有单独下设实体性办事机构,也会明确承担日常具体工作的正式序列部门;同时,"领导小组"可以通过召开协调性的决策会议,在会议结束后以会议通知、会议纪要等形式发布政治系统内部的决定和命令,这些决策和命令都具有事实上的效力和约束力,并且各种"领导小组"还可以通过定期工作指导、突击检查等形式确保决策得以实施,这些显然都是"领导小组"实质性的一面。

当然,对"领导小组"的"虚"和"实"这一双重性特征既不可一概而论,也不能截然分开。"领导小组"在存在方式上以虚的一面保证了工作的灵活性和高度机动能力,又以实的一面确保了工作力度和施政效率,"领导小组"在实际运行过程中的显性化功效正是通过表面上看似隐性化的存在才得以充分发挥出来,二者相得益彰。

(三)借力与自立的双重运行逻辑

"领导小组"的种种特殊性,集中表现在它自成一脉的运行逻辑之中。历经长时间的发展,"领导小组"的运行架构已呈现出较为清晰的普遍性和规律性,基本稳定在如下四个板块:一是领导成员,各级"领导小组"的负责人基本都由同级党政领导班子成员担任;二是组成部门,"领导小组"的成员单位由十几个乃至数十个常设职能部门构成,而其中又有一个担负着主要职责的"牵头部门";三是办事机构,按惯例设在"牵头部门"的内部,便于承担"领导小组"的日常工作;四是"牵头部门"及办事机构主导而设的督促检查机制、考核评比机制。显然,从组织架构上看,"领导小组"就与正式序列机构存在着较为明显的不同。这些差异体现在"领导小组"的实际运行过程中,就呈现出一个较为独特的双重运行逻辑(见图1.2)。

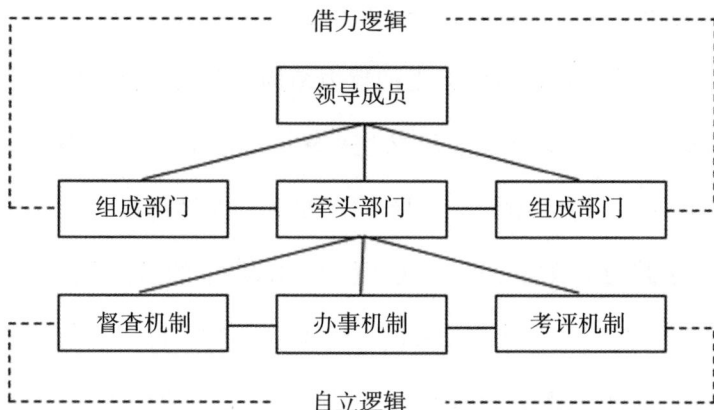

图1.2 "领导小组"的双重运行逻辑简示

1. "领导小组"运行的"借力"逻辑

"领导小组"的运行首先遵循着"借力"逻辑,这是指"领导小组"基本都是"借助于"常设组织体系中的各种要素来保持运转和发挥作用,并不能"另起炉灶",建立并拥有一整套完全独立的组织运行网络。"领导小组"的"硬件"和"软件"来自于对正式序列机构相关因素的"定向选取"和"重新组合",各种运作仍需依赖已有的党政组织系统。

(1)借力权威影响

在领导成员方面,"领导小组"较少设置专职的领导,机构负责人通常都是根据同级党政领导班子原有的业务分工,采取"兼任"的方式产生。通过这一任职方式,"领导小组"可以充分运用领导成员原有职务的权力,来完成相应的工作任务。就多数情况而言,在中央政府层面,通常是由国务院领导来出任"领导小组"的正职,相关部委的负责人担任副职,个别情况下也可以由部委负责人直接担任"领导小组"的正职。在地方上,"领导小组"的领导成员同样也是根据党政领导班子的日常分工来确定。

"领导小组"采用高密度集合型的权力结构,充分"借用"更高级别领导的原有权力,这一独特的领导构成和权力来源方式造就了"领导小组"不同于一般性常设机构的显著权威性。"领导小组"成为一个超部(门)级的权力单元,由部门领导过渡到了政府领导,实现了权力和权威上的明显放大。虽然对"领导小组"的政治级别在制度上没有明确的规定,但它们在现实运行中的影响力显然要强于其他常设序列机构。比如,国务院议事协调机构的实际地位就高于各部委,其在与常设部门的联合发文中一般都居于首位,各级地方政府的"领导小组"基本上也是如此。这些都与"领导小组"领导成员的高规格有着直接关联。

(2)借力常设机构

在组成部门方面,"领导小组"的成员单位是从常设组织体系中选择职责相关联的若干部门重新"排列组合"而成,并非自成体系地另建一套组织网络。数量多、涉及面广是"领导小组"在部门构成上的一个显著特点。"领导小组"根据其所担负工作任务的性质和具体内容,本着宽泛的原则,尽量将涉及的相关联部门吸纳为成员单位。这些成员单位需派出一名"代表",通常是部门内分管相关工作的副职担任"领导小组"的非领导成员。如果涉及的任务与本部门工作职能的关联程度较高,就直接派出部门负责人作为"领导小组"的成员。

"领导小组"的工作需要成员单位的配合与协助才能完成,他们为机构运转提供了人财物等物质基础。这些组成部门在"领导小组"中的具体分工,一般是在各个部门日常工作职能的基础上,结合"领导小组"所承担任务的特点,明确规定有相应的职责分配。由于各个组成部门的职责范围与"领导小组"的任务指向的相近程度存有差异,故彼此间所承担工作量的大小不尽相同,因此"领导小组"通常还会从成员单位中确立一个"牵头部门",作为最主要的职责承载者。"牵头部门"与"领导小组"的联系最为紧密,一般会将自身某个内设机构同时作为"领导小组"的办事机构,承担着"领导小组"的大部分工作。因此,相对于其他成员部门,"牵头部门"的重要性更为突出,这一部门的代表通常担任"领导小组"的副职或第一副职。

2. "领导小组"运行的"自立"逻辑

"领导小组"运行的"自立"逻辑,是指随着实际工作的展开,"领导小组"在继续借助常设组织体系中相关要素"为我所用"的同时,逐步构建起自身相对独立的一套运行机制。组织理论的大量研究已经表明,任何组织一旦成立,便内含了"自我保护"的天然基因。为了尽可能地延长组织存续期,组织自身会想方设法地自证组织任务的重要性、组织存在的合理性,于是职责范围、人员规模的扩展和增加自然也就不可避免。就"领导小组"而言,为了应对"任务结束/弱化——机构终结/边缘化"的可能结局,在其"牵头部门"特别是办事机构的主导下,一系列强化自身地位的功能性机制得以确立并运转起来。

面对涉及多部门的跨领域事务,单个部门往往难以独立应对,经常需要寻求同级其他部门的支持和协助。但是由于官僚制的固有惰性、部门间竞争的现实存在,常规性的协调手段总是难以奏效。而通过另行设置跨越各部门之上、权力权威更高的议事性协调性机构,负责该事务的部门就能够更为广泛、有效地调动各种资源,推动其他部门配合完成工作。因此可以说,在"领导小组"的所有组成要素中,"牵头部门"及办事机构是最大的"利益攸关方"和受益者,具有延续"领导小组"存在、强化其权责的强烈动机。与此同时,"牵头部门"及办事机构作为协调事务的主要承载者,虽然可以"借助"更高层领导人、平行部门的相应资源来推动各种工作,但为确保政策落实到位的许多后续工作,仍需自己来完成。出于这一现实考虑,"牵头部门"及办事机构亦需建立一整套技术性保障机制。

(1)确立督促检查机制

为保障"领导小组"所做出的工作安排、任务计划能够得以按时保质地完成,"牵头部门"及办事机构要对政策落实的整个后续过程进行"保驾护航",担负着观测、督促和检查各成员单位执行相应政策的重要职责。督促检查的内容包括:政策精神传达贯彻情况、总体实施方案、年度工作目标与计划、部门职责分工、推动各项工作的具体保障措施、目标完成进度,以及政策实施过程中存在的困难、问题和建议等。

在这一过程中,"牵头部门"及办事机构确立起多种形式的督促检查机制。一是会议推动,通过年度工作会议、专题工作会议、现场推进会议、电视电话会议、业务培训会议、经验交流会议等,将政策督促工作维持在一个较高频率,经常性地提醒各成员单位完成相应工作的紧迫性;二是开展活动,通过运动式的全方位动员,包括固定周期和主题的活动以及一些临时性活动,强化部分重要政策的执行力度;三是专项督查行动,通过听取汇报、召开座谈会、查阅文件和相关资料、组织自查、现场抽检核查等方式,对各成员单位进一步

"加压",彰显议事协调机构所下达工作任务的重要性和严肃性。

(2)确立考核评比机制

为测度各成员单位落实"领导小组"所分配任务的到位程度和效果,"牵头部门"及办事机构会采取定性、定量等手段,在推出一系列技术标准、指标体系的基础上,对相关部门及负责人展开考核评估,并以考核评估的结果为依据做出进一步的行动,包括将考评结果作为综合评价领导班子和有关领导干部的重要依据,以及财政转移支付、荣誉称号等方面的奖惩措施。

考核评估的内容包括常态化的周期性考评,以及针对一些特定项目的不定期考评。同时,在初次考评合格后,还会有随机抽查式的复评,以保证考评作用机制的长效性。考核评估的具体方式包括:一是"牵头部门"及办事机构直接对成员单位展开考评工作,就其完成预定工作内容的实际情况进行考核、验查、评判;二是"牵头部门"及办事机构委托给第三方,通过组建评审专家库,从中随机抽取一定数量的专家组成考核组,运用暗访、技术评估、综合评审等手段展开考核评估工作。

通过考核评估,"牵头部门"及办事机构能够对相关部门及负责人形成真正意义上的监督、制约。带有"指挥棒"性质的考评指标体系,在一定程度上强制地引导、规范着相应职能部门有效完成"领导小组"所设定的任务目标。尤其是考评结果与奖惩措施的实质性挂钩,如是否达标、"挂牌"还是"摘牌"等,使得政策执行工作具备了相当程度的动力和压力。这些都进一步强化了"领导小组"存在的权威性和正当性。

(四)双重逻辑下的四种运行模式

"借力"与"自立"是各种领导小组所遵循的一个共同运行逻辑。然而,在复杂的治理现实中,这一逻辑并不会完整地呈现于所有"领导小组"的运行过程实践中,而是在不同的"领导小组"身上有着对应的差异化状态。受资源约束、主观意愿、操作能力等因素的影响,每个"领导小组"对于领导成员、组成部门的借力程度,以及"领导小组"办事机构的自立程度各有高低、不尽一致,进而形成不同的"领导小组"运行模式(见表1.3)。

表1.3 双重逻辑下"领导小组"的四种运行模式

		借力程度	
		高	低
自立程度	高	常 态	实 体
	低	间 歇	虚 置

如表1.3所示,在借力程度高、自立程度高的情况下,"领导小组"呈现出的是常态化运行,即活动频率很高;在借力程度高、自立程度低的情况下,"领导小组"呈现出的是间歇性运行,即时断时续地活动;在借力程度低、自立程度高的情况下,"领导小组"呈现出的是实体化运行,即与正式序列机构别无二致;在借力程度低、自立程度低的情况下,"领导小组"呈现出的是虚置状态,即未有过实质性的活动。

本书将隐于"领导小组"运行实践背后的机理归纳为"同一逻辑、不同呈现",进而为理解现实中"领导小组"的运行现象提供了一个更加完备、准确的解释性框架。虽然"领导小组"的活动形态纷繁复杂,但不能就此"一对一"式地为每一类"领导小组"都推导出独属的运行逻辑。更为接近真实情形的因果链条是,所有"领导小组"的运行遵循的自然是同一个逻辑,只是这一逻辑在各个"领导小组"身上有着不同呈现。下面,就对"借力"与"自立"逻辑下"领导小组"的四种运行模式依次展开具体阐释。

1. 借力程度高、自立程度高:常态化运行

在借力程度和自立程度都高的情况下,"领导小组"既通过其领导成员、组成部门调用了大量资源,同时自身还拥有一整套独立、完善的组织体系,从而保持着常态化运行。负责公共服务类、民生建设类的"领导小组",大多呈现出这一运行模式,如普遍存在于各级政府中的爱国卫生运动委员会、绿化委员会、妇女儿童工作委员会、残疾人工作委员会、扶贫开发领导小组、老龄工作委员会等。这是由于该事务领域内的职能部门不具有"强势"地位,因而在涉及跨部门的工作时需要更高层级领导人和其他部门的支持、协助,同时这类公共事务所天然带有的日常性、琐碎性,又需要领导小组办事机构通过专门的工作机制进行实时跟进。

扶贫开发领导小组是常态化运行模式的一个典型代表。扶贫开发领导小组的职责包括:拟定扶贫开发的法律法规、方针政策和规划,审定扶贫资金分配计划,组织扶贫调查研究和工作考核,协调解决扶贫开发工作中的重要问题。就"借力"而言,各级政府中的扶贫开发领导小组,通过其组长、副组长、组成部门,从各种渠道保持着对扶贫开发工作的持续、可观投入。在中央政府层面,国务院扶贫开发领导小组组长由国务院副总理担任,副组长由国务院副秘书长、扶贫办主任、总政治部副主任、中央农办副主任、国家发改委副主任、

民政部副部长、财政部副部长、农业部副部长、中国人民银行副行长9人担任，同时还囊括了国务院办公厅、总政治部、国家发改委、民政部、财政部、农业部、中国人民银行、中央组织部、中央宣传部、中央统战部、中央直属机关工委、中央国家机关工委、外交部、教育部、科技部、工业和信息化部、国家民委、人力资源和社会保障部、国土资源部、环境保护部、住房城乡建设部、交通运输部、水利部、商务部、文化部、卫生计生委、国资委、新闻出版广电总局、统计局、林业局、旅游局、国研室、银监会、证监会、保监会、能源局、中国铁路总公司、中国农业银行、供销合作总社、全国总工会、共青团中央、全国妇联、中国残联、全国工商联等44个组成部门，是成员单位最多的领导小组。地方上的各级扶贫开发领导小组实行党政领导扶贫工作责任制，通过地方党委书记和行政首长，确保扶贫开发工作在地方发展规划、公共事务议程中的优先性，领导小组的各组成部门则分头负责下达扶贫开发资金的使用和管理、当地扶贫开发项目的具体实施。就"自立"而言，扶贫开发领导小组拥有一个独立、完整的全国性组织网络。国务院、省、市、县的扶贫开发领导小组办公室都系单独设置，乡镇则设有扶贫专干。各级扶贫办的主任、副主任实行专职专任，内设机构健全、人员编制充足，同时各个扶贫办之下还存在着若干事业单位、行业协会与社会组织，以协助扶贫办完成相关工作。正是通过"借力"和"自立"双管齐下，扶贫开发领导小组的各项工作得以有条不紊地进行，整个组织保持着彼此协调、频度适中的常态化运转节奏。

2. 借力程度高、自立程度低：间歇性运行

在借力程度高、自立程度低的情况下，"领导小组"主要通过其领导成员、

组成部门来完成相应的工作任务,并未形成自身较为独立的组织系统。由于这类领导小组的运行基本依赖于其领导成员的"注意力分配",[1]以及其组成部门的资源匹配,因而呈现出的是间歇性运行状态。这同时也是"领导小组"最为普遍的一种运行模式。间歇性运行的"领导小组",具体可分为两种情况。一种情况是战略类、改革类的"领导小组",如高层次的"中央领导小组"和部分"国务院议事协调机构",它们需承担全局性、突破性的关键任务,要超脱局部范围、具体部门的利益,不允许有自己的"一亩三分地";另一种情况是专项治理类、单一事务类的"领导小组",如为应对数据普查、整治整顿、重要活动、事故处理等事项而成立的各种"领导小组",它们需承担已有的正式序列机构难以处理的临时性工作任务,要迅速在短时间内动员、聚集大量的人财物等资源,任务周期有限,不必设置单独的组织体系。

第一种情况的一个典型代表是政府购买服务改革工作领导小组。各级政府中的政府购买服务改革工作领导小组负责统筹协调政府购买服务改革事务、组织拟订政府购买服务改革中的重要政策措施,包括制定改革方案、明确改革目标任务、推进改革工作、研究解决跨部门跨领域的改革重点难点问题、督促检查重要改革事项落实情况等。就"借力"而言,在中央政府层面,政府购买服务改革工作领导小组的组长由国务院副总理担任,副组长由财政部部长、国务院副秘书长担任,组成部门包括中央编办、国家发改委、民政部、财政部、人力资源和社会保障部、中国人民银行、税务总局、工商总局、国务院法制

---

① 练宏:"注意力分配——基于跨学科视角的理论述评",《社会学研究》,2015年第4期。

办等。地方上的政府购买服务改革工作领导小组,亦照此人员结构层层对口搭建。就"自立"而言,各个层级的政府购买服务改革工作领导小组办公室,设在相应的财政部门内部,由财政部门相关负责人担任办公室主任,依托其内设机构来完成"领导小组"的日常事务,并未另行建立专门性的组织资源。该"领导小组"间断性地运行,仅在特定时间段才会"动"起来,以会议形式开展活动,在其他时间则处于"沉寂"状态。

第二种情况的一个典型代表是经济普查领导小组。各级政府中的经济普查领导小组负责经济普查工作的组织和实施,协调解决经济普查活动中的各种问题。就"借力"而言,在中央政府层面,经济普查领导小组的组长由国务院副总理担任,副组长由国务院副秘书长、国家统计局局长、国家发改委副主任、中央宣传部副部长担任,组成部门包括中央编办、民政部、财政部、税务总局、工商总局、国家标准委、国家统计局等。地方上的经济普查领导小组亦照此人员结构层层对口搭建。就"自立"而言,各个层级的经济普查领导小组办公室设在相应的统计部门内部,由统计部门相关负责人担任办公室主任,承担领导小组交办的各种日常工作,包括研究提出启动经济普查工作的建议方案、督促相关主体落实经济普查的具体事项、加强与有关方面在经济普查工作中的沟通协调。经济普查领导小组的运行,显然只限于普查工作期间,与普查工作的启动和结束保持着同步,除此之外并无常规性化的工作任务,间歇性的特征极为明显。

3. 借力程度低、自立程度高:实体化运行

在借力程度低、自立程度高的情况下,"领导小组"自身具备完整的组织

体系,拥有足够的人财物储备来独立完成相应的工作任务,较少借助领导成员、组成部门的力量。公共安全类、工程建设类的"领导小组",大多呈现出这一运行模式,如各级政府中的防汛抗旱指挥部、抗震救灾指挥部、森林防火指挥部,以及广为人熟知的国务院三峡工程建设委员会、国务院南水北调工程建设委员会等。这是由于此类公共事务的专业性普遍较强,同时这一领域如发生状况,其所引起的连锁反应难以预判,因而需要保证组织体系的功能齐全、人员稳定,以在处置应对时能够做到统一指挥、反应迅捷。实体化运行的"领导小组",其办事机构与正式序列机构基本完全一致,具备机构"三定"规定里面所包含的各种内容,即"部门职责、内设机构、人员编制"等要素齐全而清晰,自立程度相较于常态化运行的"领导小组"更高,足以单独应对日常现实工作所需。只有在出现重大、特大的公共危机事件时,才会通过其领导成员、组成部门动员和吸纳更多的资源。

森林防火指挥部是实体化运行模式的一个典型代表。各级森林防火指挥部的职责包括:指导本地区森林防火工作和重特大森林火灾扑救工作,协调有关部门解决森林防火中的问题,检查相关主体贯彻执行森林防火的方针政策、法律法规和重大措施的情况,监督有关森林火灾案件的查处和责任。就"借力"而言,相较于习惯以党政主要领导为正副组长,且组成部门数量普遍超过20个的大多数领导小组,森林防火指挥部的领导成员级别、组成部门数量显得"缩水"不少。各级政府的森林防火指挥部总指挥,仅由对应的林业部门负责人担任,组成部门的数量、工作联系都不多。就"自立"而言,作为办事机构的森林防火指挥部办公室,设置在各级林业部门的内部。从中央政府层面的国家森林防火指挥部到各级地方的森林防火指挥部,构建起一整套力量充实、功能多样的森林防火工作体系,拥有类型丰富的资源可供使用。在国家森林防火指挥部办公室之下,存在着南(北)方航空护林总站、南(北)方森林防火协调中心、森林防火物资储备中心、森林防火预警监测信息中心、卫星监测林火分中心等若干个专业性机构。省、市、县的森林防火指挥部及其办公室下设了护林站、森林消防队、防火检查站等精干组织。这些实体性组织力量的搭建,首先在于全方位防范和预警,致力于把森林火灾的发生概率降到最低。而当森林出现火情时, 这些实体性组织力量可以在第一时间对其进行处置,尽可能控制破坏范围和损失程度。

4. 借力程度低、自立程度低:虚置状态

在借力程度和自立程度都低的情况下,"领导小组"既没有通过其领导成员、组成部门调用过相应的人财物资源,也不具备能够为己所用的组织要素。这一类"领导小组"通常以各种"名义"大批量地出现,但只存在于"某某通知""某某文件"等"纸面"上,事实上基本没有正式运转过,处于一种特殊的虚置化状态,成立不久便被大批量地撤销。各级地方政府中为处理迎接检查、创建活动等事务而设立的专门性"领导小组"大多处于这一存在状况。为凸显对某项新事务或临时事务要 "加强重视""加强组织领导", 从而设立专门性的机构,是中国各级地方政府运行的一个重要特征和传统,其直接表现就是成立各种名目的"领导小组",由主要党政领导担任组长、副组长。经过不断的再生产和制度记忆,"出现新的事务——成立新的小组"已然固化为各级地方政府所普遍依赖的行动路径。受此影响,现实中出现了个别地方政府设有数十个乃至上百个"领导小组",甚至远远超过常规职能部门数量的"独特景观"。

城乡环境卫生整洁行动领导小组是处于虚置状态的一个典型代表。城乡环境卫生整洁行动是全国爱国卫生运动委员会推动和布置的一个全国性专项治理活动。2015年3月3日,全国爱国卫生运动委员会发出《关于印发〈全国城乡环境卫生整洁行动方案(2015—2020年)〉的通知》,准备在5年时间内集中开展城乡环境卫生综合整治活动,以明显改善城乡环境卫生面貌。虽然处于常态化运行的全国爱国卫生运动委员会,已经在该通知中明确要求地方各级爱国卫生运动委员会及其办公室承担这项工作,但各级地方政府仍纷纷另外成立单独的城乡环境卫生整洁行动领导小组,以显示自己对这项工作是"高度重视"的。如果仅从"领导小组"成立的文件来看,各地方的城乡环境卫生整洁行动领导小组与其他领导小组完全一致:就"借力"而言,设有组长、副组长,并囊括了若干职能部门作为成员单位;就"自立"而言,各地方的城乡环境卫生整洁行动领导小组亦设置了相应的办事机构,放在本地区卫生部门内部。然而,如前所述,由于各地方实际上已经有常态化的爱国卫生运动委员会及其办公室来承担相应的工作,因此专门为此而设的城乡环境卫生整洁行动领导小组不存在进行"借力"和"自立"的需要,几乎未有过任何实质性活动,被空置于"成立文件"中。

三、资料汇编

中华人民共和国国务院行政机构设置和编制管理条例

（节录）

（1997年8月3日中华人民共和国国务院令第227号发布）

第六条 国务院行政机构根据职能分为国务院办公厅、国务院组成部门、国务院直属机构、国务院办事机构、国务院组成部门管理的国家行政机构和国务院议事协调机构。

国务院议事协调机构承担跨国务院行政机构的重要业务工作的组织协调任务。国务院议事协调机构议定的事项，经国务院同意，由有关的行政机构按照各自的职责负责办理。在特殊或者紧急的情况下，经国务院同意，国务院议事机构可以规定临时性的行政管理措施。

第十条 设立国务院议事协调机构，应当严格控制；可以交由现有机构承担职能的或者由现有机构进行协调可以解决问题的，不另设立议事协调机构。

设立国务院议事机构，应当明确规定承担办事职能的具体工作部门；为处理一定时期内某项特定工作设立的议事协调机构，还应当明确规定其撤销的条件或者撤销的期限。

第十一条 国务院议事协调机构的设立、撤销或者合并、由国务院机构编制管理机关提出方案,报国务院决定。

第二十条　国务院议事协调机构不单独确定编制,所需要的编制由承担具体工作的国务院行政机构解决。

中华人民共和国地方各级人民政府机构设置和编制管理条例（节录）

（2007年2月14日中华人民共和国国务院第169次常务会议通过）

第十一条　地方各级人民政府设立议事协调机构,应当严格控制;可以交由现有机构承担职能的或者由现有机构进行协调可以解决问题的,不另设立议事协调机构。

为办理一定时期内某项特定工作设立的议事协调机构,应当明确规定其撤销的条件和期限。

第十二条　县级以上地方各级人民政府的议事协调机构不单独设立办事机构,具体工作由有关的行政机构承担。

第十九条　地方各级人民政府议事协调机构不单独确定编制,所需要的编制由承担具体工作的行政机构解决。

主要"中央领导小组"的发展沿革（1949—2018）①

1953年2月，中共中央决定成立中央农村工作部。②

3月，中共中央国际活动指导委员会成立。

1956年1月，中共中央决定成立中央工业交通工作部和中央财贸工作部。③中央组织部的工业干部管理、交通运输干部管理、财贸干部管理3个处分别列入以上各个部。

7月，中共中央决定成立中共中央法律委员会。

11月，中共中央决定中央工业交通工作部分为中央工业工作部与中央交通工作部。

1957年1月，中共中央发出《关于成立中央经济工作五人小组的通知》。

10月，该小组撤销。

1958年3月6日，中共中央、国务院发出《关于中共中央设立外事小组和国务院设立外事办公室的联合通知》。

6月10日，中共中央发出《关于成立财经、政法、外事、科学、文教小组的通知》。

---

① 这里所说的"主要"，是指目前存在于中共中央层面的常设性"领导小组"，以及在撤销之前曾起到过重要作用的一些"领导小组"。

② 在1952年7月，中共中央发出《关于省以上党委建立农村工作委员会的指示》；同年11月12日，中共中央做出《关于建立农村工作部的决定》。

③ 在1955年4月，中共中央发出《关于在县以上各级党委成立财政贸易工作部的通知》。

1960年5月5日，中共中央保密委员会成立。①

10月，中央财贸工作部、中央工业工作部、中央交通工作部与中央组织部合并。

1962年2月23日，中共中央发出《关于成立国家机关编制小组的决定》。

11月9日，中共中央做出《关于撤销中央农村工作部、任命国务院农林办公室主任、副主任的决定》。

1966年1月，中共中央党史编纂委员会成立。

3月8日，中共中央决定成立中央教育领导小组。

1978年6月，中共中央决定成立中央政法小组。

7月9日，中共中央发出《关于恢复和健全保密委员会的通知》。

1979年12月，中共中央决定成立中央对台工作领导小组。

1980年1月24日，中共中央发出《关于成立中央政法委员会的通知》，原中央政法小组及其办公室即予撤销。

3月17日，中共中央政治局常委会决定成立中央财政经济领导小组。

4月8日，中共中央决定成立对外宣传小组。

1981年1月20日，中共中央直属机关编制委员会成立。

3月13日，中共中央决定恢复设置中央外事工作领导小组。

1982年2月21日，中共中央决定，中央书记处下设立党史工作小组。

11月8日，中共中央书记处决定，成立省、市、自治区机构改革指导小组，

---

① 中共中央保密委员会最早曾于1951年成立，后于1956年4月20日撤销。

理解中国治理

在中央政治局和书记处领导下,负责指导各省、市、自治区一级机构改革的领导班子的配备。

1983年3月26日,中共中央办公厅印发经中央书记处批准的《关于中央保密委员会的体制改革和机构设置的报告》。

1986年1月6日、9日,中共中央书记处在北京召开中央机关干部大会,会上宣布,中央书记处决定成立中央机关端正党风领导小组。

1987年12月16日,中共中央政治局讨论并原则同意中央机构改革领导小组《关于党中央、国务院机构改革方案的报告》。该报告提出:保留中央外事领导小组、中央对台工作领导小组;撤销中央保密委员会;保留中央财经领导小组,撤销其下属的办公室,根据工作需要,具体服务可由中办或国办承担;撤销中央政法委员会,设立中央政法协调小组;增设中央意识形态协调小组,统一协调对内对外宣传工作;撤销对外宣传小组。

1988年1月10日,中共中央宣传思想工作领导小组成立。该小组的工作任务是,经常分析意识形势领域的动态,研究和掌握宣传工作的方针、政策及其他带有全局性的问题;协调宣传、理论、文化、新闻、出版等有关意识形势的工作;对宣传、理论队伍的建设提出意见和建议。

5月19日,中共中央决定撤销中央政法委员会,改设中央政法领导小组。

7月21日,中共中央决定成立中央党的建设工作小组。

1989年7月28日,中共中央发出《关于撤销中央财经领导小组的通知》。

1990年3月6日,中共中央决定恢复中央政法委员会。

3月19日,中共中央决定恢复中央对外宣传小组。中央对外宣传小组在中央宣传、思想工作领导小组的领导下,负责统一管理对外宣传工作。涉及国际形势和外交政策重大问题的宣传,请示中央外事工作领导小组。

1991年1月,中共中央、国务院决定中央对外宣传小组同时作为国务院新闻办公室。

3月9日,中共中央决定将中央对台工作领导小组改为中央对台工作小组。

3月21日,中共中央发出《关于成立中央社会治安综合治理委员会的通知》。该委员会是协助党中央、国务院领导全国社会治安综合治理工作常设机构。其主要任务是:贯彻执行党的基本路线、方针、政策和国家法律,根据国民经济和社会发展的总体规划及社会治安形势,指导和协调全国社会治安综合治理工作。中央社会治安综合治理委员会下设办公室。

3月27日,中共中央、国务院决定,原中央对台工作领导小组和国务院台湾事务办公室合并,成立中央台湾工作办公室,该办公室同时也是国务院台湾事务办公室。中央对台工作小组由中央政治局常委会直接领导,日常工作由中央台湾工作办公室承办。

7月6日,中共中央、国务院发出《关于成立中央机构编制委员会的通知》。

7月15日,中共中央直属机关编制委员会发出《关于撤销中共中央直属机关编制委员会的通知》。

1992年12月28日,中共中央决定成立中央财经领导小组。

1993年5月19日,中共中央决定成立中央农村工作领导小组。

6月24日,中央对台工作小组调整为中央对台工作领导小组。

7月2日,中共中央发出《关于印发关于党政机构改革的方案和关于党政机构改革方案的实施意见的通知》。这一方案指出,中央政法委员会、中央台湾工作办公室、中央对外宣传办公室(原为中央对外宣传小组)为中共中央直属机构,其中中央台湾工作办公室与国务院台湾事务办公室为一个机构两块牌子,中央对外宣传办公室与国务院新闻办公室为一个机构两块牌子。中央现有议事性委员会或领导小组12个,即中央财经领导小组、中央对台工作领导小组、中央机构编制委员会、中央外事工作领导小组、中央农村工作领导小组、中央党的建设工作领导小组、中央宣传思想工作领导小组、中央党史领导小组、中央社会治安综合治理委员会、中央保密委员会、中央密码工作领导小组、中央保健委员会。在党中央设置这样一些高层次的议事机构是必要的。

1997年4月21日,中共中央发出《关于成立中央精神文明建设指导委员会的通知》。该通知指出,根据党的十四届六中全会通过的《中共中央关于加强社会主义精神文明建设若干重要问题的决议》,中央决定,成立中央精神文明建设指导委员会。中央精神文明建设指导委员会是党中央指导全国精神文明建设工作的议事机构。主要职责是:督促检查各地区、各部门贯彻落实党的十四届六中全会精神和中央关于精神文明建设一系列方针、政策的情况,协调解决精神文明建设主要是思想道德和文化建设方面的有关问题,总结推广交流先进经验。中央精神文明建设指导委员会下设办公室。办公室设在中央宣传部。

8月27日,《中央精神文明建设指导委员会办公室职能配置、内设机构和人员编制方案》印发。该方案规定:中央精神文明建设指导委员会是党中央指导全国精神文明建设工作的议事机构,下设办公室。办公室设在中央宣传部由中央宣传部代管。中央精神文明建设指导委员会办公室的是中央精神文明建设指导委员会的办事机构,负责处理委员会的日常工作,其主要职责是:①按照中央精神文明建设指导委员会的工作安排,做好组织协调、督促落实工作;②调查了解党的十四届六中全会决议贯彻落实的情况,研究分析精神文明建设的新情况新问题,及时向中央精神文明建设指导委员会反映并提出建议;③组织精神文明建设工作经验的交流推广;④负责委员会的文秘、会务工作。由财政部会同管理中央级"文化事业建设费";⑤完成委员会交办的其他事项。办公室党的组织、人事、财务及行政管理等工作由中央宣传部负责。

1998年3月27日,中共中央决定,成立中央维护稳定工作领导小组。

同日,中共中央决定,成立中央反腐败协调小组。

2000年9月,中共中央决定组建中央国家安全领导小组,与中央外事工作领导小组合署办公,一个机构、两块牌子。

2003年5月,中共中央决定成立中央人才工作协调小组(中央西部地区人才开发协调小组)。

2009年7月,中共中央决定成立中央巡视工作领导小组。

2012年下半年,中央海洋权益工作领导小组成立。

2013年11月12日,中央国家安全委员会成立。

2013年12月30日,中央全面深化改革领导小组成立。

2014年2月27日,中央网络安全和信息化领导小组成立。

2014年3月15日,中央军委深化国防和军队改革领导小组成立。

2015年7月30日,中央统战工作领导小组成立。

2017年1月22日,中央军民融合发展委员会成立。

2017年10月18日,中共十九大报告提出设立中央全面依法治国领导小组。

2018年3月,中共中央印发《深化党和国家机构改革方案》,决定组建中央全面依法治国委员会、中央审计委员会,中央全面深化改革领导小组、中央网络安全和信息化领导小组、中央财经领导小组、中央外事工作领导小组改为委员会,组建中央教育工作领导小组,不再设立中央维护海洋权益工作领导小组、中央社会治安综合治理委员会及其办公室、中央维护稳定工作领导小组及其办公室,将中央防范和处理邪教问题领导小组及其办公室职责划归中央政法委员会、公安部。

国务院关于清理非常设机构的通知

国发〔1986〕100号

近几年来,各级国家机关在常设机构之外设置了不少委员会、领导小组、办公室等非常设机构。从实际情况考虑,由于新旧管理体制正处于转换时期,现有常设机构不能完全适应社会发展、经济建设和各项改革的需要,临时设置一些非常设机构,加强某些方面的工作是必要的,但是,目前非常设机构设置过多过乱,在许多地方超过了常设机构的数量,而且还在继续增加;有的任务已基本完成或主要工作已移交常设机构办理,机构依然存在;有的设置实体的办事机构,还形成上下对口的管理系统,从而加剧了政府机构的臃肿、重叠,既扩大了人员编制,增加了国家财政负担,又造成常设与非常设机构分工不清,以致助长了官僚主义,降低了工作效率。国务院认为,当前必须认真清理非常设机构,清理的重点是设有工作实体的非常设机构。为此,特作如下通知:

一、区别情况,撤并一批非常设机构。各级国家机关现有的非常设机构中,凡承担的任务已基本完成或可交由有关部门办理的一律撤销;具体工作可交由有关部门办理,但确因对内对外工作需要一时不能撤销的,可保留名义,撤销实体办事机构;确属经济体制改革需要,为弥补常设机构设置不足成立的,或承担的任务尚未完成,而目前又难以交由某一部门管理的,可暂予保留。

二、要严格控制非常设机构的设置。已明确属于有关部门职责范围内的工作,或可确定由某一部门负责的任务,或可由政府办公会议、部门联席会议解决的问题,不再设非常机构。属于综合、协调、咨询性的工作,原则上不设非常设机构,非设不可时,其日常工作由主管部门负责。属于跨部门、跨地区或涉及军民合作的任务,需设非常设机构的,其实体办事机构由依托单位代管。属于临时性、阶段性的社会工作任务,需设非常设机构时,从有关部门抽调人员组成精干班子,不列编制,任务完成后立即撤销。属于需设非常设机构动员、号召群众和组织社会力量共同完成某些任务,可在有关部门挂牌子,不另设办事机构。上级政府一般不得要求下级政府对口设立非常设机构;县以下特别是区、乡、镇,原则上不准设立非常设机构。

三、加强对设置非常设机构的管理,建议健全审批制度。今后各级国家机关增设非常设机构,须由有关部门提出专题报告,经编制部门审核并提出意见,由同级政府讨论决定;需在非常设机构之下设立实体办事机构的,要按照设置常设机构的审批程序,实行"一支笔"审批的原则,从严掌握。

四、各地区、各部门要按照本通知要求,结合实际情况,制订清理方案,抓紧落实。中央国家机关在清理工作中要起表率作用。已经进行清理、整顿的要作进一步的检查。各省、自治区、直辖市要在今年底将清理、整顿结果报告中央精简工作领导小组办公室。

国务院

一九八六年十月月三十日

国务院关于非常设机构设置问题的通知

国发〔1988〕56号

多年来,国务院根据工作需要,陆续在常设机构之外设置了一批非常设机构。其中多是跨部门或跨地区的综合、协调性机构,以及研究、拟订某些重大方针、政策,提出规划或改革方案的机构,也有些是为弥补常设机构职能不足而设立的。这些非常设机构做了大量工作,发挥了重要作用。现在,有些非常设机构所承担的任务已经完成;还有些非常设机构,随着国务院常设机构的改革和部门职能的转变,所承担的任务可移交给有关部门,或保留其名义,具体工作由有关部门承担。为此,国务院根据精简、统一、效能的原则,对原有的非常设机构进行了清理整顿,确定设置四十四个非常设机构(附后),并分别由国务院领导同志按其业务分工分管。这些非常设机构的成员人选,由主要负责人提出意见,报国务院审定。确定撤销的非常设机构,其尚未完成的任务,应按业务性质转到有关部门,干部由主管部门分配;机构的资产按《国务院办公厅关于中央国家机关在机构改革中财产处理等问题的通知》(国办发〔1988〕2号)规定办理。

今后,已明确属于有关部门职责范围内的工作,或可由部门承担的任务,一般不再设非常设机构;非设不可的,也不单列编制,其日常工作由主管部门负责。对某些确需由有关部门协同完成的任务,可建立部际联席会议制度,由主管部门负责同志牵头进行协调。国务院需要新设非常设机构时,要经国务院常务会议讨论决定,其中需单设办事机构的,要经国务院主管机构编制的部门审核,并按常设机构的审批程序办理,任务完成后即予撤销。

国家机构编制委员会,具体工作由人事部承担。

国务院企业管理指导委员会,具体工作由国家体改委承担。

国务院物价委员会,保留原物价小组的办事机构。

国务院三峡工程审查委员会,具体工作由水利部承。

国务院口岸领导小组,保留原办公室,由国家计委归口管理。

全国矿产储量委员会,具体工作由地矿部归口管理的国家矿产储量管理局承担。

国务院三峡地区经济开发办公室。

国务院三线建设调整改革规划办公室,由国家计委归口管理。

国务院军队转业干部安置工作小组,具体工作由人事部承担。

国务院住房制度改革领导小组,具体工作由建设部承担。

国务院机电设备进口审查办公室,办公室设置在物资部。

全国绿化委员会,具体工作由林业部承担。

全国农业区划委员会,具体工作由林业部承担。

全国水资源与水土保持工作领导小组,具体工作由水利部承担,由原全国水资源协调小组和全国水土保持协调小组合并而成。

国家防汛总指挥部,具体工作由水利部承担,原国务院抗旱领导小组并入该指挥部。

国家森林防火总指挥部,具体工作由林业部承担。

国务院外国投资工作领导小组,具体工作由特区办承担。

关税和贸易总协定谈判部际协调小组,具体工作由经贸部承担。

国务院宁波经济开发协调小组,具体工作由特区办承担,原办公室并入特区办。

国务院机电产品出口办公室,暂由国务院办公厅代管。

国家旅游事业委员会,具体工作由旅游局承担。

全国爱国卫生运动委员会,具体工作由卫生部承担,原办事机构并入卫生部。

国务院学位委员会,具体工作由国家教委承担,办公室仍属国家教委建制。

国务院古籍整理出版规划小组,具体工作由中华书局承担。

国务院、中央军委交通战备领导小组,办公室设在总后勤部。

中华人民共和国人民防空委员会,办公室设在总参作战部。

国务院关税税则委员会,具体工作由海关总署承担。

全国控制社会集团购买力领导小组,保留原办事机构。

国务院税收财务物价大检查办公室,保留原办事机构。

国务院环境保护委员会,环保局为其办事机构。

国务院电子信息系统推广应用办公室,具体工作由国家科委承担。

全国安全生产委员会,具体工作由劳动部承担。

国务院核电领导小组,保留原办公室,由能源部归口管理。

国务院重大技术装备领导小组,保留原办事机构,挂靠在机电部。

国家无线电管理委员会,保留原办事机构,由邮电部代管。

国务院、中央军委空中交通管制委员会。

国务院以煤代油专用资金办公室,由国家计委和能源部双重领导,以国家计委为主。

国务院稀土领导小组,办事机构设在国家计委。

国务院煤炭出口领导小组,具体工作由能源部承担。

国务院贫困地区经济开发领导小组,由原贫困地区经济开发领导小组与"三西"地区农业建设领导小组合并而成。

国家土地开发建设基金管理领导小组,具体工作由财政部承担。

国务院引进国外智力领导小组,具体工作由外专局承担。

国务院退伍军人和军队离休退休干部安置领导小组,具体工作由民政部承担。

中国地名委员会,具体工作由民政部承担,原办公室已并入民政部。

国务院

一九八八年八月十一日

关于国务院议事协调机构和临时机构设置的通知

国发〔1993〕27号

各省、自治区、直辖市人民政府,国务院各部委、各直属机构:

按照党的十四大关于大幅度裁减非常设机构的要求,对原有的国务院非常设机构进行了清理调整,并改称为议事协调机构和临时机构。

现将调整后的国务院议事协调机构和临时机构(共二十六个)设置情况通知如下:

国家国防动员委员会,具体工作由总参谋部、总后勤部、国家计委承担;

国务院、中央军委专门委员会,具体工作由国防科工委承担;

国家边防委员会,具体工作由总参谋部承担;

国务院、中央军委空中交通管制委员会,具体工作由总参谋部承担;

全国爱国卫生运动委员会,办事机构并入卫生部,具体工作由卫生部承担;

全国矿产储量委员会,具体工作由地矿部承担;

国务院军队转业干部安置工作小组,具体工作由人事部承担;

全国绿化委员会,具体工作由林业部承担;

国家无线电管理委员会,在邮电部单设办事机构;

国务院学位委员会,在国家教委单设办事机构;

国务院环境保护委员会,具体工作由国家环保局承担;

国务院退伍军人和军队离休退休干部安置领导小组,具体工作由民政部承担；

国家防汛抗旱总指挥部，在水利部单设办事机构；

国务院妇女儿童工作协调委员会，具体工作由全国妇联承担；

全国拥军优属拥政爱民工作领导小组，具体工作由民政部、总政治部承担；

国务院三峡工程建设委员会，在国家计委单设办事机构；

国务院证券委员会，办事机构设在证监会；

国务院残疾人工作协调委员会，具体工作由中残联承担；

国务院、中央军委军品贸易领导小组，在总参谋部单设办事机构；

国务院住房制度改革领导小组，具体工作由国家体改委承担；

关税和贸易总协定谈判委员会，具体工作由外经贸部承担；

国务院贫困地区经济开发领导小组，在农业部单设办事机构；

国务院关税税则委员会，具体工作由国家经贸委承担；

中国国际减灾十年委员会，具体工作由民政部承担；

全国禁毒工作领导小组，在公安部单设办事机构；

全国打击走私协调小组，具体工作由海关总署承担；

此外：

国家农业综合开发领导小组撤销后，工作改由财政部承担；

国务院电子信息推广应用办公室撤销后，工作改由电子工业部承担；

国务院核电领导小组及国家核事故应急委员会撤销后，工作改由国家计

委承担；

国务院稀土领导小组撤销后，工作改由国家经贸委承担；

国务院以煤代油专用资金办公室撤销后,工作改由国家计委承担;

国务院重大技术装备领导小组撤销后,工作改由国家经贸委承担;

国务院农业生产资料协调领导小组撤销后,工作改由国家经贸委承担;

全国濒危动物保护领导小组撤销后,工作改由国家环境保护委员会承担。

国务院口岸领导小组撤销后,办事机构并入国家经贸委,用国家口岸办公室的名义;

国务院机电产品出口办公室和国务院机电设备进口协调办公室撤销后,工作由国家经贸委承担,用国家机电产品进出口办公室的名义;

国务院古籍整理出版规划小组撤销后,工作改由国家教委承担,用国家古籍整理出版规划小组的名义;

国务院太湖治理领导小组和国务院淮河治理领导小组撤销后,工作由水利部承担,分别保留名义;

国务院纠正行业不正之风办公室的工作由监察部承担,保留名义;

国务院的其他非常设机构一律撤销。

国务院

一九九三年四月十九日

国务院办公厅关于部分已撤销的国务院非常设机构
其原工作移交有关部门承担问题的通知

国办发〔1993〕42号

各省、自治区、直辖市人民政府,国务院各部委、各直属机构:

李鹏总理在八届全国人大一次会议的《政府工作报告》中宣布:国务院的"非常设机构由八十五个减为二十六个。"国务院《关于国务院议事协调机构和临时机构设置的通知》(国发〔1993〕27号)规定,将国务院的非常设机构改称为议事协调机构和临时机构,正式公布了经调整后的二十六个国务院议事协调机构和临时机构名单,其余五十九个非常设机构撤销后,其原工作是否需要移交以及如何移交问题,在国发〔1993〕27号文中已对其中十六个非常设机构的工作移交问题作了安排。经研究,尚需明确其余被撤销非常设机构的工作移交问题,并在审定国务院有关部门"三定"方案时予以调整落实,现通知如下:

国务院税收财务物价大检查办公室撤销后,需要进行检查时,由财政部牵头组织力量;

全国整顿清理书报刊和音像市场工作小组撤销后,工作由新闻出版署承担;

国务院干线飞机研制领导小组撤销后,工作由中国航空工业总公司承担;

全国治沙领导小组撤销后,工作由林业部承担;

全国企事业社团统一代码标识制度领导小组撤销后,工作由国家经贸委管理的国家技术监督局承担；

国家旅游事业委员会撤销后，工作由国家旅游局承担；

国务院物价委员会撤销后，工作由国家计委承担；

全国安全生产委员会撤销后，工作由劳动部承担；

国务院国民经济和社会发展总体研究协调小组撤销后，工作由国家计委承担；

国务院煤炭出口领导小组撤销后，工作由国家经贸委承担；

国务院职称改革领导小组撤销后，工作由人事部承担；

国务院统一着装委员会撤销后，工作由财政部承担；

国务院引进外国智力工作领导小组撤销后，工作由人事部管理的国家外国专家局承担；

国家气候协调小组撤销后，工作由中国气象局承担；

全国农业区划委员会撤销后，工作由农业部承担；

国务院三线建设调整改造规划办公室撤销后，工作由国家计委承担；

全国水资源与水土保持领导小组撤销后，工作由水利部承担；

国家森林防火总指挥部撤销后，工作由林业部承担；

全国控制社会集团购买力领导小组撤销后，工作由财政部承担；

中国地名委员会撤销后，工作由民政部承担；

全国防治牲畜疫病总指挥部撤销后，工作由农业部承担；

国务院高技术计划协调指导小组撤销后，工作由国家科委承担；

国务院清产核资领导小组撤销后，工作由财政部管理的国家国有资产管理局承担；

全国国民经济核算协调委员会撤销后，工作由国家统计局承担；

国务院投入产出调查协调领导小组撤销后，工作由国家统计局承担；

国务院联合清理拖欠税款领导小组撤销后，工作由财政部承担；

全国治理"三乱"领导小组撤销后，工作由财政部承担；

国家机构编制委员会撤销后，工作由中央编委承担；

国务院办公厅

一九九三年七月九日

国务院关于议事协调机构和临时机构设置的通知

国发〔1998〕7号

各省、自治区、直辖市人民政府，国务院各部委、各直属机构：

根据国务院第一次全体会议审议通过的国务院议事协调机构和临时机构调整方案，现将国务院议事协调机构和临时机构的设置与调整通知如下：

一、国务院议事协调机构和临时机构设置

国家国防动员委员会，具体工作由国家发展计划委员会、总参谋部、总后勤部承担；

国务院中央军委专门委员会，具体工作由国防科工委承担；

国家边防委员会，具体工作由总参谋部承担；

国务院中央军委空中交通管制委员会,具体工作由总参谋部承担;

全国爱国卫生运动委员会,具体工作由卫生部承担;

全国绿化委员会,具体工作由国家林业局承担;

国务院学位委员会,在教育部单设办事机构;

国家防汛抗旱总指挥部,在水利部单设办事机构;

国务院妇女儿童工作协调委员会,具体工作由全国妇联承担;

全国拥军优属拥政爱民工作领导小组,具体工作由民政部、总政治部承担;

国务院三峡工程建设委员会,单设办事机构;

国务院残疾人工作协调委员会,具体工作由中残联承担;

国务院扶贫开发领导小组,在农业部单设办事机构;

国务院关税税则委员会,具体工作由财政部承担;

中国国际减灾十年委员会,具体工作由民政部承担;

国务院科技教育领导小组,具体工作由科技部、教育部承担;

国家履行《禁止化学武器公约》工作领导小组,具体工作由国家石油和化学工业局承担;

国务院军队转业干部安置工作小组,具体工作由人事部承担;

国家经济体制改革委员会,具体工作由国务院体改办承担;

此外,国务院纠正行业不正之风办公室保留名义,工作由监察部承担。

二、撤销的国务院议事协调机构和临时机构

撤销全国矿产资源委员会,工作改由国土资源部承担;

撤销国家无线电管理委员会,工作改由信息产业部承担;

撤销国务院环境保护委员会,工作改由环保总局承担;

撤销国务院退伍军人和军队离休退休干部安置领导小组,具体工作由民政部承担;

撤销国务院证券委员会,工作改由证监会承担;

撤销国务院中央军委军品贸易领导小组,工作改由国防科工委承担;

撤销国务院住房制度改革领导小组,工作由建设部承担;

撤销关税和贸易总协定谈判委员会,工作改由外经贸部承担;

撤销全国禁毒工作领导小组,工作改由公安部承担;

撤销全国打击走私领导小组,工作改由海关总署承担;

撤销全国外资工作领导小组,工作改由外经贸部承担;

撤销国务院外汇体制改革协调领导小组,工作改由中国人民银行承担;

撤销国务院财税体制改革协调领导小组,工作改由财政部承担;

撤销国务院勘界工作领导小组,工作改由民政部承担;

撤销国务院信息化工作领导小组,工作改由信息产业部承担;

撤销国务院对非洲经济贸易技术合作协调小组,工作改由外经贸部承担;

此外,撤销名义的机构:

撤销国家口岸办公室,工作改由海关总署承担;

撤销国家机电产品进出口办公室,工作由外经贸部承担;

撤销国家古籍整理出版规划小组,工作由新闻出版署承担;

撤销国务院太湖治理领导小组和国务院淮河治理领导小组,工作由水利部承担。

国务院的其他议事协调机构和临时机构一律撤销；原保留名义的不再保留。

国务院

一九九八年三月二十九日

国务院关于议事协调机构和临时机构设置的通知

国发〔2003〕10号

各省、自治区、直辖市人民政府,国务院各部委、各直属机构:

根据国务院第一次常务会议审议通过的国务院议事协调机构和临时机构调整方案,现将国务院议事协调机构和临时机构的设置与调整通知如下:

一、国务院议事协调机构和临时机构设置

国家国防动员委员会,具体工作由国家发展和改革委员会、总参谋部、总后勤部承担。

国务院中央军委专门委员会,具体工作由国防科学技术工业委员会承担。

国家边防委员会,具体工作由总参谋部承担。

国务院中央军委空中交通管制委员会,具体工作由总参谋部承担。

全国爱国卫生运动委员会,具体工作由卫生部承担。

全国绿化委员会,具体工作由国家林业局承担。

国务院学位委员会,在教育部单设办事机构。

国家防汛抗旱总指挥部,在水利部单设办事机构。

国务院妇女儿童工作委员会,具体工作由中华全国妇女联合会承担。

全国拥军优属拥政爱民工作领导小组,具体工作由民政部、总政治部承担。

国务院三峡工程建设委员会,单设办事机构。

国务院残疾人工作协调委员会,具体工作由中国残疾人联合会承担。

国务院扶贫开发领导小组,单设办事机构。

国务院关税税则委员会,具体工作由财政部承担。

中国国际减灾委员会,具体工作由民政部承担。

国家科技教育领导小组,办公室设在国务院办公厅。

国家履行《禁止化学武器公约》工作领导小组,具体工作由国家发展和改革委员会承担。

国务院军队转业干部安置工作小组,具体工作由人事部承担。

国家禁毒委员会,具体工作由公安部承担。

全国老龄工作委员会,办公室设在民政部。

国务院西部地区开发领导小组,在国家发展和改革委员会单设办事机构。

国务院抗震救灾指挥部,办公室设在中国地震局。

国家处置劫机事件领导小组,办公室设在中国民用航空总局。

全国整顿和规范市场经济秩序领导小组,办公室设在商务部。

国家信息化领导小组,单设办事机构。

国务院行政审批制度改革工作领导小组,办公室设在监察部。

此外,国务院纠正行业不正之风办公室保留名义,具体工作由监察部承担。

二、撤销的国务院议事协调机构和临时机构

撤销国务院清理整顿经济鉴证类社会中介机构领导小组,工作由财政部承担。

撤销国务院打击骗取出口退税工作领导小组,工作由国家税务总局承担。

撤销全国粮食清仓查库工作领导小组,工作由国家发展和改革委员会承担。

撤销国家经济体制改革委员会,工作由国家发展和改革委员会承担。

撤销国务院安全生产委员会,工作由国家安全生产监督管理局承担。

撤销第29届奥林匹克运动会工作领导小组,工作由第29届奥林匹克运动会组织委员会承担。

国务院

二〇〇三年三月二十一日

国务院关于议事协调机构设置的通知

国发〔2008〕13号

各省、自治区、直辖市人民政府,国务院各部委、各直属机构:

根据国务院第一次常务会议审议通过的精简和规范国务院议事协调机构方案,现就国务院议事协调机构的设置与调整等问题通知如下:

一、国务院议事协调机构设置

国家国防动员委员会,具体工作由国家发展和改革委员会、总参谋部、总政治部、总后勤部承担。

国务院中央军委专门委员会,具体工作由工业和信息化部承担。

国家边海防委员会,具体工作由总参谋部承担。

国务院中央军委空中交通管制委员会,具体工作由总参谋部承担。

全国爱国卫生运动委员会,具体工作由卫生部承担。

全国绿化委员会,具体工作由国家林业局承担。

国务院学位委员会,具体工作由教育部承担。

国家防汛抗旱总指挥部,具体工作由水利部承担。

国务院妇女儿童工作委员会,具体工作由中华全国妇女联合会承担。

全国拥军优属拥政爱民工作领导小组,具体工作由民政部、总政治部承担。

国务院残疾人工作委员会,具体工作由中国残疾人联合会承担。

国务院扶贫开发领导小组,单设办事机构。

国务院关税税则委员会,具体工作由财政部承担。

国家减灾委员会,具体工作由民政部承担。

国家科技教育领导小组,具体工作由国务院办公厅承担。

国务院军队转业干部安置工作小组,具体工作由人力资源和社会保障部承担。

国家禁毒委员会,具体工作由公安部承担。

全国老龄工作委员会,办公室设在民政部,与中国老龄协会合署办公。

国务院西部地区开发领导小组,撤销其单设的办事机构,具体工作由国家发展和改革委员会承担。

国务院振兴东北地区等老工业基地领导小组,撤销其单设的办事机构,具体工作由国家发展和改革委员会承担。

国务院抗震救灾指挥部,具体工作由中国地震局承担。

国家信息化领导小组,具体工作由工业和信息化部承担。

国家应对气候变化及节能减排工作领导小组(对外视工作需要可称国家应对气候变化领导小组或国务院节能减排工作领导小组),具体工作由国家发展和改革委员会承担。

国家能源委员会,具体工作由国家能源局承担。

国务院安全生产委员会,具体工作由国家安全生产监督管理总局承担。

国务院防治艾滋病工作委员会,具体工作由卫生部承担。

国家森林防火指挥部,具体工作由国家林业局承担。

国务院三峡工程建设委员会,单设办事机构,工作任务完成后撤销。

国务院南水北调工程建设委员会,单设办事机构,工作任务完成后撤销。

二、撤销的国务院议事协调机构

撤销国家能源领导小组,工作由新设立的国家能源委员会承担。

撤销国家处置劫机事件领导小组,工作由中国民用航空局承担。

撤销全国整顿和规范市场经济秩序领导小组,工作由商务部承担。

撤销国务院行政审批制度改革工作领导小组,工作由监察部等有关部门承担。

撤销国家中长期科学和技术发展规划领导小组,工作由科学技术部承担。

撤销全国防治非典型肺炎指挥部,工作由卫生部承担。

撤销国务院血吸虫病防治工作领导小组,工作由卫生部承担。

撤销国务院城市社区卫生工作领导小组,工作由卫生部承担。

撤销对台经贸工作协调小组,工作由商务部承担。

撤销世贸组织和自贸区工作小组,工作由商务部承担。

撤销国家知识产权战略制定工作领导小组,工作由国家知识产权局承担。

撤销国家保护知识产权工作组,工作由国家知识产权局承担。

撤销国务院产品质量和食品安全领导小组,工作分别由国家质量监督检验检疫总局和卫生部承担。

撤销全国服务业发展领导小组,工作由国家发展和改革委员会承担。

撤销国家核电自主化工作领导小组,工作由国家发展和改革委员会承担。

撤销全国防治高致病性禽流感指挥部,工作由农业部承担。

撤销国家西部地区"两基"攻坚领导小组,工作由教育部承担。

撤销国家生物技术研究开发与促进产业化领导小组,工作由科学技术部承担。

撤销全国农村义务教育经费保障机制改革领导小组,工作由财政部承担。

撤销全民科学素质工作领导小组,工作由中国科学技术协会承担。

撤销国家文化遗产保护领导小组,工作由文化部承担。

撤销国家汉语国际推广领导小组,工作由教育部承担。

撤销国家中西部农村初中校舍改造工程领导小组,工作由教育部承担。

撤销国家清史纂修领导小组(对外称中国国家清史纂修领导小组),工作由文化部承担。

撤销国家履行《禁止化学武器公约》工作领导小组,工作由工业和信息化部承担,保留国家履行《禁止化学武器公约》工作办公室名义。

此外,国务院纠正行业不正之风办公室保留名义,工作由监察部承担。

今后,要严格控制议事协调机构设置。凡工作可以交由现有机构承担或者由现有机构进行协调可以解决问题的,不另设立议事协调机构,涉及跨部门的事项,由主办部门牵头协调;确需设立议事协调机构的,要严格按照《国务院行政机构设置和编制管理条例》的规定,由国务院机构编制管理机关提出方案,报国务院决定,一般不单设实体性办事机构,不单独核定人员编制和领导职数。

国务院

二〇〇八年三月二十一日

中共中央关于深化党和国家机构改革的决定(节录)

(2018年2月28日中国共产党第十九届中央委员会第三次全体会议通过)

党政军民学,东西南北中,党是领导一切的。加强党对各领域各方面工作领导,是深化党和国家机构改革的首要任务。要优化党的组织机构,确保党的领导全覆盖,确保党的领导更加坚强有力。

建立健全党对重大工作的领导体制机制。加强党的全面领导,首先要加强党对涉及党和国家事业全局的重大工作的集中统一领导。党中央决策议事协调机构在中央政治局及其常委会领导下开展工作。优化党中央决策议事协调机构,负责重大工作的顶层设计、总体布局、统筹协调、整体推进。加强和优化党对深化改革、依法治国、经济、农业农村、纪检监察、组织、宣传思想文化、国家安全、政法、统战、民族宗教、教育、科技、网信、外交、审计等工作的领导。其他方面的议事协调机构,要同党中央决策议事协调机构的设立调整相衔接,保证党中央令行禁止和工作高效。各地区各部门党委(党组)要坚持依规治党,完善相应体制机制,提升协调能力,把党中央各项决策部署落到实处。

《深化党和国家机构改革方案》中有关"领导小组"改革内容(节录)

(《人民日报》2018年3月22日01版)

(二)组建中央全面依法治国委员会。全面依法治国是中国特色社会主义的本质要求和重要保障。为加强党中央对法治中国建设的集中统一领导,健全党领导全面依法治国的制度和工作机制,更好落实全面依法治国基本方略,组建中央全面依法治国委员会,负责全面依法治国的顶层设计、总体布局、统筹协调、整体推进、督促落实,作为党中央决策议事协调机构。

主要职责是,统筹协调全面依法治国工作,坚持依法治国、依法执政、依法行政共同推进,坚持法治国家、法治政府、法治社会一体建设,研究全面依法治国重大事项、重大问题,统筹推进科学立法、严格执法、公正司法、全民守法,协调推进中国特色社会主义法治体系和社会主义法治国家建设等。

中央全面依法治国委员会办公室设在司法部。

(三)组建中央审计委员会。为加强党中央对审计工作的领导,构建集中统一、全面覆盖、权威高效的审计监督体系,更好发挥审计监督作用,组建中央审计委员会,作为党中央决策议事协调机构。

主要职责是,研究提出并组织实施在审计领域坚持党的领导、加强党的建设方针政策,审议审计监督重大政策和改革方案,审议年度中央预算执行和其他财政支出情况审计报告,审议决策审计监督其他重大事项等。

中央审计委员会办公室设在审计署。

(四)中央全面深化改革领导小组、中央网络安全和信息化领导小组、中央财经领导小组、中央外事工作领导小组改为委员会。为加强党中央对涉及党和国家事业全局的重大工作的集中统一领导,强化决策和统筹协调职责,将中央全面深化改革领导小组、中央网络安全和信息化领导小组、中央财经领导小组、中央外事工作领导小组分别改为中央全面深化改革委员会、中央网络安全和信息化委员会、中央财经委员会、中央外事工作委员会,负责相关领域重大工作的顶层设计、总体布局、统筹协调、整体推进、督促落实。

4个委员会的办事机构分别为中央全面深化改革委员会办公室、中央网络安全和信息化委员会办公室、中央财经委员会办公室、中央外事工作委员会办公室。

(五)组建中央教育工作领导小组。为加强党中央对教育工作的集中统一领导,全面贯彻党的教育方针,加强教育领域党的建设,做好学校思想政治工作,落实立德树人根本任务,深化教育改革,加快教育现代化,办好人民满意的教育,组建中央教育工作领导小组,作为党中央决策议事协调机构。

主要职责是,研究提出并组织实施在教育领域坚持党的领导、加强党的建设方针政策,研究部署教育领域思想政治、意识形态工作,审议国家教育发展战略、中长期规划、教育重大政策和体制改革方案,协调解决教育工作重大问题等。

中央教育工作领导小组秘书组设在教育部。

(九)中央组织部统一管理中央机构编制委员会办公室。为加强党对机构编制和机构改革的集中统一领导,理顺机构编制管理和干部管理的体制机制,调整优化中央机构编制委员会领导体制,作为党中央决策议事协调机构,统筹负责党和国家机构职能编制工作。

中央机构编制委员会办公室作为中央机构编制委员会的办事机构,承担中央机构编制委员会日常工作,归口中央组织部管理。

(十六)优化中央网络安全和信息化委员会办公室职责。为维护国家网络空间安全和利益,将国家计算机网络与信息安全管理中心由工业和信息化部管理调整为由中央网络安全和信息化委员会办公室管理。

工业和信息化部仍负责协调电信网、互联网、专用通信网的建设,组织、指导通信行业技术创新和技术进步,对国家计算机网络与信息安全管理中心基础设施建设、技术创新提供保障,在各省(自治区、直辖市)设置的通信管理局管理体制、主要职责、人员编制维持不变。

（十七）不再设立中央维护海洋权益工作领导小组。为坚决维护国家主权和海洋权益，更好统筹外交外事与涉海部门的资源和力量，将维护海洋权益工作纳入中央外事工作全局中统一谋划、统一部署，不再设立中央维护海洋权益工作领导小组，有关职责交由中央外事工作委员会及其办公室承担，在中央外事工作委员会办公室内设维护海洋权益工作办公室。

调整后，中央外事工作委员会及其办公室在维护海洋权益方面的主要职责是，组织协调和指导督促各有关方面落实党中央关于维护海洋权益的决策部署，收集汇总和分析研判涉及国家海洋权益的情报信息，协调应对紧急突发事态，组织研究维护海洋权益重大问题并提出对策建议等。

（十八）不再设立中央社会治安综合治理委员会及其办公室。为加强党对政法工作和社会治安综合治理等工作的统筹协调，加快社会治安防控体系建设，不再设立中央社会治安综合治理委员会及其办公室，有关职责交由中央政法委员会承担。

调整后，中央政法委员会在社会治安综合治理方面的主要职责是，负责组织协调、推动和督促各地区各有关部门开展社会治安综合治理工作，汇总掌握社会治安综合治理动态，协调处置重大突发事件，研究社会治安综合治理有关重大问题，提出社会治安综合治理工作对策建议等。

（十九）不再设立中央维护稳定工作领导小组及其办公室。为加强党对政法工作的集中统一领导，更好统筹协调政法机关资源力量，强化维稳工作的系统性，推进平安中国建设，不再设立中央维护稳定工作领导小组及其办公室，有关职责交由中央政法委员会承担。

调整后,中央政法委员会在维护社会稳定方面的主要职责是,统筹协调政法机关等部门处理影响社会稳定的重大事项,协调应对和处置重大突发事件,了解掌握和分析研判影响社会稳定的情况动态,预防、化解影响稳定的社会矛盾和风险等。

(二十)将中央防范和处理邪教问题领导小组及其办公室职责划归中央政法委员会、公安部。为更好统筹协调执政安全和社会稳定工作,建立健全党委和政府领导、部门分工负责、社会协同参与的防范治理邪教工作机制,发挥政法部门职能作用,提高组织、协调、执行能力,形成工作合力和常态化工作机制,将防范和处理邪教工作职责交由中央政法委员会、公安部承担。

调整后,中央政法委员会在防范和处理邪教工作方面的主要职责是,协调指导各相关部门做好反邪教工作,分析研判有关情况信息并向党中央提出政策建议,协调处置重大突发性事件等。公安部在防范和处理邪教工作方面的主要职责是,收集邪教组织影响社会稳定、危害社会治安的情况并进行分析研判,依法打击邪教组织的违法犯罪活动等。

(二十八)组建国家卫生健康委员会。人民健康是民族昌盛和国家富强的重要标志。为推动实施健康中国战略,树立大卫生、大健康理念,把以治病为中心转变到以人民健康为中心,预防控制重大疾病,积极应对人口老龄化,加快老龄事业和产业发展,为人民群众提供全方位全周期健康服务,将国家卫生和计划生育委员会、国务院深化医药卫生体制改革领导小组办公室、全国老龄工作委员会办公室的职责,工业和信息化部的牵头《烟草控制框架公约》履约工作职责,国家安全生产监督管理总局的职业安全健康监督管理职责整合,组建国家卫生健康委员会,作为国务院组成部门。

主要职责是,拟订国民健康政策,协调推进深化医药卫生体制改革,组织制定国家基本药物制度,监督管理公共卫生、医疗服务和卫生应急,负责计划生育管理和服务工作,拟订应对人口老龄化、医养结合政策措施等。

保留全国老龄工作委员会,日常工作由国家卫生健康委员会承担。民政部代管的中国老龄协会改由国家卫生健康委员会代管。国家中医药管理局由国家卫生健康委员会管理。

不再保留国家卫生和计划生育委员会。不再设立国务院深化医药卫生体制改革领导小组办公室。

(三十)组建应急管理部。提高国家应急管理能力和水平,提高防灾减灾救灾能力,确保人民群众生命财产安全和社会稳定,是我们党治国理政的一项重大任务。为防范化解重特大安全风险,健全公共安全体系,整合优化应急力量和资源,推动形成统一指挥、专常兼备、反应灵敏、上下联动、平战结合的中国特色应急管理体制,将国家安全生产监督管理总局的职责,国务院办公厅的应急管理职责,公安部的消防管理职责,民政部的救灾职责,国土资源部的地质灾害防治、水利部的水旱灾害防治、农业部的草原防火、国家林业局的森林防火相关职责,中国地震局的震灾应急救援职责以及国家防汛抗旱总指挥部、国家减灾委员会、国务院抗震救灾指挥部、国家森林防火指挥部的职责整合,组建应急管理部,作为国务院组成部门。

(四十四)国务院三峡工程建设委员会及其办公室、国务院南水北调工程建设委员会及其办公室并入水利部。目前,三峡主体工程建设任务已经完成,南水北调东线和中线工程已经竣工。为加强对重大水利工程建设和运行的统一管理,理顺职责关系,将国务院三峡工程建设委员会及其办公室、国务院南水北调工程建设委员会及其办公室并入水利部。由水利部承担三峡工程和南水北调工程的运行管理、后续工程建设管理和移民后期扶持管理等职责。

不再保留国务院三峡工程建设委员会及其办公室、国务院南水北调工程建设委员会及其办公室。

建立健全党对重大工作的领导体制机制

（《人民日报》2018年4月18日07版）

党的十九届三中全会通过的《中共中央关于深化党和国家机构改革的决定》（以下简称《决定》）明确提出,深化党和国家机构改革要以加强党的全面领导为统领,形成总揽全局、协调各方的党的领导体系,完善保证党的全面领导的制度安排,改进党的领导方式和执政方式,提高党把方向、谋大局、定政策、促改革的能力和定力。《决定》把完善坚持党的全面领导的制度作为这次深化党和国家机构改革的首要制度安排,相应提出建立健全党对重大工作的领导体制机制、强化党的组织在同级组织中的领导地位、更好发挥党的职能部门作用、统筹设置党政机构、推进党的纪律检查体制和国家监察体制改革5个方面改革要求,其中"建立健全党对重大工作的领导体制机制"列在首位。对此,我们必须全面领会、准确把握,坚决贯彻落实。

加强党的全面领导,首先要加强党对涉及党和国家事业全局的重大工作的集中统一领导。

中国共产党的领导是中国特色社会主义最本质的特征。党政军民学，东西南北中，党是领导一切的。党和国家事业发展涉及的工作千头万绪，加强党的全面领导，发挥好党总揽全局、协调各方的作用，不是空洞的、抽象的，需要一整套制度安排。其中，建立健全党对重大工作的领导体制机制是一个事关全局的环节。要努力从机构职能设置上解决党对一切工作领导的体制机制问题，解决党长期执政条件下党政军群的机构职能关系问题，为有效发挥中国共产党领导这一中国特色社会主义制度的最大优势提供完善有力的体制机制保障、坚实的组织基础和有效的工作体系，确保党对国家和社会实施领导的制度得到加强和完善，更好担负起进行伟大斗争、建设伟大工程、推进伟大事业、实现伟大梦想的重大职责。

党中央历来高度重视加强对涉及全局重大工作的集中统一领导，在革命、建设、改革的不同历史时期，为军事斗争、经济建设、改革开放等重大工作都曾专门设立过决策议事协调机构，发挥了重要作用，成为党加强集中统一领导、推动重大工作落实的一条成功经验。

党的十八大以来，以习近平同志为核心的党中央明确提出，全面深化改革的总目标是完善和发展中国特色社会主义制度、推进国家治理体系和治理能力现代化。适应统筹推进"五位一体"总体布局、协调推进"四个全面"战略布局的需要，在党中央已设立的决策议事协调机构基础上，新成立了中央全面深化改革领导小组、中央国家安全委员会、中央网络安全和信息化领导小组、中央军民融合发展委员会等，进一步加强党的集中统一领导，推动这些重要领域工作取得重大进展，为党和国家事业取得历史性成就、发生历史性变革提供了有力保障。

例如，党的十八届三中全会通过的《中共中央关于全面深化改革若干重大问题的决定》，对全面深化改革作出总体部署，共提出了336项重要改革举措，涉及经济、政治、文化、社会、生态文明、党的建设、国防军队等多个领域，改革领域之全面、触及矛盾之深刻、影响范围之广泛前所未有。为领导推动这项艰巨繁重的系统工程，党中央迅速成立中央全面深化改革领导小组，由习近平同志亲自担任组长，负责改革总体设计、统筹协调、整体推进、督促落实。随后召开的党的十八届四中、五中、六中全会陆续提出的280项重要改革举措，也在中央全面深化改革领导小组统领下一体部署、一体推进、一体落实。5年来，习近平同志主持召开了40次中央全面深化改革领导小组会议，审议了近400个重要改革文件，推动各方面共出台1500多项改革实施举措。全面深化改革主体框架基本确立，一些重点领域、关键环节改革取得突破性进展，各方面改革成效正在逐步显现，为党和国家事业发展提供了强大的动力和活力。这是党中央通过建立党对重大工作领导体制机制推动重大任务落实的又一次成功实践。

建立健全党对重大工作的领导体制机制，为统筹推进"五位一体"总体布局、协调推进"四个全面"战略布局提供强有力的制度保障。

党的十九大作出决胜全面建成小康社会、开启全面建设社会主义现代化国家新征程的战略部署，实施这一系列战略部署将在统筹推进"五位一体"总体布局、协调推进"四个全面"战略布局的大格局中展开。为全面贯彻落实党的十九大精神,不论是加强党的长期执政能力建设、推进国家治理体系和治理能力现代化,还是促进保障各项战略部署和阶段性目标任务的完成,都需要继续加强和完善党的全面领导,并在体制机制上得到落实。

《决定》指出,当前,面对新时代新任务提出的新要求,党和国家机构设置和职能配置同统筹推进"五位一体"总体布局、协调推进"四个全面"战略布局的要求还不完全适应,同实现国家治理体系和治理能力现代化的要求还不完全适应。一些领域党的机构设置和职能配置还不够健全有力,这其中包括党对重大工作的领导体制覆盖还不够全面,机构和职能设置不够规范,其他方面的议事协调机构同党中央决策议事协调机构衔接不够等。

《决定》有针对性地提出,优化党中央决策议事协调机构,负责重大工作的顶层设计、总体布局、统筹协调、整体推进。这一改革要求在深化党和国家机构改革方案中得到体现。例如:组建中央全面依法治国委员会,就是为加强党中央对法治中国建设的集中统一领导,健全党领导全面依法治国的制度和工作机制,更好落实全面依法治国基本方略,为全面依法治国提供重要保障。组建中央审计委员会,就是为加强党中央对审计工作的领导,构建集中统一、全面覆盖、权威高效的审计监督体系,更好发挥审计监督作用。组建中央教育工作领导小组,就是为加强党中央对教育工作的集中统一领导,全面贯彻党的教育方针,加强教育领域党的建设,做好学校思想政治工作,落实立德树人根本任务,深化教育改革,加快教育现代化,办好人民满意的教育。再如,为加强党中央对涉及全局的重大工作的集中统一领导,强化决策和统筹协调职责,将中央全面深化改革领导小组、中央网络安全和信息化领导小组、中央财经领导小组、中央外事工作领导小组分别改为委员会,负责相关领域重大工作的顶层设计、总体布局、统筹协调、整体推进、督促落实。

这次深化党和国家机构改革,把建立健全党对重大工作的领导体制机制摆在突出位置,在党中央已建立的决策议事协调机构基础上,按照统筹推进"五位一体"总体布局、协调推进"四个全面"战略布局的需要,针对突出矛盾和短板,着眼长远制度安排,该增设的增设、该优化的优化、该调整的调整,形成在中央政治局及其常委会领导下党中央决策议事协调机构的崭新格局,实现了党对重大工作领导的更全面覆盖,进一步打通了党的领导与各方面工作的关系,进一步理顺、规范、优化了相应机构和职能设置,进一步增强了党的领导体制的系统性、整体性、协同性,必将对党和国家事业发展产生重大现实影响和深远历史影响。

全面落实加强优化党对重大工作领导的改革要求。

这次党和国家机构改革方案,对中央层面党对重大工作领导体制机制作出了加强优化的安排,同时要求其他方面的议事协调机构要同党中央决策议事协调机构的设立调整相衔接,保证党中央令行禁止和工作高效。各地区各部门党委(党组)要坚持依规治党,完善相应体制机制,提升协调能力,把党中央各项决策部署落到实处。

各地区各部门党委(党组)应带头学习领会《决定》精神,吃透工作要求,提高政治站位,增强"四个意识",坚定"四个自信",坚决维护党中央权威和集中统一领导,把思想和行动统一到党中央关于深化党和国家机构改革的决策部署上来。

理解中国治理

一是认真学习领会习近平新时代中国特色社会主义思想,特别是其中关于坚持和加强党的全面领导、建立健全党对重大工作领导体制机制的论述。党的十八大以来,习近平同志对加强和改进党对全面建成小康社会、全面深化改革、全面依法治国、全面从严治党的领导,健全完善党对经济、"三农"、政法、金融、教育、科技、民族宗教、新闻舆论、群团、军民融合等工作的领导体制机制有一系列精辟的论述。学习领会好这些重要思想,对我们正确理解党中央的改革意图,提高贯彻落实的自觉性、坚定性至关重要。

二是要对照党中央对重大工作领导体制机制改革的部署及工作要求,对本地区本部门原设置的议事协调机构及职能进行必要调整,理顺主从关系,提高各级党委把握全局和重大工作的能力,确保党的领导得到落实,保证党中央令行禁止。

三是经过优化调整的议事协调机构应及时健全工作职责、议事协调规则、工作流程、监督落实机制等工作制度,明确领导分工和办事机构,厘清与职能部门的工作关系,确保工作高效有序,确保党中央决策部署及时传导、不折不扣得到落实。

领导小组办公室概况

表1.4 中央领导小组办公室概况

单独设置
中央财经委员会办公室、中央军民融合发展委员会办公室、中央外事工作委员会办公室
设置在正式序列机构内
中央国家安全委员会办公室:设在中央办公厅
中央全面深化改革委员会办公室、中央党的建设工作领导小组秘书组:设在中央政策研究室
中央全面依法治国委员会办公室:设在司法部
中央审计委员会办公室:设在审计署
中央统一战线工作领导小组办公室、中央西藏工作协调小组办公室、中央新疆工作协调小组办公室:设在中央统战部
中央精神文明建设指导委员会办公室(http://www.wenming.cn):设在中央宣传部
中央机构编制委员会办公室(http://www.scopsr.gov.cn):归口中央组织部管理
中央巡视工作领导小组办公室:设在中央纪律检查委员会国家监察委员会
中央农村工作领导小组办公室:设在农业农村部
中央教育工作领导小组秘书组:设在教育部
中央军委深化国防和军队改革领导小组办公室:设在中央军事委员会办公厅
中央司法体制改革领导小组办公室:设在中央政法委员会
中央防范和处理邪教问题领导小组办公室:设在公安部
中央人才工作协调小组(中央西部地区人才开发协调小组)办公室:设在中央组织部人才工作局
一个机构两块牌子
中央网络安全和信息化委员会办公室与国家互联网信息办公室(http://www.cac.gov.cn)
中央对外宣传办公室与国务院新闻办公室(http://www.scio.gov.cn/index.htm)
中央台湾工作办公室与国务院台湾事务办公室(http://www.gwytb.gov.cn)
中央港澳工作协调小组办公室与国务院港澳事务办公室(http://www.hmo.gov.cn)
中央保密委员会办公室与国家保密局(http://www.gjbmj.gov.cn/index.html)
中央密码工作领导小组办公室与国家密码管理局(http://www.oscca.gov.cn)

资料来源:作者根据公开信息整理而成。

表1.5 国务院领导小组办公室概况

国家国防动员委员会综合办公室(http://www.gfdy.gov.cn/org/2012-07/20/content_4962700.htm)、国家人民防空办公室(http://ccad.zmfzx.com/index.html):设在中央军事委员会国防动员部
全国爱国卫生运动委员会办公室/国务院防治艾滋病工作委员会办公室(http://www.nhc.gov.cn/jkj/pjgsz/lists.shtml)、全国老龄工作委员会办公室(http://www.cncaprc.gov.cn)、国务院深化医药卫生体制改革领导小组秘书处:分别设在国家卫生健康委员会的疾病预防控制局、老龄健康司、体制改革司
全国绿化委员会办公室(http://www.forestry.gov.cn/main/21/20090612/59.html):设在国家林业和草原局生态保护修复司
国务院学位委员会办公室(http://www.moe.edu.cn/s78/A22/)、国务院教育督导委员会办公室(http://www.moe.gov.cn/s78/A11/A11_gggs/)、国家教材委员会办公室(http://www.moe.gov.cn/s78/A26/)、全国教育科学规划领导小组办公室(http://onsgep.moe.edu.cn/edoas2/website7/index.jsp):分别设在教育部的学位管理与研究生教育司、教育督导局、教材局、中国教育科学研究院
国家减灾委员会办公室、国家森林草原防灭火指挥部办公室(http://www.slfh.gov.cn/Default.aspx)、国家防汛抗旱总指挥部办公室、国务院抗震救灾指挥部办公室(https://www.cea.gov.cn/cea/index/index.html)、国务院安全生产委员会办公室(http://www.chinasafety.gov.cn/awhsy/):设在应急管理部
国务院妇女儿童工作委员会办公室(http://www.women.org.cn/col/col14/index.html):设在中华全国妇女联合会
全国拥军优属拥政爱民工作领导小组办公室(http://sy.mca.gov.cn):设在退役军人事务部拥军优抚司
国务院扶贫开发领导小组办公室(http://www.cpad.gov.cn):单独设置
国务院关税税则委员会办公室(http://gss.mof.gov.cn):设在财政部关税司
国家禁毒委员会办公室(http://www.nncc626.com/2018zgjdwxb/zw.htm?page=gjjdb)、国家反恐怖工作领导小组办公室:设在公安部
国家能源委员会办公室(http://www.nea.gov.cn):设在国家能源局
全国哲学社会科学工作办公室(http://www.npopss-cn.gov.cn):设在中央宣传部
国务院反垄断委员会办公室(http://www.samr.gov.cn/fldj/)、国务院食品安全委员会办公室、全国打击侵犯知识产权和制售假冒伪劣商品工作领导小组办公室(http://www.samr.gov.cn/zfjcj/):分别设在国家市场监督管理总局的反垄断局、食品安全协调司、执法稽查局
国家金卡工程协调领导小组办公室(http://www.chinagoldencard.cn)、国务院促进中小企业发展工作领导小组办公室:设在工业和信息化部

推进"一带一路"建设工作领导小组办公室(https://www.yidaiyilu.gov.cn)、京津冀协同发展领导小组办公室、推动长江经济带发展领导小组办公室、粤港澳大湾区建设领导小组办公室:设在国家发展与改革委员会
京津冀及周边地区大气污染防治领导小组办公室:设在生态环境部大气环境司
国家科技领导小组办公室:设在科技部
全国政务公开领导小组办公室、国务院推进政府职能转变和"放管服"改革协调小组办公室:设在国务院办公厅
国务院国有企业改革领导小组办公室:设在国务院国有资产监督管理委员会
国务院农民工工作领导小组办公室:设在人力资源社会保障部农民工工作司
国务院金融稳定发展委员会办公室:设在中国人民银行

资料来源:作者根据公开信息整理而成。

试　点

　　试点，是中国治理实践中所特有的一种政策测试与创新机制，具体类型包括各种形式的试点项目、试验区等。作为在中国"土生土长"起来的一项治理策略和方法论工具，作为标识中国政策过程尤其是改革开放进程的重要关键词，"试点"是被运用得最为频繁的改革工具之一。在中国各个层级、各个地区里分布着各式各样的政策试点。中国政策现实中所广泛存在的"先行先试、典型示范、以点促面、点面结合、逐步推广"等特有词汇和术语亦是根源于此。"试点"以其特定的功能和鲜明的特质，给本土政策过程打上了中国风格的深刻印记，是中国改革事业的整个策略体系中不可或缺的组成部分。

一、现状概览

紧密结合"顶层设计"与"基层探索"这一双重发展策略,是当前"试点"发展演化的一个基本特征(见表2.1)。首先,中央政府确立了"试点"发展的新思路,即通过"顶层设计"来对"试点"进行通盘统筹部署。强调"试点"工作要在顶层设计和指导下操作,注重对各种"试点"的引领、规划、指导,综合把握"试点"政策的界限、范围、尺度、节奏,给予地方"试点"更强的方向性、整体性,避免其陷入漫无目标、各自为战的碎片化状态。对于矛盾问题多、攻坚难度大、涉及风险因素和敏感问题的改革试点,中央层面通过适时、适度地主动介入,强化了对"试点"地区的支持和帮助力度。其次,中央政府进一步明确了"试点"的两个核心任务。一是制度创新,通过赋予"试点"地区更大的自主探索权限,如自由贸易试验区建设,驱动"试点"工作创设出全新的制度方案、政策点子,而非一味热衷于抢帽子、争政策、要资金、跑项目等。同时,对"试点"地区的探索予以更为全面的支持,既鼓励创新、表扬先进,也允许试错、宽容失败。二是做到可复制可推广,要求"试点"工作的创新和改革成果不能"昙花一现",必须经受得住时间和空间的双重考验。新的制度和政策不能仅限于"一时一地",在更长的时间周期,更大乃至全国性的地域范围内,都要具有同等效果的适用性。

表2.1　中央全面深化改革领导小组历次会议中有关于"试点"的表述①

中央全面深化改革领导小组第七次会议（2014年12月2日）
"进行改革试点,对全面深化改革具有重要意义。我国地区发展不平衡,改革试点的实施条件差异较大,要鼓励不同区域进行差别化探索。"
中央全面深化改革领导小组第十三次会议（2015年6月5日）
"对一些矛盾问题多、攻坚难度大的改革试点,要科学组织,在总结经验的基础上全面推广。根据改革需要和试点条件,灵活设置试点范围和试点层级。改革试点要注意同中央确定的大的发展战略紧密结合起来,为国家战略实施创造良好条件。要鼓励地方和基层在教育、就业、医疗、社会治理、创新创业等关系群众切身利益的方面积极探索。对涉及风险因素和敏感问题的改革试点,要确保风险可控。"
中央全面深化改革领导小组第二十一次会议（2016年2月23日）
"部署改革试点要目的明确,做到可复制可推广,不要引导到发帽子、争政策、要资金、搞项目的方向上。"
中央全面深化改革领导小组第二十二次会议（2016年3月22日）
"要准确把握改革试点方向,把制度创新作为核心任务,发挥试点对全局改革的示范、突破、带动作用。要加强试点工作统筹,科学组织实施,及时总结推广。要对试点项目进行清理规范,摸清情况,分类处理。"
中央全面深化改革领导小组第三十一次会议（2016年12月30日）
"要抓紧总结汇总试点进展情况,对一些推进难度比较大的试点,有关部门要加大指导和支持力度;对一些局部的试点探索,要重视对制度成果进行总结,使之成为可推广的成果;对实践中矛盾比较大的试点,要如实反映问题,完善政策设计。"
中央全面深化改革领导小组第三十五次会议（2017年5月23日）
"试点是重要改革任务,更是重要改革方法。试点目的是探索改革的实现路径和实现形式,为面上改革提供可复制可推广的经验做法。试点要取得实效,必须解放思想、与时俱进,尽可能把问题穷尽,让矛盾凸显,真正起到压力测试作用。要尊重基层实践,多听基层和一线声音,多取得第一手材料,正确看待新事物新做法,只要是符合实际需要,符合发展规律,就要给予支持,鼓励试、大胆改。要保护好地方和部门的积极性,最大限度调动各方面推进改革的积极性、主动性、创造性。要加大对试点的总结评估,对证明行之有效的经验做法,要及时总结提炼、完善规范,在面上推广。要区分不同情况,实施分类指导,提高改革试点工作有效性。"
"要加强改革试点工作统筹,分析各个改革试点内在联系,合理把握改革试点工作节奏。对具有基础性、支撑性的重大制度改革试点,要争取早日形成制度成果。对关联度高、互为条件的改革试点,要统筹协调推进。对领域相近、功能互补的改革试点,可以开展综合配套试点,推动系统集成。对任务进展缓慢、到期没有完成的改革试点,要提前预警、督促落实。"

① 统计时间截至2017年7月19日。

续表

中央全面深化改革领导小组第三十七次会议(2017年7月19日)

"党的十八届三中全会以来,党中央部署开展了系列重大改革试点,探索了一批可复制可推广经验,发挥了对全局性改革的示范、突破、带动作用。要加强试点工作的分类指导,已完成试点任务的要尽快在面上推广,已取得阶段性成果的要及时总结推广,进展缓慢和管理不规范的要督促整改落实,综合配套性强的要注意系统集成,实践证明有效的要及时形成相关法律成果。"

"要坚持锐意进取,发扬敢为天下先的改革精神,对改革中的阻力要敢于破除,抓好改革试点工作。"

"试点"发展至今天,其相关要素、主要特征已基本确定下来,并形成了相对稳定的操作类型。它们具体包括:

(一)试点项目

试点项目是侧重于时间维度的一种"试点"类型。作为中国治理实践中最为典型和普遍的一种政策试点方式,试点项目,是指在一定时间段和一定范围内所进行的一种局部性政策探索、测试和示范活动。作为在中国政策过程乃至中国改革开放进程中出现频率最高的词汇之一,试点项目几乎代表着所有"试点",是所有政策试点类型中被运用得最为频繁的一种形式。在中国各个层级、各个地区的政府部门与企事业单位分布着各式各样的政策试点项目,试点项目的实施过程及其衍生词汇亦构成了"试点"中绝大多数的操作术语。中国政策过程中作为惯例而存在的"先行先试→典型示范→以点促面→逐步推广"这一经典模式主要就是针对试点项目而言的,它已经基本成为中国绝大多数的新政策在得到正式而全面地实施之前所必须要经历的固定程式。

虽然"试点"有着较高的知名度,但目前对试点项目的认知仍较为笼统,学界还没有对种类繁多、数量庞杂的试点项目进行更为细致的分类性研究,由此导致许多围绕"试点"的研讨实则是"文不对题"。笔者在这里以试点项目的不同目标定位为划分标准,尝试着将当前的各种试点项目归为三类:探索型试点、测试型试点和示范型试点。

从目标导向及开展形式上看,现实中的各种试点项目基本都是沿着以下三条路径进行的:一是通过直接赋予某些"点"以先行先试的"政策探索权限",使其能充分地探索和创设新政策和新制度;二是把某项新政策布置在一些选取出来的"点"先行实施,根据对这些"点"所获得的各种反馈和经验进行进一步的完善,然后才"由点到面",以全局性正式制度的形式加以推广;三是选择部分"点",按照一个较高的标准实施某项新制度、新政策,为政策实施单位提供可供参考和学习的对象,使整个政策执行工作朝着预定的方向进行。

当然,实际进行中的各个试点项目在既定目标上可能不会如此"单一"和"纯粹",能够完全按照以上划分类别与之一一对应。特别是历时较长的改革试点,多数会从一种类型转变为另一种类型,一个"点"也可能同时承担两种甚至两种以上的试验性任务。但作为相对静态意义上对试点项目的一种类型学解析,前述三种类型基本上能够反映出当前各种试点项目之间的差异和联系。

1. 探索型试点

探索型试点,是指在某一新的开拓性改革领域内,为从改革实践中探索得出较为可行的全新政策方案设计而开展的试点工作。赋予试点单位相应的权限并要求其制定出新制度、新政策,是这一类试点进行的基本形式和目标。一般而言,在某项改革的初始阶段所进行的试点大多属于这一类型,比如改革开放初期的各种改革试点基本都是探索型试点。由于是进入到新的改革领域,出于稳妥的考虑,探索型试点中选择的试点单位,即所布置的"点"的数量一般较少,有时甚至只有一个。在这一类型的试点中,试点单位可以获得开展试验的权限、政策支持等,但试点的具体内容、路径和操作方法等细节都需要自己来独自摸索。

探索型试点是"试点"所有类型中的最主要代表,可以说,"试点"从诞生伊始就是以探索型试点的形式出现的,它很好地诠释了这一方法论工具的精神实质。无论是革命年代土地改革的反复尝试,还是改革开放进程启动后一系列政策领域的突破性进展,它们都是在缺乏理论和经验准备的情况下开始的。因此,这些改革试点难以依照某种事先设计好的目标、方法、内容、路径等推进。在这一情况下,只能通过试点单位在改革试验活动中进行不断的实践和总结,为决策者提供初步的观察和借鉴。

以创制新制度、新政策为目标的探索型试点,在启动之初只存在着原则性、框架性的改革方向,然后由试点单位根据自身状况出台更为具体的操作方案并将其付诸实践。这也成为判断某一改革试点是否属于这一类型的重要标尺。

2. 测试型试点

测试型试点,是指在全面推行某项制度之前,为进一步调整、完善该政策方案,而将其先行放置于个别地区或部门实施、观察制度实际运行效果的一种试点类型。测试型试点一般出现于较为成熟的改革领域或某项改革的中后期阶段。从时间分布上看，这一类型中的大部分都出现于2000年之后。通常的情况是，当已经制定出较为正式的政策方案时，在全面推行之前出于稳妥的考虑，通过局部试点的形式观察该项政策的"试运行"情况，并根据来自试点单位的反馈做出相应的调试和修正。

测试型试点的出现和发展是政策试点方法乃至中国的改革开放进程逐步迈向成熟阶段的反映。与探索型试点不同的是，测试型试点是在具有较为充分的理论和实践准备这一状态下开始的，特别是在政策方案上已经有了一个初步的设计。所用于进行测试的制度文本，或来自于改革倡导者的预先设计，或来自于对具体改革实践的经验总结。因此，测试型试点有时也构成位于探索型试点之后的后续改革试点阶段。

存在着较为正式的政策文本是开展测试型试点的基本条件和出发点，这自然也就成为判断某一项改革试点是否属于该类型的重要标准。以中央政府启动的各类测试型试点为例，在试点开始之初，国务院及其各部委通常会以发布"指导意见""试点方案"的形式，将其作为相关地方或部门开展试验工作的测试对象。这些试点单位的任务就是负责落实"指导意见""试点方案"中的具体内容，并适时向试点推动方报告工作进展。

3. 示范型试点

示范型试点，是指为推动某项新制度、新政策的实施，选择部分地方或部门按照较高的标准率先执行这些新政策、实现既定政策目标，以对新政策的实施方法、现实成效尤其是积极意义上的效果进行具体的展示。开展示范型试点的出发点和目的在于通过对新制度、新政策进行现实示范，为政策实施单位提供可供参考和学习的对象，打消个别部门在执行过程中所可能遇到的问题和疑惑。

从逻辑顺序上看，相较于摸索并制订新的政策方案的探索型试点、执行并调试现成政策方案的测试型试点，示范型试点则是更进一步，主要是为宣传、展示新的政策方案。因此，就进行时间而言，示范型试点肯定位于前两者之后，它构成了一项政策试点工作的最后阶段。推动试点单位成为执行新政策的典型和样板，尤其是显现出新政策所带来的各种积极效应，是示范型试点进行的基本形式和目标。试点倡导者也是寄希望于通过这一方式，能够提升新政策实施的质量和效率，带动和引导整个政策执行工作朝着预定的方向进行。

示范型试点多被用于一些技术性较强、有一定复杂性的新领域，因其内在特性，需要有部分地方或部门先行实施并展示效果，试点的启动一般以示范项目建设、示范工程建设、示范体系建设的形式出现。由于是示范，试点单位需起到带头榜样和发挥先进的作用，因此对其在执行新政策过程中的标准和要求自然就会比较高，有时候甚至可以说是"只许成功、不许失败"。同时，为了配合试点的进行，还会有一些与试点目标挂钩的配套性奖惩措施。

这里需要指出的是，由于是要求按照超出平均水平的标准和指标来完成试点任务，以能够起到示范和标杆效应，因此在示范型试点的实施过程中常常会给予试点单位一些优惠条件、特殊条件以帮助其达成目标。与探索型试点、测试型试点一贯强调的避免附加条件以保证试验的真实性这一准则有所不同,示范型试点中外来资源的投入已成为常态。考虑到打造典型和样板的成本一般较高,以及示范型试点在功能方面有其一定的特殊性,这一做法是可以理解的,不过对试点单位的倾斜程度也要"适当",否则会导致试点走样、模范走形,反而偏离了试点工作的初衷。

(二)试验区

试验区是侧重于空间维度的一种"试点"类型,是一系列政策试点项目在一定区域内的集合和组合。具体而言,试验区是指为承担某一系列或某一领域内的多个"试点"任务而选定的一个地域性区划单位,其外在形式体现为各种主题的综合性试验区、专门性试验区以及部分特区、新区、开发开放区、示范区、合作区等。

之所以要把试验区单独从"试点"中析出,将其作为与试点项目相并列的一种试点类型,主要是因为:首先,虽然试点项目也是在一定范围内进行的,但这一范围更为抽象,既可以指某一地域,也可以指某一特定的领域、单位、部门,而试验区则是指地理意义上的区域。其次,与试点项目不同的是,虽然试验区同样担负着对某一项或某一领域的政策方案进行测试的任务,但其更为主要的目标还是侧重于在本区域内广泛地进行政策和制度创新,以新政策和新制度的"内生成"为首要目标。正如巴里·劳福顿(Barry Naughton)所指出的:"中国的各种试验区担任着在现有体制之外或在现有体制之间建立新制度和对新事物进行尝试的任务"①。地域性和创制性是试验区最为显著的两大特征,通过充分运用其所被赋予的可以在特定区域内进行先行先试的政策试点权限,试验区能够源源不断地进行政策探索和创新。

试验区是中国政府用于开展较大规模的政策试验活动的空间承载区域,改革开放以来几乎每一轮较为重大的制度调整都是以建立一批新的试验区为标志。由于天然的地域性特征,在试验区内进行的试验活动具有显著的综合性、复杂性特点,一般而言试验的规模较大、周期较长,通常会同时承担创新、测试、示范等多重任务。另外,试验区还要经常性地接受上级临时赋予的其他"附加"政策试点工作。"经济特区本来就具有改革'试验田'的功能和使命,理所当然地承担着国家改革创新综合试点工作。"②

二、运行特点

一项试点工作,普遍会经由"两阶段十环节"这一操作程序。同时,在"中央政府""政策试点方""政策成果学习方"及其所对应的中央"推动力"、试验点"竞争力"、非试验点"学习力"等变量的交互作用与影响下,"试点"的启动触发、成果的推广,呈现出不同的四种模式。

---

① Barry Naughton. *The Chinese Economy: Transitions and Growth.* Cambridge, Mass.: MIT Press, 2007, pp.406–408.

② "顺应新形势办出新特色 继续发挥经济特区作用",《人民日报》,2005年9月20日。

（一）试点过程的操作

经过长期的实践和体会，"试点"在实践操作中已经形成了一整套相对稳定的程序和自成系统的做法，即"两阶段十环节"。这包括"先试先行"和"由点到面"这前后2个阶段，以及分别与之对应的选点、组织、设计、督导、宣传、评估以及部署、扩点、交流、总结等共计10个环节。

1. "先试先行"：试点的展开

"先试先行"，是指启动政策试点、实施第一轮次的试点工作，它构成了整个政策试点过程的前半阶段，也即通常所说的"典型试验""先行试点"。这一阶段的试点工作一般都要经过选点、组织、设计、督导、宣传、评估这6个环节，它们共同构成了实施一个周期的试点工作的完整且依次递进的基本步骤。当然，这6个环节及其先后顺序并不是绝对的，在实际进行过程中有的试点项目可能会跳过某一环节，或者同时实施某些步骤。

（1）选点

选点，即选择开展试点的地区或部门，这是"试点"在启动之时要做的第一项工作。这通常是由试点推动方先根据试验的具体类型、难易大小、重要性程度等方面的不同，来估定出所需试验点的一个大致规模，这或者是按照一个固定的数量，或者是按照一个相应的比例，然后再通过相应的途径及手段产生试验点名单。在对试验点的选择过程中有两个值得注意的方面：一是产生试验点的方式、一是产生试验点的标准。

第一,产生试验点的方式。

产生试验点的方式有两种:一是试点主导方自行选择并征得对方同意,一是各个地方或部门主动申请、并得到相应的批准。多数"试点"通常采用其中一种方式即可确定试验点名单,有的则是将两种方式结合起来运用。随着"自愿试验"这一点在试验点选拔工作中越来越受到重视,目前大部分的试验点都是从各地方或部门的主动申报中选出。

基于对试点项目中"政策含金量"的预估,各地方或部门对于试点工作的参与积极性有高有低。由于在试点过程中要做到"先行先试",相应地试验点需要承担一定的风险、付出一些额外的成本,但与此同时,通过这些政策试验性工作试验点也可能会获得额外的"政策红利"。基于这两者孰大孰小的不同预期,各地方、各部门对不同试点项目的态度也存在着明显的差异。有的试点项目较受青睐,比如在各种试验区的申报上,来自各个地方的申报一直都较为踊跃;有的试点项目则相反,各地方、各部门会比较迟疑甚至是回避,有时需要以"派任务"的方式才能将试点工作布置下去。这使得试点实施过程中经常会出现如下情况:随着试点工作的进行,在还未发展到对试点成果进行推广之前,就已经陆续有新的地方或部门申请加入试验点行列。这其中一个主要原因就在于通过对试验点所做的一系列工作进行实际观察,非试验点对该试点工作所持的态度发生了转变。

第二,产生试验点的标准。

无论通过何种形式产生,要能够被选为试验点,都必须满足相应的条件、符合相应的标准。由于"试点"是一次"试错"的过程,其所带来的风险和成本不容忽视,这就要求参与试点工作的地区或部门具备相应的能力和条件,以满足试点改革的相关要求,以及能够化解可能与之而来的"副作用"。通常而言,在考虑是否将某个地方或部门列为试验点时,需要考虑到一些硬件、软件方面的准备情况,比如较高的参与积极性、有一定的工作基础、具备相应的人力物力条件等。这意味着在选择试验点时必须将候选单位的经济社会发展状况、改革实践能力等条件都纳入参考范围。例如,开始于2003年的新型农村合作医疗试点工作在其启动之初,卫生部就提出要慎重选择试点县(市),并进一步明确可以从4个方面综合考虑:一是县(市)人民政府特别是主要负责人高度重视,积极主动地提出申请;二是县(市)财政状况较好,农民有基本的支付能力;三是县(市)卫生行政部门管理能力和医疗卫生机构服务能力较强;四是农村基层组织比较健全,领导有力,农民参加新型农村合作医疗积极性较高。同时,还着重强调了暂不具备条件的县(市)先不要急于开展试点。[①]另外,如果是示范性质的试点,要达到形成表率和榜样的标杆效应,还会将选择标准调高一些。

第三,"点"的平衡。

在选择试验点的诸多"准入"标准中,较为重要的一点是要使得所有"入选点"保持分布平衡。这同时也是在确定试验点时所要追求的一个目标,也即要使试验点在空间位置分布、内容搭配等方面之间实现相互补充和均衡。比如2007年4月,国家发改委提出入选国家级综合配套改革试验区的4个"门

[①] 《国务院办公厅转发卫生部等部门关于进一步做好新型农村合作医疗试点工作指导意见的通知》(国办发〔2004〕3号),2004年1月13日。

槛",即试点要有代表性与典型性;要在试点内容上有特点和重点;已经在相关领域进行过改革试验和探索;试点选择要考虑区域平衡发展,选择具有全局性意义的地区。除此之外,发改委还明确指出:"试点布局合理是最重要的标准"①。"政策试点"不是为解决单个地方、单个领域自身的发展问题,而是要为全局性的政策变迁和制度创新积累经验、提供参考,这就要求试验点的分布要尽可能地具有代表性。首先,所选择的试验点本身应该具有较大的典型性,能够带有处于不同经济社会发展阶段的区域的各自特点,同时试验点要在所在区域或领域内有一定的影响力和带动力,这样各个试验点可以一起形成网状辐射合力,可以把试点成果推及全国不同条件的地方。其次,在试点任务的布置上,优先考虑将试验点自身发展的现实需要和整个改革试点的内容结构相结合,使得试点行动既能够对解决试验点面临的现实问题有所助益,同时对推动全国或一定范围内的改革又具有参考价值。在这方面比较显著的例子是国家级综合配套改革试验区的选择和设立,其最终确定的试验点的地域、层次分布以及试验主题等要素都是极为契合的。

(2)组织

组织,即构建专门负责试点工作的组织力量,一般是建立以试点主题为名称的"领导小组""协调小组"以及"部际联席会议"之类的机构或机制。在试点项目的组织领导工作中,还有两个方面需要把握,即组织的运作特点和人员结构。

---

① "申新闸门暂落 国家综改区布局初定",《21世纪经济报道》,2007年12月14日。

通常情况下,"试点工作小组"会同时设置于两个层面。第一个层面设置于试点发起方,比如在国务院及其部委、省一级的相关"小组",它的职责主要包括:负责组织协调和宏观指导试点工作,研究制定相关政策并督促检查政策的落实情况,总结评估试点工作,协调解决试点工作中出现的问题,并就试点过程中的重大问题提出报告和建议等。第二个层面设置于试点实施方,比如试验点所在地区或部门,它的职责主要包括:根据预期试点目标、任务安排和工作步骤,按时推进范围内的试点计划,制订试点具体实施方案并负责落实,及时总结经验,按要求及时汇报试点工作进展等。

目前,在试点过程中所建立的相关组织有3种基本类型,它们是"领导小组""协调小组"和"部际联席会议"。其中,以"领导小组"和"协调小组"最为常见,"部际联席会议"只出现在国务院层面。单从称谓上看,容易将其归于以"领导小组"为代表的议事协调机构这一组织类别,但实际上它们与通常意义上的议事协调机构存在着较大的不同。各种"试点工作小组"在组成方式、运作特征等方面有着自身的一些特殊之处。

"试点工作小组"属于阶段性工作机制,在试点工作任务完成后即刻撤销,并不是实体意义上的组织,自然也就不能将其归为正式的议事协调机构或临时机构。"试点工作小组"主要以不定期地召开会议的形式来开展工作,是一种较为松散的议事、协调方式。

（3）设计

设计,即在确定试验点、搭建组织架构等工作完成之后,试验点就要开始着手制订用于实施试点计划的具体操作化方案,而这通常又是由相关"试点工作小组"来负责完成。同时,方案的类型、内容结构根据试点目标的差别而略有不同。如果是测试、示范新政策为主的试点项目,试验点只需根据试点总体方案的要求,设计所承担试点任务的具体组织实施方案;如果是以探索、创造新政策为主的试点项目,试验点所设计的具体实施方案实际上也可以视为试点总体方案。

在一项试点工作启动之初,试点启动方通常会以下发"试点指导意见"的形式来出台"试点总体方案",而"试点实施方案"则是对它的细化和具体化,具有明显的技术性、业务性特征,是试验点开展试点工作的计划和指南。在"试点总体方案"出台后,试验点就可以按照总体方案中的相关要求、并结合自身实际情况,进一步制订出更加细致的工作计划和实施办法,现实地着手组织、落实试点工作。在内容结构上,"试点实施方案"一般会涉及试验点如何利用一定的人力、物力、财力,分解试点任务,安排试点进度,在部门间进行分工并落实,在规定的时限内实现预期目标等。试验点所分别出台的一个个具体的试点实施计划一起构成了整个试点项目的总的行动方案。

试验点在制定出具体实施方案后,一般还需要将这些方案上报至试点启动方,通常是相关"试点工作小组",由其审定后方可实施。省一级政府出台的试点实施方案,需直接上报至中央政府层面的"试点工作小组",由其备案后方可启动实施。省一级以下政府出台的试点实施方案需上报至由省一级政府,由其批准后方可实施;如果是国务院及其部委启动的试点项目,还需要报中央政府层面的"试点工作小组"备案。

随着试点方法的日趋成熟,试点方案的标准化、规范化程度亦越来越高。

在"试点总体方案"中,其内容结构已基本稳定在指导思想、总体目标、基本原则、主要任务、试点内容、对试验点的要求这6个板块;在由试验点所制订的具体实施方案中,其内容结构已基本稳定在任务目标、具体措施、进度安排、配套政策、保障条件、责任主体这6个板块(参见表2.2)。

表2.2 "试点总体方案"与"试点实施方案"的内容结构对比

试点总体方案	试点实施方案
指导思想	任务目标
总体目标	具体措施
基本原则	进度安排
主要任务	配套政策
试点内容	保障条件
对试验点的要求	责任主体

(4)督导

督导,即对试验点的工作进展情况进行督促、指导和检查。为保证试验点的工作按预定计划进行和试验质量,相关部门还会按照试点总体方案及实施方案中的预先设计,对试验点进行及时的指导,开展跟踪性的调研,定期进行检查,以便于及时了解试点工作进展状况,并根据试验点的实施情况反馈及时完善试点方案。督促指导工作一般由"试点工作小组"及其办公室负责,有时还会建立专门的督促指导机制,主要形式包括派出督导组调研、举办试点工作培训会和培训班、建立专门性的委员会等。

在试点过程中,"试点工作小组"及其办公室通常会派出督导组到试验点所在地区,对试验点的措施执行情况、保障到位情况、政策效果、群众满意度等方面展开调研和检查,听取试验点的工作汇报。督导组会根据在试验点的调研情况提出相应的督导意见和建议,并及时将这些信息反馈到"试点工作小组"。

督促指导的另一主要形式是举办专题培训会和培训班,即召集试验点代表和相关责任部门,对其进行政策要点、操作规程等方面的指导。特别是在试点内容及其操作较为专业和复杂时,对试验点及其工作队伍进行业务指导就显得尤为必要。

（5）宣传

宣传,即对试点工作进行舆论宣传,由试验点特别是相关业务部门与宣传部门互相配合、共同推动,贯穿于试点工作的整个过程。这包括对试点工作的重要意义、指导思想、基本原则、主要任务、政策措施、阶段性成果等进行宣传和报道等。这些宣传活动的目的在于通过合理引导社会舆论和社会预期,以坚定改革信心、增进改革共识,争取社会各界对试点工作的理解和支持。概括而言,对试点工作的宣传主要由两个方面构成:一是对试点内容进行政策宣传、解疑释惑,一是对试点的积极效应特别是阶段性成果进行典型性报道。

"试点总体方案"出台之后,通常会首先以通俗易懂、易于接受的语言和方式,以这一总体方案为蓝本,进行更为细致和具体的阐述,对一些普遍性和关键性问题进行解答,主要手段包括"试点方案解读""答记者问"等。通过这些宣传形式和渠道,可以使社会各界对此次试点工作的主要目的、重点内容、政策变化、预期结果有一个初步的认知和了解,特别是使可能会被改革措施影响到的相关群体提前做好相应的物质和心理准备,能够有利于试点工作的顺利展开。相比于过去的试点工作一般习惯于"不声张""暗试",现在的各种试点项目则越来越公开化、更多的是"明试"。这既体现出中国的改革开放和转型历程愈发成熟,同时政府越来越透明和公开。

当试点工作进展到一定阶段,特别是部分试验点通过一系列工作取得了相应的成果时,还会及时对这些阶段性成果进行广泛的宣传,以突出试验性政策实施后所带来的积极效应,进一步增进社会各界对试点工作的理解和支持,主要手段包括"典型性报道""成果汇报""成果展示会"等。将试验点的好成果、好经验"树立"为"典型"和"榜样",是试点过程中所经常会运用到的一种宣传和促进手段。如前所述,"政策试点"在其发展初期就已广泛采取这一手段来提高对新政策的支持度,其后示范型试点的出现就是受到这一策略影响的结果。典型性的宣传,既体现了对试验点工作的支持和鼓励,亦使试点工作的积极意义"看得见、摸得着",无疑是推动试点工作进程的一种极为有效的方式。

(6)评估

评估,即当试验点完成了一个周期的试点任务时,由相关"试点工作小组"对试验点的工作进行阶段性的评估和验收。评估的内容包括设计相应的指标体系,对试验工作开展以来各个试验点的具体成效进行调查分析,从而得出整个试点项目启动以来的总体实施效果,并梳理出所取得的效果和经验,发现存在的问题及原因,为进一步完善相关政策和制度设计提供依据。评估是对整个试点实施过程中的一次"中期小结"或"阶段性总结",并不意味着全部试点工作的结束,其目的在于以此推动各个试验点的完善和健康发展,尤其是可以为下一阶段的试点推广工作打下基础,提供参考和指南。

每个试点项目因其规模大小的差异性,在评估工作中的重点和策略亦有所区别。对于试验点数量众多且分布广泛的试点项目,一般不对所有的试验点进行逐个调查和测评,而只是通过开展重点抽查的方式,掌握整个试点项目在面上的进展情况。对于试验点数量较少的试点项目尤其是试验区的建设,通常需要对试验点尤其是试验区进行逐个评估和验收,并有一套完整的评估程序以保证考核效果。

由于试验点情况的复杂性,具体实施评估的技术手段也较为多样化,一次评估工作通常会灵活采用定量和定性调查分析相结合的形式进行,具体包括机构调查、入户调查、典型调查、实地考察、听取相关汇报、举行座谈会和发放调查问卷等多种手段。各个试验点也可结合整体性的评估方案制定本地的评估方案,进行必要的补充调查,开展本试验点的自评估工作,并形成自评估报告,呈报"试点工作小组"及其办公室。为保证评估工作能够如实反映试点工作的真实效果,现在越来越多的评估工作开始被委托给第三方承担。

为保证试点工作的质量、强化评估工作的力度,一般还会就评估结果对试验点做出反馈。具体来说,对政策落实到位、取得较好效果的试验点,会给予相应的鼓励和支持,并可能将其树立为典型和示范;而对因主观因素导致试点工作进展缓慢、成效不明显的试验点,会及时提出相应的整改意见,甚至对试验点进行调整和处理。

2."由点到面":试点成果的推广

"由点到面",是指在第一阶段试点工作的基础上逐步扩大试点范围,并最终完成试点成果的推广,它构成了整个政策试点过程的后半阶段,也即通常所说的"点面结合""逐步推广"。这一阶段的试点工作一般都要经过部署、扩点、交流、总结这4个环节。基于"政策试点"的政策实施过程因其强调稳妥的内在特质,即便在前一阶段取得成功后也不会"一步到位"地全面铺开,而是遵循"点面结合、边试边推"的路径。这一策略是经过长期探索和实践而形成的重要经验,也是今后的改革实践在长时期内仍会遵循的基本方略。

(1)部署

部署,是指对试点的扩大范围工作进行统筹安排,做好各项前期准备工作。在试点的推广过程中,首先也要完成多数试点都需准备的基础性工作。由于有了第一阶段的试点工作作为基础,因此在开展接续性的试点工作时,能够具备条件和经验将部分工作环节归并到一起进行。

推广试点的部署性工作一般以"扩大试点工作部署会议"的形式开始,会议议程通常包括:一是由现有试验点代表就本单位的试点情况和经验进行简要介绍;二是由主要业务部门负责人简要汇报第一阶段试点工作的评估报告,其主要包括试点工作的进展情况、对试点工作的基本判断、对下一步工作的建议等;三是由"试点工作小组"负责人介绍试点推广工作的各项任务,这主要包括提出扩大试点工作的总体安排,确定新试验点的规模及准入条件,对推广过程中的组织领导、实施方案设计、督查指导、宣传动员工作提出具体要求等。

"扩大试点工作部署会议"的召开意味着试点推广阶段的正式启动,紧接着会议所确定的相关事项会在短时期内全面展开。由于有第一轮次的试点作为基础,许多工作已不必再重复,这包括组织机构的建立、总体方案的制订等。同时,以前半阶段的试点工作为参照,推广过程中需要涉及的一些新任务,诸如新试验点的选拔、具体实施方案的制订和审定、任务的分解落实及进行人员培训、宣传动员工作的发动等,都能够在较短的时间内得以完成。

（2）扩点

扩点,即增加新的试验点,布置新一轮的试点工作,在第一阶段所选取的试验点在取得相应的成效后,以其为基础和参考来扩展进行试点的范围。

扩大试验点的方法一般包括"重点扩点"和"普遍扩点"。"重点扩点"是指选择在一些重点地区扩大试验点的范围,"普遍扩点"是指在全国各个地区普遍扩大试验点的覆盖面。出于稳妥的考虑,一般是先进行"重点扩点",而后实施"普遍扩点"。这一方式体现在扩点过程中,就是先选择一定数量的地区或部门作为试验点,而后逐渐转变为选择一定百分比的地区或部门作为试验点。

确定试验点的方式和标准基本不变,新试验点启动和实施试点工作也需经历组织、设计、宣传、督导、总结等阶段。由于有已存试验点的操作经历作为积累,第二轮确定试验点的速率一般都比较高。

（3）交流

交流,是指新的试验点与已有试验点之间在工作业务等方面的学习和交流活动,其目的在于为新的试验点学习借鉴先进试验点提供相应的平台和渠道,从而保证试点的质量、加快试点的进度。这种交流活动一般包括两种形式:一是通过展开"试点经验交流工作会"的方式,由试验点介绍做法和经验;二是新的试验点派出专门的组织队伍到典型性、示范性的试验点进行学习和考察。

"试点经验交流工作会"是为在试验点尤其是新旧试验点之间较为集中地交流做法和经验、统一试点工作思路而召开的专门性会议。会议次数根据试点工作的重要性、试验点规模的不同而有所差异。由试点工作成效显著的试验点代表介绍相关做法和经验,是交流工作会议议程的重点。

为了能更加深入地了解和体会试点工作中的成熟做法和有效经验,通常还会要求和组织新晋试验点到工作成效显著的试验点进行实地观摩,近距离地学习和感受。作为考察和参观的主要目的场所,从各个试验点中精心选择甚至培养出来的示范点、示范区需要承担传播成功经验、展示试点成效的任务。在试点过程中有意识地建设示范点、示范区的用意就在于此,这也是政策试点术语中"典型示范"的要义所在。

目前,为节省成本、提高工作效率特别是加强交流的效果,常常把"试点经验交流工作会"放在具有典型示范作用的试验点地区召开。这样做的好处在于,在交流工作会议结束后,即可直接安排与会代表进行实地参观和考察,将书面经验与实践观摩有效统筹起来,结合具体的操作来对书面性的介绍和总结进行更加生动的说明和展示。

(4)总结

总结,是指当试点工作宣告结束时,对整个试点工作进行全面回顾,系统地分析整个试点项目的实施和完成情况。各个试验点需要完成并提交试点工作总结报告书,报告的内容包括预定目标、主要任务和各项指标的完成情况以及所取得的成效,试验点在开展试点过程中的主要做法和经验等。报告提交后,由"试点工作小组"或相关业务部门对这些总结材料进行汇总和整理,并形成整体性的正式文字总结。

总结一般以召开"试点工作总结大会"的形式进行,出席者包括试点工作的主要组织和参与单位的负责人、试点工作领导小组及其办公室成员、试验点代表等。会议内容包括对整个试点过程进行全面梳理和总结,典型试验点介绍和汇报相关经验和做法,并对试点工作过程中成效显著、产生较大的影响和示范效果的试验点以及做出突出贡献的先进个人进行表彰等。

(二)"试点—推广"的作用机制

在整个"试点"过程中,有两个环节最为关键,这就是标志试点工作开始的启动环节和试点成果全面铺开的推广环节,也即试点工作术语中的"先试先行"和"由点到面"。考虑到政府间纵向关系、横向关系、斜向关系在试点过程中的现实影响力,本书尝试从"中央政府""政策试点方""政策成果学习方"这三者在政策试点和推广过程中的不同行为特征入手,对中央的"推动力"、试验点的"竞争力"、非试验点的"学习力"在整个过程中的复杂互动现象进行学理化挖掘,发现并理解试点启动与成果推广这两大环节所蕴含的关键属性。

1."政策试点"参与者的行为特征

在全部试点过程中,充满了中央政府与地方政府、地方政府彼此之间的大量互动行为。由于在试点过程中的角色定位不同,中央政府、作为试验点的地方政府与作为非试验点的地方政府在行为特征上各有侧重。①试点启动与成果推广过程中所表现出来的不同运行机制,实质上就是对中央政府、试验点、非试验点这三个不同功能主体相互之间博弈现象的集中反映。

(1)中央的"推动力"

中央的"推动力",是指中央政府对于各个地方政策试点和推广行为的参与和干预程度,中央政府推动地方政策试点和推广进程的力度。在一些情况下,中央政府可能会以直接或间接的方式,对地方政策试点和推广工作的内容和方式提出明确要求,"深度"参与到"试点"行进的整个过程中;而在另一些情况下, 中央政府可能会对地方全部的政策试点和推广活动采取观察式、旁观式的"不干预"立场。

中央"推动力"的有无和强弱,体现的是中央政府对于地方政策试点和推广工作的认知状况、把握程度和判断结果。中央政府既要在维系整个试点改革局面稳妥性的基本前提下,做到鼓励地方试验点充分发挥出自身积极性和创造性,更要恰到好处地在这一过程中贯彻中央的政策意志和主张,准确地将各个分散试验点的工作导入政策发展的总体方向。中央政府对于这些要素的综合考虑,最终落脚到尽力确保整个试点过程的"可控性"和"弹性"两个方面。

第一,有效确保试点过程的"可控性"。

中央政府在政策试点和推广过程中的"推动力",实质上体现出了中央层

①　这里需要说明的是,中央政府、地方政府做出选择的动机和标准,并不在本书的讨论范围之内,此处只描述和讨论中央政府、地方政府在这一过程中的行为。

面为了确保试点的"可控性"而所做出的种种努力。"试点"天然的不确定性决定了中央政府在这一过程中必须牢牢掌控主导权,以"应对"试点过程中随时可能出现的意外状况。

众所周知,"试点"通常被视为具有降低改革成本、减小改革风险等方面的显著优势,但这些优点并非自动或完全能够发挥出来。同时,更为重要的是,既然是"试",那么随之而来的风险亦不可忽视。因此,进行"试点"就必然需要有相应的制度性安排对其进行促进和保障。

一项"试点"要保持顺利运转,特别是取得成功,单单依靠地方政府完全自主性的行动以及对试点成果的自发推广是难以成行的。试验点的创新行为在出现之初,经常会面临各种阻力,如果任由其发展,不但容易导致创新成果的夭折,还会打击试验点进一步探索的积极性。于是在试点过程中,中央常常会适时出面、表明态度,来鼓励和保护试验点的积极性,并总结提炼出可供推广的经验。进一步而言,来自中央政府的支持和保护往往对试验点起着决定性的作用,其在吸收和推广试验点经验的过程中扮演着"把关者"和"提倡者"的角色。在需要的情况下,中央政府可以为试验点的行为提供合法性支持和回旋余地,甚至可以把未经批准而启动的政策试点项目纳入政策议程中。

中央政府具有保护试验点创新行为的意愿和能力,同时也有权制止试点过程中的各种无序行为。各个试验点"求新求异"的探索可能会带来相应的"偏离"行为,如不及时控制会导致整个试点局面的混乱。于是,出于风险最小化的考虑,中央政府会及时限制和调整这一过程中可能出现的各种无序行为。试验点虽被授予相应的权限,但并非就是完全放任其随意尝试,或者任其随心所欲地扩大试点范围。当出现偏离预定试点轨道的情况时,中央政府会及时矫正试验点的越界做法。正是由于"试点"所居于的整体环境总是得到相应控制的,因此风险性的信号或苗头一旦出现,往往就能够被非常迅速地纠正。即便因为个别试验点的失误而带来相应的成本支出,但这很少会导致整个试点工作的全局性失败。①换言之,在中央政府对试点进程的稳固掌控下,这些局部性的失败并不会带来较大的系统性伤害,当试验点出现失败或失控的趋势时,常常就已经被加以限制或取消。

来自于中央政府的有力且持续的掌控,是推动"试点"发挥出稳中求变求新效应的关键保障。中央政府始终注意把试点工作的主导权牢牢掌握在手中,密切关注并随时干预试点行进的方向、步骤、时机、速度、广度、深度、形式等。②通过将随机分布的试验点及其创新选项和及时有效的控制权限结合在一起,从而将地方经验有选择地吸收到政策议程中,正是隐含于"政策试点"操作性过程背后的精妙且富有成效的逻辑安排。

第二,有效保持试点过程的"弹性"。

从宏观和中观的视角来看,开展"试点"的战略意图是非常明晰的,就是为了在政策方案正式出台和普遍实施之前发动试验点去探寻可供参考的经

---

① Barry Naughton. "Singularity and Replicability in China's Developmental Experience." *Presentation at the American Economics Association Meetings*, San Francisco, CA, January 3, 2009.

② Sebastian Heilmann. "From Local Experiments to National Policy: The Origins of China's Distinctive Policy Process." *The China Journal*, No.59, January 2008. Sebastian Heilmann. "Policy Experimentation in China's Economic Rise." *Studies of Comparativeand International Development*, Vol.43, No.1, Mar 2008. Sebastian Heilmann and Elizabeth J. Perry, eds. *Mao's Invisible Hand: The Political Foundations of Adaptive Governance in China*. Cambridge, Mass.: Harvard University Press, 2011.

验。但是从微观或技术层面来讲,"试点"的前景是不确定的,谁也无法预知其可能会带来的结果。更为重要的是,即便是作为试点主导方的中央政府,虽然力图保持对试点过程的有效控制,但显然也不可能具备获知一切的认知能力。于是乎,在产生确定性的判断和选择之前,中央政府的通常做法就是对试验点的行为和做法保持"不回应"的态度,这已成为试点工作过程中的常态。

显然,在试点过程中,中央政府对试验点所经常表现出的"沉默"态度,一直是试验点面临的"难题"。然而,并不能因为试验点暂时性的无所适从而淡化中央政府在试点进行过程中的指导性作用。既然是开展试点、进行探索,在行进过程中遇到瓶颈和阻塞就是很自然的事。中央政府在试点开展过程中的控制性行为导向,只是出于确保试点工作能够顺利进行的机制安排,并非包办一切、化解一切的万能保证。如前所述,将地方试验点的积极探索及其创新选项与中央政府及时有效的控制权限进行充分结合,才是隐含于"试点"操作性过程背后的精妙逻辑所在。这同时也很好地体现了发挥地方积极性和中央维系全局稳定性之间的辩证关系。

(2)试验点的"竞争力"

试验点的"竞争力",是指地方对于试点工作的主动程度、积极程度和努力程度。可以说在试点工作启动伊始,地方之间就充满了各种竞争,角逐的对象包括成为试验点的资格、试点结果的评估等。显然,这种竞争带有一定的"排他性",也即某一地方政府如果通过在试点工作方面的表现,能够获得来自中央政府的褒奖,那么就可能会使其他地方政府失去相同或类似的机会,这些机会包括人事晋升、财政转移支付、荣誉称号等。

同时,在一些情况下,各个地方对于试点工作也会呈现出态度各异、截然相反的态度。出于各自的考虑,各个地方对于进入试验点行列,进而开展某项试点工作可能并不"在意"和"上心",或者对于试点工作的专注和投入程度普遍不高。还有一种情形则是,仅有个别或少数地方对于试点工作给予了较大关注、投入和期待,而没有或较少受到来自于其他地方的竞争压力。

(3)非试验点的"学习力"

非试验点的"学习力",是指未展开试点工作的地区,对于试验点地区所取得的试点经验、试点成果的汲取和采纳程度。当试验点的各种工作进行了一段时期后,非试验点地区会根据试点工作的进展态势,并结合自身情况,做出相应的判断,进而在学习借鉴试验性政策的内容构成、速率进度等方面给予不同程度的响应。由此试点工作也迎来了不同的发展路向,有的试点经验和成果得以推广扩散开来,有的则保持着"原地待命"的状态。

非试验点对于试验点相关成果的学习,既存在着"有""无"的情况,同时还存在着"主动""被动"的区别。当非试验地区开始学习、尝试来自试点地区的经验和做法时,有可能是出于解决自身发展问题的主动出击,也可能只是按照中央政府要求行事的被动回应;当非试验地区对于试点地区的经验和做法处于"观望"状态时,有可能是自身还未下定尝试新事物的决心,也可能是还未得到中央政府的相应批准。

2. 试点启动的触发机制

一项试点工作的开始,通常在中央政府的"推动力"、试验点地方政府的"竞争力"这两个因素的交互作用下进行。对于同一个试点项目,中央政府推动力度强弱不等、试验点地方政府竞争程度不一,会共同对试点项目的启动形式产生一个综合影响,进而形成四种类型的试点触发机制(参见图2.1)。

中央"推动力"

		强	弱
试验点"竞争力"	强	争取	追认
	弱	指定	自发

图2.1 试点启动的触发机制资

(1)强推动—强竞争:争取

争取,是指当中央政府积极推动和主导某一项试点工作,同时各个地方政府也在向中央政府积极竞争具有排他性的试点"资格",如果某一或部分地方政府达到中央政府设置的能够进行试点的各种要求,进而在众多的申请者中"脱颖而出",进入试验点名单,试点工作就得以正式启动。在由"争取"所引发的试点项目的启动过程中,中央政府的推动力度和地方政府间的竞争强度都较高。

各个地方政府所积极争取的试点政策项目,通常都附有较大的政策、资金等方面的有益条件和优惠,要得到这些优惠条件,需要有中央政府的认可和支持。在确定试验点的过程中,中央政府对于试验点的选择有相应的考虑和倾向,同时各个地方政府也都在通过各种渠道和方式,向中央政府表达进行试点的强烈意愿、展示进行试点的有利环境。中央政府选择试点地区的过程与各个地方政府间争取试点机会的过程交织在一起。面对各个地方政府主体之间的激烈竞争,中央政府需要综合考虑平衡各种因素,最终择定试验点名单,并宣告试点工作的开始。

(2)强推动—弱竞争:指定

指定,是指中央政府在明确了政策试点的内容和目标后,直接指定某一个或某一些地方政府开展试点工作。在由"指定"所引发的试点项目的启动过程中,中央政府的推动力度较高,而地方政府之间的竞争强度则较低一些。

通过中央政府指定来实施的政策试点项目,往往具有一定的难度和挑战性,试点的前景、收益不甚明朗,使得地方政府主动要求进行试点的积极性不足,顾虑较多。被指定开展试点的地区,虽然也可能会得到中央政府一定程度的政策关照和倾斜,但不足以能够充分克服试点工作本身的不确定性和难度,这一状况使得很多地方政府对于相关试点项目"望而却步",主动参与试点工作的积极性不够高。同时,对于风险度、敏感度较高的试点项目,中央政府也更为谨慎一些,不轻易接受地方政府进行尝试的主动请求,而是在充分确信和确定相关地方政府主体的确符合各种条件之后,才会采取行政指令的方式,将试点任务"下派"。

(3)弱推动—强竞争:追认

追认,是指某些地方政府在完全自行实施某项创新性政策并取得相应的成果后,通过相关渠道和方式,得到了中央政府的关注,进而这些政策创新活动被中央政府所认可,将这些地区列为试验点,并同时开始在其他地区进行该政策的试点工作。在由"追认"所引发的试点项目的启动过程中,中央政府的推动力度较低,而地方政府之间的竞争强度则较高一些。

对于自行开展政策创新的地方政府而言,它首先需要在没有获得中央政府政策倾斜和各种外部支持的情况下,自主设计新型政策方案并成功实施,接着地方政府的政策创新成果还要能够得到中央政府的认可,尤其是具备可以在其他地方继续实施的必要性和可行性。同时,地方政府在开展创新并获取中央政府认可的过程中,还可能会面临彼此之间的政策创新竞赛,尤其是各个地方政府对于相似甚至同一政策目标的追求,会不可避免地带来一定程度的竞争。

(4)弱推动—弱竞争:自发

自发,是指个别或少数地方政府为解决自身发展过程中遇到的各种问题,自行开展某一项或某一系列的试点工作,且这些试点政策仅仅在本地区实施。在由"自发"所引发的试点项目的启动过程中,中央政府的推动力度和地方政府间的竞争强度都较低。

地方政府在本地区自发开展实施的试点活动,其初衷基于推进地方建设和优化本地治理。正是由于这一显著的"本土性",在绝大多数情况下,地方"自发"实施的试点政策,既具备充分的针对性,还拥有较大的探索空间。从发展逻辑来看,地方的自发性试点行为所取得的进展和成果,不但对于自身发展有所助益,同时还可能被中央政府所"追认",进而转入新的试点轨迹,对其他地方乃至全国性的改革议程提供有益的参考。纵观中国各个领域的改革,来自地方的自发性试点探索源源不断地为整个改革事业提供新想法、新方案和新样本。正是在这个意义上而言,地方的"自发"试点行为构成了中国政策变迁与制度演进的实践根基。

3. 成果推广的发生机制

当试点工作进展到一定阶段和程度,便会涉及试点成果的推广事宜。在试点成果的推广中,首要的一点是如何判断和取舍产生于试验点工作中的各种成果。中央政府、非试验点地方政府对于试点成果的不同态度及行为,都会投影到试点推广过程中,从而使得推广工作产生不同的走向。试点成果推广在表面上的水平扩散形式,实质上要受到政府间关系的结构性约束。在可用于推广的政策方案的具体选择、推广的范围界定以及时间进度等方面,中央政府"控制力"、非试验点地方政府"学习力"之间的互动,会对其产生一个复合影响,进而形成四种类型的成果推广发生机制(参见图2.2)。

		中央"推动力"	
		强	弱
非试验点"学习力"	强	辐射	扩展
	弱	应付	观望

图2.2 成果推广的发生机制

(1)强推动—强学习:辐射

辐射,是指中央政府完成了对于试验点工作成果的梳理和整合后,渐次地将新的政策方案推行到全国各个地方,同时非试验点地方政府也在积极学习实施来自试验点的新政策方案。各个试验点通过试点所形成的新政策方案,首先都需要经过中央政府自下而上地选择,并经过相应的整合后,再自上而下地被逐渐"辐射"到更大的应用范围中(参见图2.3)。对试点成果进行"辐射"式的推广,是"试点"中最为主要的一种推广形式。在"辐射"式的试点成果的推广过程中,中央政府的推动力度和地方政府的学习积极性都较高。

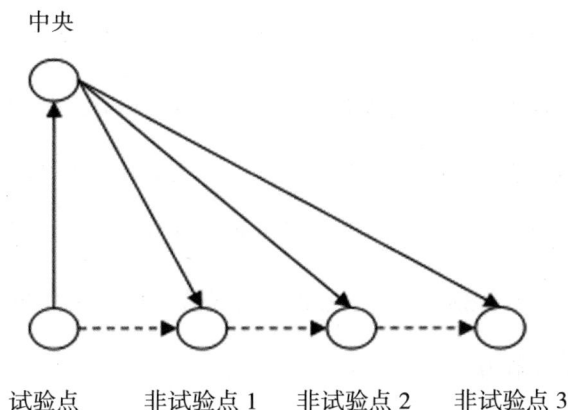

图2.3 "辐射"的简略示意图

在对试点成果进行"辐射"式推广的过程中,中央政府发挥着"把关者"和"仲裁者"的角色。形成于地方政府局部性试点中的政策方案,在被应用到更大范围之前,首先都需获得中央政府的认可,抑或是中央政府至少不会产生"明确"的反对意见。这是大多数试点成果能够得以推广的最基本条件。这些新的政策选项只有被中央政府所"采纳",并进行相应的整合和调适,才能获得进一步进行乃至推广的"许可"。虽然现实中也经常存在着某些试点成果尚未经过中央批准,而从试验点"自发扩散"到其他地区的情况,但这也只是中央政府的一种暂时的"默许"行为,在必要的时候,中央政府完全有能力干预这一扩散进程，或是中止或是顺势推动。

待中央政府完成了对试验点政策成果的重新整合后，就开始进行"辐射"式的推广。对于来自局部试点的新的政策选项，中央政府通常不会一蹴而就地将其全面铺开，而是采用"辐射"式的方法来推行，自上而下地对旧有政策进行逐步替换和更新。通过这一方式，中央政府可以灵活掌握推广的范围、进度等，从而使得新政策的整个推广过程具有一定的"节奏性"。尤其是中央政府能够在推广过程中一直密切关注新政策施行的实际效果，进而反复地梳理和整合产生于政策推广过程中的经验得失，对原有方案进行不断修正和调整，评估政策实施的效果以适时调节实施的速度和广度，加快、放缓或中止这一过程。因此，整个"辐射"过程并未完全遵循线性的发展轨迹，在其间还存在着复杂的往复循环和互动。

在中央政府积极推广实施试点成果的同时，非试验点地方政府对于试点成果也表现出较高的学习兴趣和接受程度，很快就将新政策方案施行于本地区。这样整个试点成果推广过程能够得以快速、顺利地完成。

（2）强推动—弱学习：应付

应付，是指面对中央政府扩大试点范围的要求，地方政府学习实施新政策方案的主动程度、积极程度不够高，只是出于服从中央政府的指令而进行被动的应对。在"应付"式的试点成果的推广过程中，中央政府的推动力度较高，而地方政府的学习积极性则较低。整个试点成果推广过程的节奏比较缓慢，试点成果在非试验点地区的执行质量不够高，甚至流于形式。

（3）弱推动—强学习：扩展

扩展，是指在中央政府还未对试验点的工作做出明确表态、对试点成果未做出最终评判的情况下，部分非试验点地方政府就已开始主动学习和积极实践来自试验点地区的政策成果，试点成果从而由试验点地区水平扩展到部分非试验点地区。在"扩展"式的试点成果的推广过程中，中央政府的推动力度较低，而部分地方政府的学习积极性则较高。整个试点成果推广过程的节奏处在一个适中的水平。

（4）弱推动—弱学习：观望

观望，是指中央政府、非试验点地方政府都没有对试验点的工作成果表现出明显的推广或学习意向，而是保持继续关注的态势。在"观望"式的试点成果的推广过程中，中央政府的推动力度和地方政府的学习积极性都较低，试点成果的推广进度极为缓慢，甚至停滞不前。

三、资料汇编

中国共产党重要文件中关于"试点"的表述

"改革的步骤要积极而稳妥，看准了的坚决改，看准一条改一条，看不准的先试点，不企图毕其功于一役。全国性重大改革的实施，由国务统一部署。要鼓励各地区、各部门和各单位进行改革的探索和试验，但一切涉及全局或广大范围的改革要经国务院批准才能进行。"

——《中共中央关于经济体制改革的决定》，1984年10月20日

"各项改革都要注重试验，鼓励探索，注意找到切实的过渡措施和办法，做到循序渐进。"

"没有探索，没有创新，没有不同试验的比较和不同意见的讨论，我们的事业就没有生气。"

——《中国共产党第十三次全国代表大会报告》，1987年10月25日

"党中央尊重群众愿望，积极支持试验，几年工夫在全国推开。"

"兴办深圳、珠海、汕头、厦门四个经济特区是对外开放的重大步骤，是利用国外资金、技术、管理经验来发展社会主义经济的崭新试验，取得了很大成就。"

"要大胆探索，敢于试验，及时总结经验，促进体制转换的健康进行。"

"各级领导机关和领导干部要在改革和建设的实践中，把党的路线方针政策同本地区本部门的具体情况结合起来，勇于探索，大胆试验，及时总结经验，创造性地开展工作。"

——《中国共产党第十四次全国代表大会报告》，1992年10月12日

"把社会主义同市场经济结合起来，是一个伟大创举。这就需要积极探

索,大胆试验,尊重群众的首创精神。"

——《中国共产党第十五次全国代表大会报告》,1997年9月12日

"鼓励地方、基层和群众大胆探索,加强重大改革试点工作,及时总结经验,宽容改革失误,加强宣传和舆论引导,为全面深化改革营造良好社会环境。"

——《中共中央关于全面深化改革若干重大问题的决定》,2013年11月12日

"坚持蹄疾步稳推进改革,条件成熟的加大力度突破,条件暂不具备的先行试点、渐次推进。"

——《中共中央关于深化党和国家机构改革的决定》,2018年2月28日

国务院政府工作报告中关于"试点"的表述

"对于群众的各种创造,必须经过试验,逐步推广。"

——《国务院政府工作报告》,1964年12月21日

"建设有中国特色的社会主义,没有现成的经验,只能在探索中前进。因此,应当鼓励大胆试验,在实践中增长才干,闯出一条新路。"

——《国务院政府工作报告》,1992年3月20日

"既要敢想敢干,大胆试验,又要注意稳妥,每走一步,回头总结经验,对的就坚持,不对的就改正,不足的加以完善,以避免损失,特别要避免大的损失。"

——《国务院政府工作报告》,1993年3月15日

"既要冲破旧的思想禁锢,尊重群众的首创精神,大胆试验创新,在实践中积极探索前进,又要按客观规律办事,审时度势,讲求实效。"

——《政府工作报告》,1998年3月5日

"要解放思想,大胆突破,勇于创新,鼓励试验,对办学体制、教学内容、教育方法、评价制度等进行系统改革。"

——《政府工作报告》,2010年3月5日

表2.3　改革以来历次"五年计划"中涉及"试点"的内容

题　名	涉及事项
"六五"计划	经济体制改革、地方行政管理体制改革、价格体系改革、"以税代利"
"七五"计划	经济体制改革、经济特区
"八五"计划	"利税分流、税后还贷、税后承包"制度、租赁制、股份制、住房制度、社会保障制度、经济特区
"九五"计划	国企建立现代企业制度、城市改革、对外资开放国内市场、经济特区
"十五"计划	农村独生子女户和双女户社会保险、失业保险、经济特区
"十一五"规划	资源枯竭型城市经济转型、循环经济示范、金融业综合经营、产业投资基金、经济特区

续表

"十二五"规划	统筹城乡综合配套改革、扩权强县改革、安全可控关键软硬件应用、海洋经济发展、服务业综合改革、低碳示范、循环经济示范、重金属污染治理与修复、电力输配分开、金融业综合经营、代办股份转让系统、大用户电力直接交易和竞价上网、综合配套改革试验区、沿边重点开发开放试验区、经济特区
"十三五"规划	混合所有制改革、宅基地融资抵押适度流转自愿有偿退出、耕地轮作休耕制度、农业生产全程社会化服务创新、农产品目标价格保险、农民合作社内部资金互助、农业"保险+期货"、"百县千乡万村"农村一二三产业融合发展、服务业扩大开放、国家信息经济、新型城镇化、房地产投资信托基金、合作办医、全国海洋经济发展、合同节水管理、地下水修复、用地污染治理、低碳、小城镇园区环境综合治理托管服务、长期护理保险、救急难、适老化设施改造、新闻出版传媒企业特殊管理股、全面创新改革试验、农业可持续发展试验示范区、农业物联网区域试验工程、大数据综合试验区、跨境电子商务综合试验区、国家级综合配套改革试验区、重点开发开放试验区、产业转型升级试验区、重点开发开放试验区、边境旅游试验区、国家生态文明试验区、内陆开放型经济试验区、自由贸易试验区、两岸产业合作试验区、职业教育交流合作试验区

资料来源:作者根据"六五"至"十三五"规划纲要中的相关内容整理而成。

表2.4 国务院政府工作报告中涉及"试点"的内容(1979—2019)

时间	涉及事项
1979	经济管理体制改革、企业自主管理权
1980	外贸体制改革、经济管理体制改革、"利改税"
1981	经济体制改革、经济特区
1982	经济体制改革、地方行政管理体制改革、价格体系改革、"以税代利"
1983	经济体制改革、流通体制改革、农村商品流通体制改革、经济特区
1984	教育和科研体制改革、住宅商品化、"利改税"、企业内部经济责任制、经济特区
1985	城市改革
1986	经济体制改革、经济特区

1987	经济特区
1988	经济特区、综合试验区、地方政府机构改革、股份制
1989	高等教育综合改革、社会保险和社会保障制度改革、股份制、企业"税利分流"
1990	农村改革试验区、国有企业"税利分流"、分税制、城市综合改革、县级综合改革、经济特区
1991	国有企业"利税分流"、租赁制、股份制、分税制、住房制度和社会保障制度改革、经济特区
1992	住房制度和社会保障制度改革、城市教育综合改革、发行股票和证券交易市场、分税制和税利分流改革、经济特区
1993	中央与地方分税制、国有企业利税分流、经济特区
1994	国有企业建立现代企业制度、城镇医疗保险制度改革、经济特区
1995	国有企业建立现代企业制度、国家控股公司制度、城镇职工医疗保险制度改革、经济特区
1996	国企建立现代企业制度、城市改革、经济特区
1997	国企优化资本结构、国企建立现代企业制度、国有大型企业和企业集团重点建设、医疗保障制度改革、国家控股公司制度、经济特区
1998	国有企业改革、经济特区
1999	国务院向部分国有重点企业派出稽察特派员、小城镇户籍管理制度改革、经济特区
2000	农村税费改革、退耕还林、社会公益类科研机构改革、下岗职工失业保险制度、退休人员由社区管理服务
2001	农村税费改革、城镇社会保障体系、经济特区
2002	完善城镇社会保障体系、农村税费改革、退耕还林、央企收入分配制度改革
2003	国库集中收付制度改革、农村新型合作医疗制度、农村税费改革、完善城镇社会保障体系、相对集中行政处罚权
2004	新型农村合作医疗制度和医疗救助制度、中小学现代远程教育工程、国有商业银行股份制改造、城镇医疗卫生体制改革、农村信用社改革、增值税转型改革、完善城镇社会保障体系、行政综合执法
2005	增值税转型改革、新型农村合作医疗制度、完善城镇社会保障体系、国有商业银行股份制改革、城市医疗服务体制改革、农村计划生育家庭奖励扶助制度和"少生快富"扶贫工程、企业职工基本养老保险做实个人账户

2006	农村综合改革、新型农村合作医疗制度、文化体制改革、循环经济、部分城市和国有企业厂办大集体改革、企业职工基本养老保险做实个人账户、社区首诊制度、煤矿瓦斯综合治理和利用的科技攻关工程、经济特区
2007	循环经济、新型农村合作医疗、企业职工基本养老保险做实个人账户、农业政策性保险、资源枯竭型城市经济转型、以大病统筹为主的城镇居民基本医疗保险、国有资本经营预算编制、经济特区
2008	资源型城市经济转型、增值税转型改革、教育部直属师范大学实施师范生免费教育、城镇职工基本养老保险做实个人账户、城镇居民基本医疗保险、创业风险投资、国有资本经营预算制度、政策性农业保险、公立医院改革、农村养老保险、经济特区
2009	事业单位基本养老保险制度改革、城镇居民基本医疗保险、农村危房改造、部分住房公积金闲置资金补充用于经济适用住房建设、排污权交易、城镇职工基本养老保险制度做实个人账户、新型农村社会养老保险、公立医院改革、与港澳地区货物贸易的人民币结算、经济特区
2010	跨境贸易人民币结算、事业单位分类改革、新型农村社会养老保险、农村危房改造、农村儿童白血病、先天性心脏病医疗保障、社区首诊、公立医院改革、免费孕前优生健康检查、用电大户与发电企业直接交易、排污权交易
2011	资源税改革、跨境贸易人民币结算、新型农村社会养老保险、低碳城市、城镇居民养老保险、公立医院改革、适龄妇女宫颈癌乳腺癌免费检查和救治保障、免费孕前优生健康检查、增值税改革、排污权有偿使用和交易、经济特区
2012	三网融合、云计算、物联网、湖泊生态环境保护、中小学教师职称制度改革、公立医院改革、城镇居民社会养老保险、新型农村社会养老保险、营业税改征增值税、境外直接投资人民币结算、国有林场改革、物流企业营业税差额纳税、大病保障和救助、免费孕前优生健康检查、碳排放和排污权交易
2013	农村土地承包经营权登记、公立医院改革、营业税改征增值税、排污权和碳排放权交易、重大疾病保障
2014	营改增、中小企业股份转让系统、现代农业综合配套改革、大病医疗保险、疾病应急救助、国有资本投资运营公司、跨境电子商务、深松整地、农村土地制度改革、供销合作社综合改革、国家自主创新示范区股权激励、科技成果处置权收益权改革、服务业综合改革、县级公立医院综合改革、城市公立医院综合改革、自由贸易试验区

2015	营改增、民营银行、沪港通、城乡居民大病保、公立医院改革、输配电价改革、个人投资者境外投资、深港通、股权众筹融资、国有资本投资公司运营公司、跨境电子商务、粮食作物改为饲料作物、农村土地征收、集体经营性建设用地入市、宅基地制度、集体产权制度、城乡建设用地增减挂钩、新型城镇化、特大镇扩权增能、省级深化医改、碳排放权交易、国土江河综合整治、流域上下游横向补偿机制、自由贸易试验区、农村改革试验区
2016	营改增、投贷联动、证照分离、国家服务业综合改革、落实企业董事会职权、市场化选聘经营者、职业经理人制度、混合所有制、员工持股、消费金融公司、新型城镇化、耕地轮作休耕制度、跨境电子商务、服务贸易创新发展、地下水超采区综合治理、公立医院综合改革、分级诊疗、养老服务业综合改革、自贸试验区、全面创新改革试验区
2017	营改增、公立医院综合改革、省以下环保机构监测监察执法垂直管理、耕地轮作休耕改革、市场准入负面清单、"证照分离"改革、国有资本投资运营公司改革、健全国家自然资源资产管理体制、服务业综合改革、知识产权综合管理改革、粮改饲、农村土地制度改革、服务贸易创新发展、森林质量提升、长江经济带重大生态修复、第二批山水林田湖生态保护工程、高考综合改革、医疗联合体建设、分级诊疗、跨境电子商务综合试验区、自贸试验区、国家生态文明试验区
2018	省级以下环保机构垂直管理制度改革、企业投资项目承诺制改革、创业投资天使投资税收优惠政策、国有资本投资运营公司等改革、耕地轮作休耕、国家公园体制改革、自贸试验区、跨境电商综合试验区
2019	科研项目经费使用"包干制"改革、科创板注册制、长期护理保险制度、农村土地征收、集体经营性建设用地入市、宅基地制度改革、政策性农业保险改革、山水林田湖草生态保护修复工程、国有资本投资及运营公司改革、海南自贸试验区、跨境电商综合试验区、上海自贸试验区新片区

资料来源:作者根据国务院政府工作报告(1979—2019)中的相关内容整理而成。

督　察

督察,是中央对地方、上级对下级就重大决策、重要文件、重要工作的部署贯彻落实情况所开展的督促、监督、检查等活动的总称。"督察"已经成为近年来中国治理实践中的一个"热词",频繁见于政府会议、正式文件、官方新闻和政府工作人员话语中,当前其在各级政府工作任务中的数量级和重要性都有目共睹。"督察"本身并非新生事物、新鲜词汇,历史上一直存在针对特定政策事项的非周期性"督察"工作,各级政府对此也并不陌生。然而自2013年以来,在新一届中央政府的大力推动下,"督察"已经成为推动政策"落地生根"、打通政策"最后一公里"的日常化机制,各级政府业已将对上迎接"督察"、自查和对下展开"督察"作为工作常态。可以说,"督察"是解析中国政府在强化自身执行能力建设、保障深化改革任务落实到位等方面最新进展的极佳观测坐标。

一、现状概览

"督察"是推动政策方案及时、不折不扣地落实到位的有力保障。尤其是进入全面深化改革时期,党中央和国务院把政策方案的设计完善、改革方案的贯彻落实,皆视为关系改革成败的重大问题,在重视程度和具体投入方面同等重视,力度空前(见表3.1)。

表3.1 中共中央和国务院有关"督察"的专门性表述和文件①

中央全面深化改革领导小组历次会议中有关于"督察"的表述
中央全面深化改革领导小组第五次会议(2014年9月29日)
"要调配充实专门督察力量,开展对重大改革方案落实情况的督察,做到改革推进到哪里、督察就跟进到哪里。"
中央全面深化改革领导小组第十九次会议(2015年12月9日)
"要强化督察职能,健全督察机制,更好发挥督察在打通关节、疏通堵点、提高质量中的作用。对已经出台的改革方案要排队督察,重点督促检查方案落实、工作落实、责任落实的情况,发现问题要及时列出清单、明确责任、挂账整改。"
中央全面深化改革领导小组第二十一次会议(2016年2月23日)
"要抓督察落实,强化督察职能,健全督察机制,抓紧构建上下贯通、横向联动的督察工作格局。要重视督察结果的运用,发现问题的要列出清单、明确责任、限定时间、挂账整改。各地区各部门要确定一批重点改革督察项目,大力抓督察落实,形成全党上下抓改革落实的局面。"
中央全面深化改革领导小组第二十六次会议(2016年7月22日)
"开展改革督察工作,要明确工作重点、盯住关键环节。督任务,就是要督促地方和部门按照党中央要求谋划改革任务,既看方向准不准,又看任务实不实,是不是能够结合实际,真正解决问题。督进度,就是要根据改革的阶段性目标和时间表、路线图,既督促改革方案及时出台、抓紧落实,又督察相关改革任务配套跟进,抓好进度统筹,加强政策衔接。

---

① 统计时间截至2018年12月31日。

督成效,就是要把改革举措放到实践中去检验,让基层来评判,让群众来打分,看改革是否促进了经济社会发展,是否促进社会公平正义,是否给人民群众带来获得感。察认识,就是要看思想工作有没有做深入,广大党员、干部特别是领导干部有没有从党和国家工作大局出发认识和理解改革、关心和支持改革,是不是自觉站在改革全局高度正确看待局部利益关系调整,形成推进改革的思想自觉和行动自觉。察责任,就是要看改革主体责任是不是划分清楚,有没有理解到位、落实到位,是不是做到了各司其职、各负其责又相互协作。察作风,就是要对照'三严三实'要求,督察各级干部特别是领导干部是不是坚持实事求是、求真务实,是不是以改革促进派、实干家的标准要求自己,以严和实的作风谋划改革、落实改革。"

中央全面深化改革领导小组第三十四次会议(2017年4月18日)

"督察既要抓重点改革任务,也要抓面上改革工作,特别是各地区各部门贯彻落实党中央改革部署的情况。要善于抓正面典型,及时发现总结基层创新举措和鲜活经验,以点带面,推动改革落地。督察要在发现问题、解决问题上下功夫,提高督察实效。要深入实际、深入基层,有的问题要一竿子插到底。对重大改革、复杂问题,必要时要'回头看'。对督察发现的问题,要认真研究梳理,列出问题和责任清单,明确时限要求,要坚持有什么问题就整改什么问题,是谁的问题就由谁来负责整改,同时举一反三、由点及面,推动更大范围内整改。要盯责任主体,抓'关键少数',落实不力、整改不到位的就追究责任。牵头部门和地方是抓改革的责任主体,要加强改革自查,定期跟踪并报告改革落实情况。要搞好督察工作统筹,形成合力。"

中央全面深化改革领导小组第三十七次会议(2017年7月19日)

"改革牵头部门对已经推出的改革开展督察是抓落实的一项重要工作。"

国务院有关"督察"的专门性文件

年份	文件内容
2018	《国务院办公厅关于对国务院第五次大督查发现的典型经验做法给予表扬的通报》(国办发〔2018〕)
	《国务院关于开展2018年国务院大督查的通知》(国发明电〔2018〕3号)
	《国务院办公厅关于对2017年落实有关重大政策措施真抓实干成效明显地方予以督查激励的通报》(国办发〔2018〕28号)
2017	《国务院办公厅关于对国务院第四次大督查发现的典型经验做法给予表扬的通报》(国办发〔2017〕83号)

2017	《国务院办公厅关于西安地铁"问题电缆"事件调查处理情况及其教训的通报》(国办发〔2017〕56号)
	《国务院办公厅关于督查问责典型案例的通报》(国办发〔2017〕53号)
	《国务院关于开展第四次大督查的通知》(国发明电〔2017〕1号)
	《国务院办公厅关于对2016年落实有关重大政策措施真抓实干成效明显地方予以表扬激励的通报》(国办发〔2017〕34号)
2016	《国务院办公厅关于对国务院第三次大督查发现的典型经验做法给予表扬的通报》(国办发〔2016〕90号)
	《国务院办公厅关于对真抓实干成效明显地方加大激励支持力度的通知》(国办发〔2016〕82号)
	《国务院关于开展第三次大督查的通知》(国发明电〔2016〕4号)
	《国务院办公厅关于建立国有企业违规经营投资责任追究制度的意见》(国办发〔2016〕63号)
	《国务院办公厅关于完善国家级经济技术开发区考核制度促进创新驱动发展的指导意见》(国办发〔2016〕14号)
	《国务院办公厅关于对落实有关政策措施成效较明显地区予以激励支持的通知》(国办函〔2016〕21号)
2015	《国务院办公厅关于对全国第二次大督查发现的典型经验做法给予表扬的通报》(国办发〔2015〕54号)
	《国务院办公厅关于对全国第二次大督查发现问题进行整改的通知》(国办函〔2015〕65号)
2014	《国务院办公厅关于进一步加强政府督促检查工作的意见》(国办发〔2014〕42号)
	《国务院关于对稳增长促改革调结构惠民生政策措施落实情况开展全面督查的通知》(国发明电〔2014〕1号)
	《国务院关于落实〈政府工作报告〉重点工作部门分工的意见》(国发〔2014〕15号)
2013	《国务院办公厅关于对贯彻落实"约法三章"进一步加强督促检查的意见》(国办发〔2013〕105号)
	《国务院关于落实〈政府工作报告〉和国务院第一次全体会议精神重点工作部门分工的意见》(国发〔2013〕17号)

2008	《国务院办公厅关于进一步加强督促检查切实抓好工作落实的意见》（国办发〔2008〕120号）
2007	《国务院办公厅关于开展行政法规规章清理工作的通知》（国办发〔2007〕12号）
2003	《国务院办公厅关于严格控制举办城市周年庆典活动的通知》（国办发〔2003〕91号）
2002	《国务院办公厅转发中央编办关于清理整顿行政执法队伍实行综合行政执法试点工作意见的通知》（国办发〔2002〕56号）
1997	《国务院办公厅关于加强督促检查工作联系的通知》（国办函〔1997〕62号）
1996	《国务院关于开展1996年税收财务物价大检查的通知》（国发〔1996〕41号）

资料来源：作者根据中央全面深化改革领导小组历次会议、中华人民共和国中央人民政府网站"信息公开–综合政务–政务督查"板块（http://www.gov.cn/zhengce/content/node_330.htm）中的相关内容整理而成。

全面深化改革一开始，决策层就对于推动政策"落地生根"、打通政策执行的"最后一公里"，表达了志在必得的坚定态度，这使得督察实践在广度与深度上都得到了前所未有的双重扩展，督察机制的发展达到一个新高潮。中央政府首先于2013年对各地区、各部门贯彻落实"约法三章"，即"政府性楼堂馆所一律不得新建，财政供养人员只减不增，公费接待、公费出国、公费购车只减不增"的具体情况，进行了督促检查，拉开了新时期督察工作的序幕。其后从2014年开始，中央政府每一年都要开展一次全国性的政务大督查行动，并在督查工作结束后，开始采取实质性的奖惩措施。除了全面性的督察行动之外，国务院和各部委还开展了各种专项督察活动，地方各级政府则是普遍制订了"年度重点督查事项""年度重点督查工作计划"。督察机制呈现出全面开花的强劲发展势头。

二、运行特点

"督察"在中国治理实践中的角色,定位于推动政策措施落实到位,具体内容包括:就政策措施的细化、进度、效果等情况,以及政策措施执行者的认识、履责、作风等情况,展开全方位的督促、监督、检查,并就督察结果实施相应的激励与问责。

"督察"以"全程跟进"的运作方式,确保政策文本能够不折不扣地"落地生根"。待决策方案一出台,"督察"工作就同时随之启动,督事与察人并举,对政策措施及其执行者进行实时追踪、跟进。"督察"从决策的"最先一公里"出发,通过多次、不定期地派出督察组到访实地,采取听取汇报、调阅资料、个别谈话、走访问询、受理举报、现场抽查、下沉一线等手段,以打通关节、疏通堵点、破除阻力、提高贯彻质量,进而克服政策落实过程中所可能遭遇的不畅通、"中梗阻"、"以文件落实文件"、象征性执行、选择性执行、拖沓和滞后、效果递减等问题,一直推进到政策过程的"最后一公里"。

全面深化改革时期,治理者通盘考虑政策方案的设计制定与贯彻落实,督察工作的力度与频度前所未有。在"踏石留印、抓铁有痕"的改革语境和态势下,横向上联动党政各职能部门联动、纵向上贯通各层级政府的各类督察行动极为活跃。这其中既有综合性的督察行动,如国务院于2014年开始启动的"全国政务大督查",每年都要进行一次,对31个省(区、市)和新疆生产建设兵团、国务院有关部门展开全面的实地督查;也有各种专项督察行动,典型的如国务院开展的"促进民间投资健康发展"专项督查和"放管服改革"专项督查、环保部开展的"环境保护"专项督察和"空气质量"专项督查等。督察工作结束后,督察结果会得到实质性运用,这包括落实有关政策措施成效较明显的地区和部门,在资金支持、审批环节、用地指标等方面能够享受到相应的优惠、激励政策;存在着庸政懒政怠政、不作为、不担当等问题的个人,会受到程度不一的党纪政纪处分。进行督察、接受督察已成为全面深化改革时期决策者、执行者所共同承担的经常性事务。

三、资料汇编

国务院办公厅关于加强督促检查工作联系的通知

国办函〔1997〕62号

各省、自治区、直辖市人民政府,国务院各部委、各直属机构:

近年来,政府系统的督促检查(以下简称"督查")工作在各地政府和国务院各部门领导的高度重视和支持下,得到了有力加强。目前,多数地区和部门都责成具体单位和专职人员负责承办,为保证督查工作的顺利开展发挥了重要作用。为进一步做好督查工作,推动国务院重要工作部署的贯彻落实,国务院办公厅决定与各地区、各部门加强督查工作联系。现将有关事项通知如下:

一、督查工作联系内容

一是国务院作出的重大决策和重要工作部署,以及国务院、国务院办公厅公文中明确规定需要各地区、各部门报告贯彻落实情况的事项;二是国务院会议决定中需要贯彻落实的事项;三是国务院领导现场指示中需要查办落实,并向领导同志报告办理结果的事项;四是国务院和国务院办公厅交办的其他需要各地区、各部门进行督查的事项。

二、督查工作联系形式

国务院办公厅负责督查各地区、各部门对国务院和国务院公文、国务院会议决定事项及国务院领导同志批示的落实情况。凡是国务院、国务院办公厅公文和会议对落实情况有明确时限要求的,国务院办公厅将按要求向有关地区和有关部门进行催报,并协助地区和部门做好督查结果的反馈工作,推动决策的落实;对转有关地区和部门办理的国务院领导同志的批示,国务院办公厅将主动商承办地区和部门进行查办,并及时催报查办结果。对重要事项或久拖不决的问题,国务院办公厅在必要时将直接与承办地区和有关部门联合组织督查,促进问题的解决。

三、督查工作联系渠道

国务院办公厅与各地政府和国务院各部门要建立正常的督查工作联系渠道,并加强经常性的工作联系,紧密配合,搞好协调,形成便捷、畅通、有效的督查组织网络。国务院办公厅指定秘书局具体承办国务院办公厅督查的日常工作。负责国务院需要督促检查事项的组织协调和与各地区、各部门负责督查工作的单位联系。各地区、各部门也要相应指定有关单位负责承办督查的日常工作,并和国务院办公厅保持工作联系。请各地区、各部门于1998年2月10日前将负责督查工作的机构名称、负责人姓名及联系电话告国务院办公厅秘书局。

国务院办公厅

一九九七年十二月十七日

国务院办公厅关于进一步加强督促检查切实抓好工作落实的意见

国办发〔2008〕120号

各省、自治区、直辖市人民政府,国务院各部委、各直属机构:

近年来,各地区、各部门按照党中央、国务院的要求,进一步加强督促检查工作,逐步建立督促检查工作机构、工作制度和运行机制,对促进党中央、国务院各项方针政策的贯彻落实,推动经济社会又好又快发展发挥了积极作用。但督促检查工作开展得很不平衡,在部分地区和部门仍然存在重决策轻落实、重布置轻检查等问题,致使有些重大决策部署不能得到及时有效落实,影响政府执行力和公信力。为确保党中央、国务院各项方针政策的顺利实施,经国务院同意,现就进一步加强督促检查切实抓好工作落实提出以下意见。

一、高度重视督促检查工作

(一)深刻认识加强督促检查工作的重要意义

督促检查工作的出发点和落脚点是抓落实。加强督促检查工作是推动政府系统全面落实党和政府重大决策部署的关键环节,是促进依法行政和提高政府执行力的有力手段,也是推动作风转变、保证政令畅通的必然要求。各地区、各部门要从全面贯彻落实科学发展观的高度,进一步提高对督促检查工作重要意义的认识,把抓落实放到与抓决策同等重要的位置,切实履行督促检查抓好工作落实的责任。要把督促检查工作贯穿于实施决策的全过程,研究决策时明确督促检查事项,部署工作时提出督促检查要求,开展督促检查时保证落实效果。

二、明确督促检查工作任务和重点

(二)主要任务

政府系统督促检查工作的主要任务是,对政府重大决策和重要工作部署贯彻落实进行督促检查;对政府发布文件贯彻落实进行督促检查;对政府会议决定事项贯彻落实进行督促检查;对政府领导同志批示事项贯彻落实进行督促检查。

（三）工作重点

各地区、各部门要把对国务院重大决策、重要部署贯彻落实的督促检查作为工作重点，放在督促检查工作首位。对国务院、国务院办公厅文件中明确要求报告贯彻落实情况的事项，对国务院会议决定中需要本地区、本部门落实的事项，都要及时拟定督促检查方案，适时组织督促检查活动，按时反馈督促检查情况。

三、建立健全督促检查工作制度

（四）落实工作责任

要建立责权统一的目标责任制度，构筑自上而下的各层次抓落实的目标责任体系。凡督促检查事项，都要明确目标任务、工作内容、完成时限、执行单位和责任人。对国务院重大决策部署，各地区、各部门主要负责人要负总责，亲自抓好贯彻落实工作。

（五）建立报告制度

国务院发布重要文件、召开重要会议后，凡是明确要求报告时限的，要按时报告。国务院领导同志批示事项，凡是要求报告结果的，有时限要求的严格按时限要求办结并报告；没有时限要求的，一般应在30个工作日内办结并报告；特殊情况需要延长查办时间的，要及时报告原因和进展情况。

（六）建立通报制度

国务院办公厅对各地区、各部门贯彻落实党中央、国务院重大决策部署的情况将及时进行通报，对落实工作抓得好的要表彰鼓励，对措施不得力、工作不落实的要督促整改。各地区、各部门也要建立督促检查情况通报制度。

（七）建立工作联系制度

要建立健全督促检查工作联系渠道，形成便捷、畅通、高效的督促检查工作网络。要加强督促检查工作经验交流、理论研究和宣传培训。

四、不断改进督促检查工作方式方法

（八）加强组织协调

要根据督促检查工作任务的轻重、主次和缓急，制定督促检查工作计划，加强组织协调，及时沟通情况，充分发挥督促检查工作最佳效能。要做好与党委督促检查工作的协调，探索和总结与党委联合开展督促检查工作的方式方法。

（九）完善政府决策

督促检查是发现问题、完善政策的重要渠道，是推动工作的重要方式。要加强对督促检查情况的研究，对督促检查中发现的典型和经验，要及时总结推广;对发现的矛盾问题要及时反馈,提出完善政策的意见和建议,当好政府决策的参谋助手。

(十)发挥监督作用

督促检查工作是政府自我监督、确保政令畅通的重要手段。各地区、各部门要主动接受、积极配合人大、政协对政府工作的监督,并注意与舆论监督、社会监督的结合,研究在政府目标管理和绩效考评中发挥督促检查工作作用的方式。要发挥政府网站作用,及时公开有关政府决策部署贯彻落实的情况,适时适度公开群众关注的热点难点问题解决的进展情况,回应群众的关切和诉求,自觉接受群众的监督。

(十一)提高督查效率

要应用现代信息技术,提高督促检查工作效率。要在政府专网和内网建立督促检查工作信息化管理平台,实现政府系统督促检查工作信息的互联互通。

五、切实加强督促检查工作的组织领导

(十二)加强组织领导

各地区、各部门是对决策部署贯彻落实进行督促检查的主体,主要负责同志是抓落实的第一责任人。各地区、各部门办公厅(室)要把督促检查作为一项重要职责,放在突出位置;秘书长、办公厅(室)主任要成为领导同志开展

督促检查工作的主要助手,加强对督促检查工作的组织协调与指导。

(十三)抓好队伍建设

各地区、各部门要建立健全督促检查机构,完善组织网络。要发挥督促检查机构在抓落实方面的组织、综合、协调作用,抓好牵头抓总、催办查办、通报评价等工作。要重视督促检查队伍建设,配强配齐人员,保证必要的工作条件,抓好政策、法规、市场经济知识等方面的学习培训,努力建设一支政治强、业务精、作风硬、纪律严的督促检查工作队伍。

各地区、各部门要结合实际,认真贯彻落实本意见的精神,积极探索加强督促检查工作的新思路、新途径、新举措,推动督促检查工作深入开展。

国务院办公厅

二〇〇八年十月二十七日

国务院办公厅关于对贯彻落实"约法三章"
进一步加强督促检查的意见

国办发〔2013〕105号

各省、自治区、直辖市人民政府,国务院各部委、各直属机构:

新一届政府成立之初,李克强总理代表国务院提出本届政府任期内,政府性楼堂馆所一律不得新建,财政供养人员只减不增,公费接待、公费出国、公费购车只减不增(以下称"约法三章")。这是新一届政府向社会和人民作出的庄严承诺,是党和政府推进廉政建设的重要举措。各地区、各部门采取有效措施贯彻落实"约法三章",取得了初步成效。但在一些地方或部门还存在落实成效不明显、发现的问题没有及时查处,甚至继续审批和开工修建政府性楼堂馆所等情况,严重影响党和政府的形象,群众反映强烈。为做好"约法三章"贯彻落实工作,经国务院同意,现提出以下意见。

一、建立行政首长负责制

各地区、各部门要高度重视"约法三章"的贯彻落实工作。各地区、各部门主要负责同志是贯彻落实"约法三章"的第一责任人,对本地区、本部门贯彻落实"约法三章"负总责。要逐级建立并落实责任制,及时发现并严肃查处违反"约法三章"的问题。

二、严格审批和监管

要按照"谁审批,谁负责"的原则,建立健全审批责任追究制,及时发现并纠正违规审批行为。有关部门要严格履行职责,切实加强审核把关。一是严格贯彻落实政府性楼堂馆所一律不得新建的要求,投资主管部门要严格项目审批,财政部门要严格公共财政预算管理,国土资源管理部门要严格土地供应管理,机关事务管理部门要完善机关办公用房管理制度。二是严格贯彻落实财政供养人员只减不增的要求,机构编制部门要严格控制人员编制,财政部门要完善通过预算控制用人规模的办法,人力资源社会保障部门要加强行政机关公务员、事业单位人员和机关工勤人员管理。三是严格贯彻落实"三公"

经费只减不增的要求,外事等部门要严格因公出国(境)团组审批;机关事务管理等部门要规范公务用车配备和使用管理,完善公务接待管理制度和标准;财政部门要加强经费预算和支出管理。

三、强化监察和审计

各级监察、审计机关要将"约法三章"的贯彻落实情况列为重要工作内容,加强行政监察和审计监督。监察机关要坚决纠正和查处"约法三章"贯彻落实中的各种违规违纪行为,对有令不行、有禁不止的,要依照有关规定严肃追究直接责任人和有关领导人员的责任。审计机关在预算执行和经济责任等审计中,要重点检查"约法三章"有关经费使用情况,切实纠正违规行为。

四、建立报告制度

地方各级人民政府要定期向上一级政府报告"约法三章"的贯彻落实情况。各省(区、市)人民政府、国务院各部门每年1月20日前,要将上一年贯彻落实情况、存在的问题和整改措施等报送国务院。要将"约法三章"贯彻落实情况作为政务公开的重要内容,及时向社会公布。

五、自觉接受人大监督

地方各级人民政府向本级人民代表大会报告政府工作时,要实事求是、客观真实地报告"约法三章"的贯彻落实情况,自觉接受人大代表的监督,及时回应人大代表提出的意见和建议。

六、鼓励社会监督

要注重发挥社会监督作用,建立健全社会监督机制。有关部门要加强与新闻宣传、信访、互联网信息主管部门的沟通联系,及时掌握违反"约法三章"的典型案例或线索,对新闻媒体、群众举报和社会舆论反映的问题,要认真核查;对查实的问题,要立即整改,严肃处理,并将处理结果及时向社会公布。

七、做好重点督查

各地区、各部门要切实抓好本地区、本系统贯彻落实"约法三章"情况的督促检查。对发现的问题,要限期整改,并严肃追究有关人员的责任。国务院办公厅每年一季度组织有关部门对各地区、各部门"约法三章"贯彻落实情况开展重点督查。

国务院办公厅

2013年11月25日

国务院关于对稳增长促改革调结构惠民生政策措施落实情况开展全面督查的通知

国发明电〔2014〕1号

各省、自治区、直辖市人民政府,国务院各部委、各直属机构:

为深入贯彻党的十八大、十八届二中、三中全会和中央经济工作会议精神,2013年下半年以来,国务院围绕稳增长、促改革、调结构、惠民生出台了一系列政策措施,《政府工作报告》对2014年重点工作作出了部署,各地区各部门认真贯彻,合力推进,一些重点工作取得积极进展,收到实效。但必须看到,不少政策措施落实的力度不到位、效果不明显,没有充分发挥对经济稳定增长和转型升级应有的促进作用。李克强总理多次作出重要指示批示,强调指出,对国务院作出的决定要不折不扣地执行,政府要说到做到,不然就不说,说了就要做,做就必须到位,不能"放空炮"。为此,国务院决定派出督查组,对国务院决策部署和出台政策措施落实情况开展一次全面督查。现就有关工作通知如下:

一、督查目的

这次督查是新一届政府成立以来,对国务院决策部署和出台政策措施落实情况开展的第一次全面督查,要务求实效,达到以下目的:

一要打通国务院决策部署和出台政策措施贯彻落实的"最先一公里"和"最后一公里",力破"中梗阻",确保政令畅通、令行禁止,推动各项决策部署和政策措施尽快落到实处、取得实效,夯实经济稳中向好的基础,使经济运行保持在合理区间,确保实现全年经济社会发展预期目标。

二要树立言必信、行必果的施政新风,做到守土有责、奋发有为,杜绝松松垮垮、大而化之的工作状态,纠正推诿扯皮、拖延应付等庸政懒政行为,兑现新一届政府向人民作出的"说到做到,不放空炮"的庄严承诺。

三要对政策措施落实不力的,实施责任追究,严肃问责,依法依规进行诚勉约谈、通报批评甚至给予行政处分。这次督查要动真格,做到不尽责就问责,力戒"只要不出事、宁愿不做事"的为官不为和"不求过得硬、只求过得去"的敷衍了事,切实增强各地区各部门的大局意识、责任意识。

四要努力破除政策措施落实中的体制机制障碍,完善和强化抓落实的制度保障,体现施政要求,提高行政效能,让人民群众真正得到政策措施带来的实惠,有效提升政府的公信力和执行力。

二、督查重点

这次督查的主要内容是:《政府工作报告》部署的2014年重点工作和去年下半年以来国务院出台的稳增长、促改革、调结构、惠民生各项政策措施落实情况。重点督查以下内容:

(一)取消和下放行政审批事项、推进简政放权的政策措施落实情况。

(二)加快棚户区改造、加大保障性安居工程建设力度的政策措施落实情况。

(三)深化铁路投融资体制改革、加快铁路建设的政策措施落实情况。

(四)加快城市基础设施建设的政策措施落实情况。

(五)促进节能环保产业发展的政策措施落实情况。

(六)加快发展养老、健康服务业的政策措施落实情况。

(七)促进信息消费的政策措施落实情况。

(八)推进文化创意和设计服务与相关产业融合发展的政策措施落实情况。

(九)落实企业投资自主权,向非国有资本推出一批投资项目的政策措施落实情况。

（十）金融支持实体经济特别是小微企业和"三农"的政策措施落实情况。

（十一）促进对外贸易稳定增长的政策措施落实情况。

（十二）以创新支撑引领经济结构优化升级的政策措施落实情况。

（十三）夯实农业基础、推进现代农业发展的政策措施落实情况。

（十四）加快重大水利工程建设，今年再解决6000万农村人口饮水安全问题的政策措施落实情况。

（十五）实行精准扶贫，今年再减少农村贫困人口1000万人以上的政策措施落实情况。

（十六）加强生态环境保护的政策措施落实情况。

（十七）扩大"营改增"试点、减轻和公平企业税负的政策措施落实情况。

（十八）促进高校毕业生就业创业的政策措施落实情况。

（十九）加强社会救助、保障困难群众基本生活的政策措施落实情况。

这次督查，对国务院决策部署和政策措施落实较好的，要认真总结经验做法；对正在落实的，要摸清进展情况和面临的困难问题；特别对落实进展缓慢的，要逐一查明原因，提出相应对策。确保通过督查，使国务院决策部署和政策措施的落实取得实质性进展。

三、督查方式

这次督查要借鉴以往专项督查的经验做法，创新督查方式，做到四个结合，使这次督查成为回应群众关切、推动政策落实、提高行政效能、打造法治政府的重要行动。

（一）自查与实地检查相结合

各地区各部门要按照督查的内容和重点，先认真深入开展自查，直面存在的问题和差距，查找分析症结，提出抓落实的有效办法。在自查基础上，国务院将派出督查组赴有关部门和部分省（区、市）进行实地督查。

（二）督查与第三方评估相结合

在开展督查的同时，邀请全国工商联和部分研究咨询机构等单位，发挥其独立性、专业性优势，对部分重点政策措施落实情况开展第三方评估，并向国务院提交评估报告。把自查、督查情况与第三方评估情况进行对表分析，找准症结，对症下药，增强督查实效。

（三）督查与社会评价相结合

对这次督查的部分重点政策措施，通过中国政府网和相关门户网站，采取问卷调查等方式，收集利益攸关社会群体的评价意见及建议，主动接受社会和公众监督。

（四）督查与舆论引导相结合

国务院办公厅与中央宣传部、新闻办、网信办等单位以"督查在行动"为主题，组织人民日报、新华社、中央电视台等媒体以及有关门户网站，及时报道这次督查情况，对落实情况好的进行正面宣传，对落实不力的予以曝光。

四、督查安排

以国务院名义组成8个督查组，其中，4个督查组分别负责督查国务院有关部门、单位，4个督查组分别负责督查部分省（区、市）。督查组成员从国务院有关部门抽调，国务院办公厅派工作人员参加。各督查组督查的国务院有关部门、单位和省（区、市），经报批确定后另行通知。

督查的总体进度安排是：6月25日前，各地区各部门开展自查并向国务院上报自查报告；6月25日至7月5日，各督查组分赴国务院有关部门、单位和部分省（区、市）进行实地督查；7月10日前，各督查组将督查报告上报国务院。7月20日前，国务院听取各督查组汇报。

国务院

2014年6月6日

国务院办公厅关于进一步加强政府督促检查工作的意见

国办发〔2014〕42号

各省、自治区、直辖市人民政府，国务院各部委、各直属机构：

党中央、国务院历来高度重视加强督促检查、抓好工作落实。党的十八大以来，新一届中央领导集体以踏石留印、抓铁有痕的作风抓落实，对督促检查工作提出了一系列新的要求。各地区、各部门加大督促检查力度，为各项重大决策部署落地生根、早见实效发挥了重要作用。但必须看到，一些地方和部门对抓落实的认识还有偏差、作风不够扎实；重布置、轻落实，有令不行、有禁不止，推诿扯皮、敷衍塞责等现象时有发生；选择性执行、象征性落实等问题不同程度存在。为确保党中央、国务院决策部署贯彻落实，经国务院同意，现就进一步加强政府督促检查工作提出如下意见。

一、深刻把握督促检查工作的总体要求

督促检查工作是政府工作的重要组成部分，是政府全面履行职责的重要环节，是落实党和政府重大决策部署的重要保障。加强督促检查工作，对促进科学决策、改进工作作风、实现经济社会发展目标、完成深化改革任务、落实全面建成小康社会要求具有重要意义。

各地区、各部门要围绕推进国家治理体系和治理能力现代化的总目标，把督促检查工作贯穿于政府工作的全过程，研究决策时提出督促检查要求，部署工作时明确督促检查事项，决策实施后检查落实情况。树立言必信、行必果的施政新风，做到有令必行、有禁必止，保证件件有落实、事事有回音，不断提高政府公信力和执行力。

二、进一步明确督促检查工作的主要任务

督促检查工作的主要任务是，推动党和政府重大决策部署的贯彻落实。要抓好法律法规、规范性文件贯彻落实情况的督促检查；抓好政府会议决定事项贯彻落实情况的督促检查；抓好政府领导同志批示和交办事项贯彻落实情况的督促检查。

　　各地区、各部门要把对党中央、国务院重大决策和重要工作部署贯彻落实情况的督促检查作为工作重点,确保党的路线、方针、政策的落实,确保国务院重大决策部署的落实。当前和今后一个时期,要突出抓好中央关于全面深化改革的战略部署、《政府工作报告》确定的经济社会发展主要目标任务以及国务院出台的稳增长、促改革、调结构、惠民生等一系列重大政策措施贯彻落实的督促检查。

三、不断完善督促检查工作机制

　　要明确责任、合理分工、规范程序、创新方式,完善常态化的督促检查工作机制。

　　统筹协调机制。建立政府统一领导、办公厅(室)综合协调、督促检查机构组织实施的工作体系。地方各级政府、各部门主要负责人是抓落实的第一责任人。各级政府办公厅(室)要围绕政府工作的中心任务和重大决策部署,研究提出督促检查工作计划。督促检查机构负责督促检查工作计划的组织实施,负责对本级政府各部门督促检查工作的协调和对下级政府督促检查工作的指导。

　　分级负责机制。各地区、各部门要根据职责要求,负责党中央、国务院重大决策部署的督促检查;负责同级党委、政府决策部署的督促检查;负责对下级机关贯彻落实情况的督促检查。

　　协同配合机制。各地区、各部门要加强与党委督促检查工作的衔接和配合,充分发挥监察机关行政监察和审计部门专项审计的监督作用、统计部门民意调查的辅助作用、新闻媒体的舆论监督作用以及第三方机构的专业评估作用,整合各方资源,形成工作合力。

动态管理机制。要规范督促检查的工作流程,实现对政府重大决策部署贯彻落实的全过程、动态化管理。在政府出台重大决策部署时,督促检查机构要会同有关部门同步建立督促检查工作台账,细化任务分工,明确责任单位,规定完成时限,加强跟踪督办,确保决策落实、政策落地。

四、建立健全督促检查工作制度

要建立流程式工作规范、无缝式责任分工、目标式跟踪落实的工作制度,提高督促检查工作的规范化、科学化水平。

限期报告制度。上级政府印发重要文件、召开重要会议、作出重要部署后,下级政府和有关部门要按规定时限报告贯彻落实情况;上级政府领导同志的重要批示和交办事项,有关地方和部门要按时限办结并报告办理情况。

调查复核制度。对地方和部门报告的重大决策部署落实情况,要选择社会关注度高、影响面大的事项进行实地调查复核。对重点督查事项,视情开展"回头看"、"再督查",切实增强督查实效。

情况通报制度。要建立政府重大决策部署落实情况通报制度。对抓落实工作成效明显的地方和部门,要总结其经验,交流推广,推动工作。对工作进展缓慢、落实不力的地方和部门,要指出问题,责成报告原因及改进意见。

责任追究制度。发现政府重大决策部署落实中存在失职渎职、违纪违法等情形,要及时将有关情况和线索移送监察机关立案调查,严肃追责。

督查调研制度。围绕经济社会发展中的重点问题、难点问题、热点问题，积极开展督查调研。深入基层，发现问题，查明原因，提出解决问题的对策、建议，为完善决策提供依据和参考。

五、加强对督促检查工作的组织领导

各地区、各部门要把督促检查工作列入重要议事日程，明确一位负责同志直接分管督促检查工作；政府秘书长和部门办公厅（室）主任要加强对督促检查工作的统筹协调和具体指导。各地区、各部门要根据督促检查机构所承担的工作任务，加强力量配备。省级政府督促检查机构对外可称政府督查室。要按照中央关于机构干部配备的有关规定，在不突破规定职数的前提下，统筹考虑选配厅局级干部担任省级政府督促检查机构主要负责人。国务院各部门要明确承担督促检查职责的机构，配备得力干部。各地区、各部门可结合实际，探索建立督查专员制度。要加强对督促检查干部的培训，提高其综合协调、把握政策、调查研究、决策参谋等能力，造就一支勇于担当、敢于负责、善抓落实的督促检查干部队伍。

要加强督促检查信息化建设。要保障督促检查工作必要的经费。要把督促检查工作理论作为各级行政学院重点研究课题，纳入领导干部重要培训课程。

各地区、各部门要结合实际，抓紧研究制定进一步加强政府督促检查工作的具体办法，确保本意见提出的各项措施落到实处。

国务院办公厅

2014年8月25日

国务院办公厅关于对全国第二次大督查发现问题进行整改的通知

国办函〔2015〕65号

各省、自治区、直辖市人民政府,国务院各部委、各直属机构:

为推动党中央、国务院重大决策部署进一步落实并取得成效,2015年5月下旬至6月中旬, 国务院部署开展了对重大政策措施落实情况的第二次大督查。同时,审计署进行了政策措施落实情况跟踪审计。从督查和审计情况看,各地区、各部门认真贯彻落实党中央、国务院重大决策部署,胸怀全局、主动作为、改革创新、不畏困难、讲求实效,推动重点工作取得积极进展,总体情况是好的。但个别地区和部门在贯彻落实重大政策措施中还存在工作不协调、落实不到位、工作进度慢等问题,也存在欺上瞒下、弄虚做假和工作不作为等极个别现象。这些问题和现象的存在,影响了财政预算的执行、项目投资的落地和年度各项工作任务的如期完成,更有个别问题和现象扰乱了正常工作秩序,违反了财经纪律,积聚了经济风险,损害了党和政府的形象。对此,必须认真纠正,严肃整改。

为贯彻落实国务院常务会议关于对发现问题抓紧彻底整改的要求,现就需要整改的事项提出以下要求。

一、报送整改方案

各有关地区和部门要针对存在的问题，认真研究分析问题产生的原因，找到解决问题的办法和路径，挽回问题造成的损失和影响，提出解决问题的意见，并逐一制定整改方案。整改方案请于2015年8月15日前报国务院。

二、报告整改结果

各有关地区和部门要认真按照整改方案明确的目标和时限完成整改任务，整改报告请于2015年12月31日前报国务院。

三、高度重视整改工作

各有关地区和部门要提高对整改工作的认识，主要负责同志要亲自布置，分管负责同志具体负责；涉及多部门的问题，由牵头部门负责协调，其他部门积极主动配合。对存在的问题要引以为戒，既要抓紧整改又要举一反三。要以整改为契机，处理解决好存在的问题，同时建立健全贯彻落实党中央、国务院决策部署的长效机制，确保类似问题不再发生。

在整改过程中，国务院办公厅将有选择地进行跟踪督查，督促各有关地区和部门加快整改进度、落实整改措施。对整改不力、未能按时有效完成整改任务的，国务院领导同志对所在地区和部门的主要负责同志进行约谈。

国务院办公厅

2015年7月20日

国务院办公厅关于对全国第二次大督查
发现的典型经验做法给予表扬的通报

国办发〔2015〕54号

各省、自治区、直辖市人民政府,国务院各部委、各直属机构:

为推动党中央、国务院重大决策部署进一步落实并取得成效,2015年5月下旬至6月中旬,国务院部署开展了对重大政策措施落实情况的第二次大督查。从督查情况看,各地区、各部门认真贯彻落实党中央、国务院重大决策部署,胸怀全局、主动作为、改革创新、不畏困难、讲求实效,围绕稳增长、促改革、调结构、惠民生出新招、出实招、出硬招,不断推动各项重点工作取得积极进展,在工作实践中创造出一些好经验、好做法。

为进一步调动各方面的积极性、主动性和创造性,总结经验,宣传典型,扎实推进各项重大政策措施落地生效,经国务院同意,对天津市推动重大项目开工建设等20项地方工作典型经验做法和发展改革委加强宏观政策统筹协调等16项部门工作典型经验做法予以通报表扬,供各省(区、市)和国务院各部门学习借鉴。希望受到表扬的地区和部门珍惜荣誉,再接再厉。

各地区、各部门要按照党中央、国务院的总体部署,主动适应和引领经济发展新常态,坚持稳中求进工作总基调,振奋精神,奋发有为,勇于担当,攻坚克难,学习借鉴典型经验做法,创造性开展工作,进一步推动重大稳增长工程尽快实施、重大改革政策尽快落地、重大民生举措尽快见效,确保完成全年经济社会发展主要目标任务。

　　附件:1.地方工作典型经验做法(共20项)

　　　　2.部门工作典型经验做法(共16项)

国务院办公厅

2015年7月20日

附件1

地方工作典型经验做法

（共20项）

　　一、天津市加大重大项目组织实施力度。出台促投资稳增长的33条措施,推出重点项目83个,已开工65个,年内计划完成投资1792亿元。今年一季度,固定资产投资同比增长13.5%。

　　二、河北省固安县积极探索PPP(政府和社会资本合作)模式。将基础设施和公益性设施建设项目以及产业招商等服务项目整体外包给社会资本。已引进签约项目482个,投资额达638.19亿元,发展形成了航空航天、高端装备制造、生物医药、电子信息、现代物流等五大产业集群。

　　三、山西省深化煤炭管理体制改革。自2014年开始大幅度取消煤炭企业各类收费,全部撤销1487个各类煤焦公路检查站点,减轻煤炭企业负担422亿元。

四、内蒙古自治区包头市加大北梁棚户区改造力度。全面完成北梁棚户区5.66万户、468万平方米的拆迁改造任务,已开工新建安置房3.1万套,回购安置房1.2万套。截至今年5月底,已交付使用1.19万套,其余将于年底前交付入住。

五、吉林省对重大项目推进工作进行全覆盖巡检。省领导带队,分东、中、西三线开展全覆盖巡检活动,边检查、边评议、边部署、边落实、边现场解决问题。

六、上海市加大调结构工作力度。积极对接"互联网+"行动和"中国制造2025",大力扶持新技术、新产业、新模式、新业态"四新经济"。

七、安徽省大力发展战略性新兴产业。强化创新驱动,聚焦重点领域,加大政策扶持力度,加快推进一批战略性新兴产业集聚发展基地建设,逐步实现产业、人才、技术集聚,着力构建现代产业发展体系。2014年全省战略性新兴产业产值同比增长22.5%,对规模以上工业增长贡献率由2013年的30.3%提高到40.3%,对稳增长、调结构起到重要作用。

八、福建省深入推进稳增长政策措施落实。出台PPP试点的政策措施,发布鼓励社会投资项目122个、总投资2247.6亿元。今年1—4月,固定资产投资(不含农户)5506.6亿元,同比增长19.4%,增幅比全国平均水平高7.4个百分点。

九、江西省探索创新铁路投融资模式。设立了全国第一只省级铁路产业投资基金,基金总规模为150亿元。

十、河南省设立小微企业信贷风险补偿资金。截至今年3月底,全省小微企业贷款余额同比增长35.68%,增速居全国前列。

十一、湖北省十堰市郧阳区积极探索财政资金统筹使用机制。将财政管理分配的专项资金全部纳入统筹范围。2014年统筹财政性专项资金约占地方公共财政总支出的20%。

十二、湖南省着力稳定和扩大投资。围绕水利、交通、能源、信息"四张网"加大投资力度。向社会发布257个重大项目,总投资1.89万亿元。今年1—5月,固定资产投资同比增长17.8%。

十三、广东省全面推开商事制度改革。截至今年6月底,全省实有各类市场主体721.94万户,注册资本(金)150791.09亿元,比2014年初分别增长23.96%和69.34%。大力推进简政放权,积极减税降费,预计全年全省可减轻企业负担673亿元。

十四、广西壮族自治区加快推动重大项目建设。深入推进"两路"(铁路、公路)、"两水"(水运、水利)、"两电"(核电、煤电)、"两保"(民生保障、生态环保)等重点基础设施建设。今年1—4月完成基础设施建设投资1068.2亿元,同比增长25.6%,提高12.3个百分点。

十五、重庆市积极扩大消费需求。推动电子商务、信息消费等重点项目建设,2014年实现电子商务交易额4500亿元,同比增长53%;大力发展旅游休闲消费,今年1—4月,接待海内外游客1.15亿人次,旅游总收入达696.9亿元。今年一季度,地区生产总值、固定资产投资、社会消费品零售总额同比分别增长10.7%、17.6%、12%。

十六、四川省加快推进城乡统筹发展。率先开展农民工住房保障行动,将农民工住房问题纳入城镇住房保障体系统筹解决。

十七、贵州省加大投资工作力度。积极出台有力措施,增加有效投资,拉动经济增长。今年1—5月,固定资产投资同比增长23%,位居全国第一。

十八、云南省健全政策落实督查机制。由省政府领导每月带队深入市(州)开展专项督查;组建8个稳增长督查组定期开展督查活动,推动工作落实。

十九、甘肃省加大铁路建设力度。2014年国家下达国家铁路干线投资的规模位居全国第一,实际超额完成投资计划,在建里程和配套资金到位率居全国前列。

二十、青海省狠抓政策落实。为推动投资项目实施、促进工业稳定运行,建立了省政府负责同志牵头的每月分析调度制度,并加强对各市(州)的督查督办。组织开展万名干部入企服务活动,推动稳增长、促改革、调结构、惠民生各项政策落地。

附件2

部门工作典型经验做法

(共16项)

一、发展改革委加强宏观政策统筹协调。做好政策预研储备,并适时向国务院提出政策建议。落实促投资、稳增长政策措施,打好投资"组合拳",积极推进"11+6+3+1"重大工程建设。

二、教育部促进高等教育入学机会公平。推进招生计划管理改革，提高中西部地区和人口大省高考录取率。今年新增招生计划全部投向中西部地区和人口大省，预计录取率最低省份与全国平均水平差距将缩小到5个百分点左右。深入实施国家、地方、高校三个专项计划，进一步增加重点高校招收农村学生人数。

三、科技部、发展改革委、财政部实施创新驱动发展战略。科技部会同有关部门研究制定国家创新驱动发展战略纲要，提出一批重大科技项目和重大工程；推动设立8家国家自主创新示范区；推进科研基础设施和科研仪器开放共享。发展改革委联合有关部门研究制定深化体制机制改革加快实施创新驱动发展战略的若干意见、大力推进大众创业万众创新若干政策措施的意见、积极推进"互联网+"行动的指导意见等政策文件。选择部分区域系统推进全面创新改革试验。科技部、财政部积极推进中央财政科技计划管理改革。

四、工业和信息化部、财政部积极推进集成电路产业发展。牵头指导设立国家集成电路产业投资基金。2014年我国集成电路全行业销售收入同比增长20%；今年一季度，全行业销售收入同比增长16.7%。

五、财政部、税务总局落实减免税政策支持小微企业发展，促进国内消费。今年一季度，享受所得税优惠的小微企业达216万户，减税额为51亿元，受惠面达90%以上；对2700万户小微企业免征增值税、营业税189亿元。

六、人力资源社会保障部、教育部积极促进就业和创业。实施离校未就业高校毕业生就业促进计划和新一轮大学生创业引领计划，重点加强高校毕业生就业指导服务、推进自主创业、鼓励应征入伍等工作，保持了毕业生就业率基本稳定,创业人数持续增长。继续组织实施"春风行动"和"春潮行动",促进农民工转移就业,提升农民工职业技能。实施就业援助,帮助困难人员就业。今年1—6月,全国城镇新增就业718万人。今年二季度,城镇登记失业率为4.04%,同比、环比均小幅下降。

七、国土资源部保障重大项目用地需求。对符合条件的用地项目,用地审查时间由原来的30个工作日缩短至20个工作日。2014年9月,提前完成年度64个铁路项目用地预审。今年5月中旬,已完成全部上报的铁路、水利重大项目用地预审。

八、环境保护部、发展改革委、工业和信息化部加强大气污染防治。稳步推进"大气十条",努力改善环境空气质量,不断优化产业结构,全面推进清洁生产,推进环保产业发展。今年1—5月,实施新环境空气质量标准的161个城市平均达标天数比例为66.4%;京津冀区域13个城市平均达标天数比例为44.7%、同比提高10.6个百分点,PM2.5(细颗粒物)平均浓度为82微克/立方米、同比下降24.1%。

九、住房城乡建设部、发展改革委、财政部、国土资源部、农业部、林业局、开发银行加快城镇保障性安居工程建设。今年1—5月已开工344万套,基本建成264万套,总体进展顺利。

十、交通运输部统筹推进交通运输大通道建设。今年预计实现交通投资2.6万亿元,截至5月底已完成6987亿元,同比增长15%;民航局积极推进"一带一路"沿线省份51个航空基础设施规划和建设项目,总投资2000亿元。

十一、水利部、发展改革委、财政部、农业发展银行加快推进重大水利工程建设。172项重大水利工程已开工建设60项,今年1—5月在建水利工程完成投资941.9亿元,同比增长91.6%。

十二、审计署加大稳增长等政策措施贯彻落实情况跟踪审计力度。自2014年8月以来,持续组织对31个省(区、市)、5个计划单列市、新疆生产建设兵团和29个中央部门、7个中央企业的跟踪审计,累计发现问题2201个,促进新开工项目598个,完善出台各项管理办法50余项。

十三、海关总署深入推进区域通关一体化、"双随机"、国际贸易"单一窗口"、通关无纸化等通关便利化改革。改革后,进出口货物通关效率分别提高75%和86%;企业减少30%的重复申报项目,申报时间和费用节省近50%。

十四、工商总局、质检总局、税务总局大力推进商事制度改革。工商总局积极组织和推动落实注册资本登记制度改革;全面落实"先照后证"改革;试点开展全程电子化登记和电子营业执照、企业名称管理、简易注销改革;进一步简化市场主体场所(经营场所)登记手续;加快企业信用信息公示"全国一张网"建设;推进小微企业名录建设工作,扶持小微企业发展。商事制度改革以来,截至今年5月底,全国新登记注册市场主体1691.1万户,同比增长16.3%,改革红利日益显现。同时,加快推进"三证合一"登记制度改革。工商总局积极指导地方试点,推动落实"一照一码"登记模式;质检总局组织制定国家标准,指导地方开展"一照一码"试点,将年度验证改为年度基本信息报告,开展网上实时赋码和业务办理;税务总局积极推进"三证合一"改革试点。

十五、质检总局积极推进京津冀、长江经济带、东北四省(区)、泛珠三角地区、丝绸之路经济带"9+2"检验检疫通关和业务一体化模式。加大简政放权力度,实施"三通两直两清单"通关和业务一体化工作模式,全力服务区域经济发展。京津冀检验检疫一体化实施一年以来,累计为出口企业节省通关时间约211.44万小时,节省成本约3500万元。

十六、国务院审改办深入推进行政审批制度改革。会同有关部门分8批提请国务院常务会议审议通过取消和下放586项行政审批事项,提前完成本届政府削减1/3行政审批事项目标;全面完成非行政许可审批事项清理工作。

国务院办公厅关于对落实有关政策措施成效较明显地区予以激励支持的通知

国办函〔2016〕21号

各省、自治区、直辖市人民政府:

根据2015年国务院大督查情况,2016年1月6日国务院常务会议决定,对落实有关政策措施成效较明显的20个市(州)、20个县(市、区)给予表扬,在2016年对这些地区实行"免督查",并采取相应措施予以激励。经国务院同意,现将国务院有关部门组织实施的激励措施等事项通知如下:

一、在2016年专项建设基金安排中对受表扬地区予以支持,由受表扬地区根据国务院确定的专项建设基金支持领域,自主选择申报急需建设的重点项目。(国家发展改革委负责组织实施)

二、对2016年督查收回的2015年中央预算内投资沉淀资金,在充分考虑东、中、西部差异的基础上制定资金分配方案,由国家发展改革委下达到受表扬地区所在省(区、市),再由省级发展改革部门分解下达到受表扬地区的具体项目,并优先用于建设进度快而又缺资金的项目。(国家发展改革委负责组织实施)

三、对2016年督查收回的专项转移支付沉淀资金,在充分考虑东、中、西部差异的基础上制定资金分配方案,由财政部下达到受表扬地区所在省(区、市),再由省级财政部门分解下达到受表扬地区,纳入预算管理。(财政部负责组织实施)

四、建立申请发行企业债券"直通车"机制。受表扬地区企业2016年申请发行企业债券,可直接在国家发展改革委政务服务大厅现场提交申报材料,不需省级发展改革部门转报。(国家发展改革委负责组织实施)

五、中央财政对受表扬地区所在省(区、市)提前调度资金,并要求相关省级财政部门加快对受表扬地区调度资金,以提高地方库款保障水平。(财政部负责组织实施)

六、对受表扬地区给予新增建设用地计划指标奖励,奖励指标在2016年全国土地利用计划中单独列出,纳入计划执行管理。(国土资源部负责组织实施)

以上激励措施的实施办法等具体事宜由国务院有关部门另行通知。请加强与有关部门的衔接沟通,协同做好激励措施的实施工作。实施过程中遇到情况和问题,请及时告知国务院有关部门和国务院办公厅。

附件:落实有关政策措施成效较明显的40个市(州)、县(市、区)名单

国务院办公厅

2016年2月21日

附件

落实有关政策措施成效较明显的40个市（州）、县（市、区）名单

一、20个市（州）

山西省晋中市

内蒙古自治区呼和浩特市

辽宁省沈阳市

吉林省辽源市

黑龙江省哈尔滨市

安徽省铜陵市

福建省三明市

山东省青岛市

河南省漯河市

湖北省宜昌市

湖南省株洲市

广东省佛山市

广西壮族自治区柳州市

四川省成都市

贵州省安顺市

云南省楚雄彝族自治州

西藏自治区日喀则市

陕西省延安市

青海省西宁市

新疆维吾尔自治区哈密市

二、20个县（市、区）

北京市西城区

天津市红桥区

河北省乐亭县

内蒙古自治区霍林郭勒市

上海市普陀区

江苏省南通市通州区

浙江省绍兴市柯桥区

安徽省天长市

江西省武宁县

河南省长葛市

湖北省老河口市

广东省深圳市南山区

广西壮族自治区恭城瑶族自治县

海南省文昌市

重庆市璧山区

四川省天全县

贵州省兴义市

甘肃省庄浪县

宁夏回族自治区盐池县

新疆维吾尔自治区乌鲁木齐高新技术产业开发区(新市区)

国务院关于开展第三次大督查的通知

国发明电〔2016〕4号

各省、自治区、直辖市人民政府,新疆生产建设兵团,国务院各部委、各直属机构:

今年以来,各地区、各部门认真贯彻党的十八大和十八届三中、四中、五中全会精神,围绕中央经济工作会议部署和《政府工作报告》提出的任务要求,坚持稳中求进工作总基调,积极适应经济发展新常态,着力推进供给侧结构性改革,实施创新驱动发展战略,大力推动大众创业、万众创新,培育发展新动能,各项工作取得积极进展。但一些地区和部门还存在改革不深入、工作不协调、政策不配套、措施不到位等问题,存在个别干部懒政怠政和不作为乱作为等现象,影响了决策部署落地生效。为进一步推动各项重大政策措施贯彻落实,国务院决定对各地区和各部门工作开展第三次大督查。现就有关事项通知如下:

一、总体要求

紧紧围绕贯彻落实党中央、国务院决策部署,聚焦当前经济运行和改革发展中的突出问题,统筹督查力量,创新督查方式,突出督查重点,对各省(区、市)、新疆生产建设兵团和国务院各部门工作进行督查,层层传导抓落实促发展的压力,推动重大政策举措、重点投资项目、重要民生工程加快落地,保持经济运行在合理区间,确保完成全年经济社会发展主要目标任务。

二、督查重点

这次督查的重点内容是保持经济平稳发展、推进供给侧结构性改革、促进创新驱动发展、保障和改善民生等四个方面工作。

(一)保持经济平稳发展。围绕适度扩大总需求,发挥有效投资对稳增长、调结构、补短板的关键作用,保持消费平稳增长,促进进出口企稳回升,督查6项内容:一是加快重大投资项目开工建设。督查《政府工作报告》确定的8000亿元以上铁路投资、1.65万亿元公路投资、20项重大水利工程、2000公里以上城市地下综合管廊、600万套棚户区住房改造、新建改建20万公里农村公路等重大项目开工建设情况,促进尽快形成实物工作量。对尚未按时开工和建设进展迟缓的2015年、2016年中央预算内投资项目进行全面督查。二是促进社会投资尤其是民间投资持续健康发展。抓好促进民间投资健康发展专项督查发现问题的整改落实;督查贯彻落实《国务院关于创新重点领域投融资机制鼓励社会投资的指导意见》(国发〔2014〕60号)、《国务院关于鼓励和引导民间投资健康发展的若干意见》(国发〔2010〕13号)、《国务院关于鼓励支持和引导个体私营等非公有制经济发展的若干意见》(国发〔2005〕3号)文件精神,制定相关配套政策措施,大幅放宽社会投资在基础设施、公共服务等领域的市场准入,优化政府服务、营造公平市场环境等情况;继续跟踪督促民间投资增速靠后以及体量较大且增速放缓明显的北京、辽宁、安徽、山东、河南、湖北、青海等7个省(市)深入抓好促进民间投资各项工作;督查完善政府和社会资本合作模式及引导基金使用情况。三是清理盘活财政沉淀资金。督查依法依规将沉淀2年以上财政资金收回并调整使用情况,促进提高资金使用效益,切实把钱用到刀刃上。四是扩大消费需求。督查推动实施"增品种、提品质、创品牌"战略,推进"十大扩消费行动",促进消费结构转型升级情况。五是促进外贸创新发展。督查促进东部地区加工贸易转型和提高中西部承接加工贸易能力,复制推广自贸试验区政策,推进贸易便利化,全面推广国际贸易"单一窗口",扩大跨境电商、市场采购贸易方式、外贸综合服务企业等试点,推进"一带一路"建设和国际产能合作等情况。六是深入推进新型城镇化。督查深化户籍制度改革,推进居住证制度覆盖全部未落户城镇常住人口,加快农业转移人口市民化等情况。

(二)推进供给侧结构性改革。围绕加快破除体制机制障碍,落实"三去一降一补"任务,解决重点领域的突出矛盾和问题,督查7项内容:一是深化"放管服"改革。督查深化行政审批制度改革,取消、下放行政审批事项和地方承接,严控新设许可,规范行政审批行为,以及各地控编减编等情况;进一步取消工商登记前置审批事项,落实"三证合一、一照一码",清理和取消"红顶中介"等情况;加强事中事后监管,全面推行"双随机、一公开",建立"一单、两库、一细则"等情况;全面公布地方政府工作部门权力和责任清单,在部分地区试行市场准入负面清单制度,对行政事业性收费、政府定价或指导价经营服务性收费、政府性基金、国家职业资格实行目录清单管理等情况;推行"互联网+政务服务",实现部门间数据共享,推动部门间业务协同,取消不必要的证明和手续等情况。二是化解钢铁煤炭过剩产能。在钢铁煤炭行业化解过剩产能专项督查基础上,对有关问题整改情况进行抽查核查,加快推进过剩产能退出,确保完成今年粗钢4500万吨、煤炭2.5亿吨的去产能任务。三是化解房地产库存。督查完善支持居民住房合理消费的税收、信贷政策情况;因城施策拓宽房地产去库存渠道,进一步提高库存较多城市棚改货币化安置比例,鼓励和支持农民工等群体在城镇购房等情况。四是降低企业杠杆率。督查采取市场化、法治化方式和综合性措施,有效控制非金融类企业杠杆率,提高直接融资比重,切实防范风险等情况。五是降低企业成本。督查全面推开营改增试点、阶段性降低企业职工基本养老保险等社会保险费率、停征和归并一批政府性基金、扩大18项行政事业性收费免征范围等结构性减税降费政策落实,以及在规定时间内解决政府拖欠企业工程款、物资采购款、保证金等问题情况;督查金融支持实体经济发展,落实小微企业贷款"三个不低于"政策,有效缓解"融资难融资贵"等情况。六是加大力度补齐短板。督查推进精准扶贫、精准脱贫情况,确保实现1000万以上农村贫困人口脱贫,其中易地扶贫搬迁200万人以上;抓紧灾后重建和水毁工程修复,加强城市防洪排涝设施、小型水利设施建设情况;加强通信等基础设施建设情况。七是推进国有企业改革。督查国有企业特别是中央企业结构调整、瘦身健体、提质增效,以管资本为主推进国有资产监管机构职能转变等情况。

(三)促进创新驱动发展。围绕加快新旧动能接续转换,发展新经济,培育新动能,督查3项内容:一是加快"双创"示范基地建设。督查首批28个"双创"示范基地建设,引导"双创"要素投入,突破一批阻碍"双创"发展的政策障碍,形成一批可复制可推广的"双创"模式和典型经验情况。二是促进制造业升级。督查推进"中国制造2025"和"中国制造+互联网",推动建设若干国家级制造业创新平台,组织实施重大技术改造升级工程情况。三是激发各类主体创业创新活力。督查构建大中小企业、高校、科研机构、创客等多方协同的新型创业创新机制,扩大高校和科研院所自主权,落实促进科技成果转移转化的政策措施,鼓励科研人员创业创新,培育创业创新服务业等情况。

(四)保障和改善民生。围绕妥善解决民生领域突出问题,坚决稳住就业这个"底盘",保住基本、兜住底线,督查7项内容:一是扩大就业创业。督查促进765万高校毕业生、500多万中职毕业生,以及农民工、退役军人、下岗失业人员等重点群体就业创业政策措施落实,做好化解过剩产能企业富余员工安置,托底帮扶就业困难人员等情况,确保实现城镇新增就业1000万人以上。二是加强保障房分配管理。督查保障房分配使用、配套基础设施建设等情况,切实解决保障房空置、配套设施滞后问题。三是促进农民增收。督查推进农业结构调整,改革粮食收储制度,拓展农民增收渠道等情况。四是促进教育公平。督查改善薄弱学校和寄宿制学校办学条件,落实和完善农民工随迁子女在当地就学和升学考试政策等情况。五是深化医药卫生体制改革。督查公立医院综合改革试点及群众医疗满意度,开展分级诊疗试点,推进管办分开、医药分开及三医联动改革等情况。六是切实加强社会保障。督查"五险一金"运行保障,开展养老服务业综合改革试点,落实临时救助、特困人员救助供养等制度情况。七是加大大气、水、土壤等环境治理力度。督查各地执行"大气十条""水十条""土十条"以及淘汰黄标车和老旧车等情况。

同时,对各地区、各部门健全和落实工作责任制、督查问责机制、激励机制等情况,以及国家重大政策措施贯彻落实跟踪审计发现问题整改情况进行督查。

三、督查方式

(一)全面自查。各地区、各部门要围绕中央经济工作会议部署和《政府工作报告》提出的任务要求,对照督查重点,认真深入开展自查,全面梳理政策措施落实情况,查找工作中存在的主要不足和突出问题,有针对性地提出整改措施以及完善有关政策措施的工作建议。

(二)实地督查。在自查基础上,国务院派出督查组赴各地区和有关部门进行实地督查。工作中,督查组将采取座谈、走访等形式,听取当地全国人大代表、全国政协委员以及企业负责人、基层干部群众的意见建议,对审计、专项督查发现问题整改情况以及群众反映有关问题线索进行核查。

(三)征询社会意见。督查期间,通过中国政府网及其"两微一端",征询社会各界对落实和完善重大政策措施的意见建议,主动接受社会监督。对反映的具体问题和意见建议,转有关地方、部门核查和研究处理。

（四）加强舆论引导。督查过程中,组织中央主要新闻媒体及时报道督查情况,充分反映各地区、各部门工作成效,宣传典型经验做法,释放积极信号,提振信心,同时对不作为等突出问题予以曝光,营造凝心聚力推动发展的良好氛围。

（五）强化激励问责。完善激励和问责机制,健全合理的容错纠错机制。督查中,要总结推广好的经验做法,发现先进典型。对真抓实干、成效明显的地方加大激励支持力度;对落实不力的严肃追究责任。相关督查结果抄送中央组织部。

四、督查安排

（一）实地督查范围。对31个省(区、市)、新疆生产建设兵团和国务院有关部门开展实地督查。对今年初受到国务院督查表扬的20个市（州）、20个县(市、区)实行"免督查"。

（二）督查进度安排。各地区、各部门收到本通知后要迅速组织开展自查,9月15日前向国务院报送自查报告(附重点工作任务完成情况自查表、自查发现问题及整改措施清单、相关工作建议清单)。9月18—30日,国务院派出督查组赴地方和部门开展实地督查。10月10日前,各督查组将督查结果报送国务院,国务院办公厅适时向地方、部门转送督查组督查反馈意见。

（三）督查组组成。组成20个国务院督查组,其中,15个督查组负责督查31个省(区、市)和新疆生产建设兵团,5个督查组负责督查国务院有关部门。督查组成员从国务院有关部门和各省(区、市)政府督查室抽调,邀请部分国务院参事和专家学者参加。督查组人员名单及分组安排另行通知。

五、督查纪律要求

（一）自查要实事求是，严禁虚报、瞒报，凡经实地督查发现弄虚作假的，予以通报批评。

（二）实地督查要坚持问题导向，严格按有关标准和要求逐项核查，着力发现问题、解决问题。

（三）实地督查期间，督查组要严格落实中央八项规定精神。请有关地方和部门进行监督。国务院办公厅督查室将对反映的问题进行核实处理。

国务院

2016年8月26日

国务院办公厅关于对真抓实干成效明显地方
加大激励支持力度的通知

国办发〔2016〕82号

各省、自治区、直辖市人民政府，国务院各部委、各直属机构：

为充分发挥中央和地方两个积极性，鼓励各地从实际出发干事创业，推动形成主动作为、竞相发展的良好局面，国务院决定，根据每年国务院大督查和日常督查情况，对落实有关重大政策措施真抓实干、取得明显成效的地方，采取相应措施予以激励支持。经国务院同意，现就有关激励措施及组织实施等事项通知如下：

一、对推动工商注册制度便利化工作及时到位、落实事中事后监管等相关政策措施社会反映好的市（州）、县（市、区），优先纳入深化商事制度改革、加强事中事后监管相关试点，推动降低企业制度性交易成本。（工商总局负责）

二、对超额完成化解钢铁、煤炭过剩产能目标任务量的省（区、市），在安排工业企业结构调整专项奖补资金时给予梯级奖补，用于职工分流安置，鼓励地方促进产业结构调整和培育新动能。（财政部、国家发展改革委、工业和信息化部、人力资源社会保障部负责）

三、对积极优化营商环境、推进内贸流通体制改革和服务贸易创新发展、落实外贸回稳向好及外资政策措施成效明显的省（区、市），优先支持其行政区域内1家符合条件的国家级经济技术开发区扩区或调整区位，优先支持其行政区域内1家符合条件且已进入培育期的省级经济开发区提前升级为国家级经济技术开发区。（商务部负责）

四、对改善地方科研基础条件、优化科技创新环境、促进科技成果转移转化以及落实国家科技改革与发展重大政策成效较好的省（区、市），在中央引导地方科技发展专项资金中根据绩效评价结果给予一定倾斜，用于支持其行政区域内科技创新能力建设。（科技部、财政部负责）

五、对营造诚实守信金融生态环境、维护良好金融秩序的省（区、市），支持该省（区、市）或其辖内地区开展金融改革创新先行先试，在同等条件下对其申报金融改革试验区等方面给予重点考虑和支持，在相关领域加大再贷款、再贴现的支持力度,鼓励符合条件的全国性股份制银行在上述地区开设分支机构,支持符合条件的企业发行"双创"公司债券、绿色公司债券等金融创新产品。(人民银行、银监会、证监会、保监会负责)

六、对年度全社会固定资产投资保持稳定增长,中央预算内投资项目开工率、完成率及地方投资到位率高的省(区、市),在中央预算内投资既有专项中统筹安排部分投资,用于奖励支持其行政区域内建设进度快而又缺资金的项目。(国家发展改革委负责)

七、对财政预算执行、盘活财政存量资金、国库库款管理、推进财政资金统筹使用、预算公开等财政管理工作完成情况好的省(区、市),中央财政利用督查收回的专项转移支付沉淀资金等,在中央、地方两级结算时予以奖励,用于支持省(区、市)推荐的先进典型市(州)、县(市、区)。(财政部负责)

八、对推广政府和社会资本合作(PPP)模式效果明显、社会资本参与度高的市(州)、县(市、区),在安排以奖代补资金、中央预算内投资PPP前期工作专项补助时优先支持,推进其行政区域内PPP工作,鼓励地方增加公共产品和公共服务供给。(财政部、国家发展改革委负责)

九、对促进社会投资健康发展、防范化解金融风险等工作成效明显的市(州),在两年之内对其行政区域内企业申请企业债券实行"直通车"机制(企业直接向国家发展改革委申报,不需省级发展改革部门转报),鼓励地方加大金融服务实体经济的力度,发挥企业债券促投资、稳增长的积极作用。(国家发展改革委负责)

十、对地方水利建设投资落实好、中央水利建设投资计划完成率高的省

（区、市），优先将该地区水利建设项目列入三年滚动计划、优先安排中央水利建设投资。（水利部、国家发展改革委负责）

十一、对土地集约节约利用成效好、闲置土地少且用地需求量较大的市（州）、县（市、区），在全国新增建设用地计划中安排一定指标予以奖励，用于支持稳增长、调结构、惠民生、补短板项目建设。（国土资源部负责）

十二、对实施创新驱动发展战略、推进自主创新和发展高新技术产业成效明显的省（区、市），优先支持其行政区域内1家符合条件的国家自主创新示范区或国家高新技术产业开发区扩区或调整区位，优先支持其行政区域内1家符合条件且发展基础较好的省级高新技术产业开发区升级为国家高新技术产业开发区。（科技部负责）

十三、对在推动双创政策落地、扶持双创支撑平台、构建双创发展生态等方面大胆探索、勇于尝试、成效明显的省（区、市），优先支持建设双创示范基地，在中央预算内投资安排方面予以倾斜，鼓励地方加快发展新经济、培育发展新动能、打造新引擎。（国家发展改革委会同有关部门负责）

十四、对推动实施"中国制造2025"、促进工业稳增长和转型升级成效明显的市（州），在新型工业化产业示范基地布局、"中国制造2025"城市、智能制造和服务型制造等试点示范方面予以优先支持，并在工业转型升级（中国制造2025）资金安排中对符合支持条件的予以倾斜，促进其行政区域内制造业转型升级、企业技术改造和制造业公共服务平台建设。（工业和信息化部、财政部负责）

十五、对大力培育发展战略性新兴产业、产业特色优势明显、技术创新能力较强、产业基础雄厚的市(州),优先支持战略性新兴产业集聚区建设,在重大政策先行先试、重大产业布局和重大项目落地上予以倾斜,鼓励地方开展体制机制创新,形成一批特色鲜明、协同发展的优势产业集群和特色产业链。(国家发展改革委会同有关部门负责)

十六、对老工业基地调整改造力度较大,支持传统产业改造、培育新产业新业态新模式、承接产业转移和产业合作等工作成效突出的市(州),优先支持设立产业转型升级示范区和示范园区,优先支持在重大改革和重大政策方面先行先试,促进产业向高端化、集聚化、智能化升级。(国家发展改革委会同有关部门负责)

十七、对落实鼓励和支持就业创业政策措施工作力度大,促进城镇失业人员再就业、就业困难人员就业等任务完成较好的省(区、市),中央财政给予适当补助。(财政部、人力资源社会保障部负责)

十八、对在扶贫开发工作成效考核中认定为完成年度计划、减贫成效显著的省(区、市),在分配中央财政专项扶贫资金时给予一定奖励。(财政部、国务院扶贫办负责)

十九、对易地扶贫搬迁工作积极主动、成效明显的省(区、市),通过易地扶贫搬迁中央预算内投资给予奖励或倾斜支持,用于搬迁安置区相关建设。(国家发展改革委负责)

二十、对棚户区改造、农村危房改造工作积极主动、成效明显的省(区、市),在安排中央补助及配套基础建设有关资金时,给予适当奖励或倾斜支持。(住房城乡建设部、国家发展改革委、财政部负责)

二十一、对公立医院综合改革成效较为明显的县(市、区)和试点城市,公立医院综合改革中央财政补助资金下达相关省(区、市)后,由省(区、市)给予奖励或倾斜支持。(国家卫生计生委、财政部负责)

二十二、对落实养老服务业支持政策积极主动、养老服务体系建设成效明显的省(区、市),在安排中央补助及有关基础设施建设资金、遴选相关试点项目方面给予倾斜支持。(国家发展改革委、财政部、民政部负责)

二十三、对环境治理工程项目推进快,重点区域大气、重点流域水环境质量明显改善的市(州),中央财政年度污染防治有关专项资金下达相关省(区、市)后,由省(区、市)给予相应奖励。(环境保护部、财政部负责)

二十四、对落实重大政策措施成效明显、创造典型经验做法且受到国务院督查表扬的市(州)、县(市、区),在下一年度国务院组织的有关实地督查中实行"免督查"。(国务院办公厅负责)

对真抓实干、相关工作成效明显的地方加大激励支持力度,是建立健全督查激励长效机制的重要举措,对于调动和激发地方积极性、主动性和创造性,推动贯彻落实党中央、国务院决策部署,具有重要意义。各有关部门要认真落实激励措施,加强组织实施,做好宣传解读、指导服务和监督检查工作,确保激励措施落到实处、取得实效;要建立健全督查制度和统计评价体系,坚持公正、公平、公开原则,简化操作,优化流程,防止增加地方负担。各省(区、市)要明确责任部门,统筹做好本省(区、市)组织落实激励措施的工作;要加强宣传引导,鼓励奋勇争先,用足用好激励措施,充分发挥督查激励的示范带动作用。有条件的省(区、市)可制定相应的配套措施,加大激励力度,增强激励效果。国务院办公厅将对激励措施落实情况进行督促检查,适时对实施效果组织评估。

各有关部门组织实施激励措施的具体办法,于2016年11月30日前报送国务院办公厅。从2017年起,各有关部门于每年1月31日前,根据上一年度工作成效,结合本部门日常督查情况和国务院大督查、相关专项督查情况,提出拟予激励支持的地方名单,报送国务院办公厅。国务院办公厅将统筹组织开展相关表扬激励工作。

国务院办公厅

2016年11月12日

国务院办公厅关于对国务院第三次大督查发现的典型经验做法给予表扬的通报

国办发〔2016〕90号

各省、自治区、直辖市人民政府,国务院各部委、各直属机构:

为推动党中央、国务院重大决策部署贯彻落实,2016年8月下旬至9月底,国务院部署开展了对重大政策措施落实情况的第三次大督查。从督查情况看,各地区、各部门认真贯彻落实中央经济工作会议部署和政府工作报告提出的任务要求,勇于创新、真抓实干,敢于担当、主动作为,在促进经济平稳增长、推进供给侧结构性改革、抓好"三去一降一补"重点任务、推动大众创业万众创新、培育发展新动能、破解民生难题等方面结合实际创造性地开展工作,取得了积极成效,形成了一些好的经验和做法。

为进一步调动和激发各方面的主动性、积极性和创造性,推动形成干事创业、竞相发展的良好局面,经国务院同意,对北京市海淀区以建设双创示范基地为契机促进经济发展提质增效等32项地方典型经验做法和国家发展改革委、工业和信息化部积极推进钢铁煤炭行业化解过剩产能工作等17项部门典型经验做法予以通报表扬。希望受到表扬的地区、部门珍惜荣誉,再接再厉,取得新的更大成绩。

各地区、各部门要按照党中央、国务院的总体部署,牢固树立创新、协调、绿色、开放、共享的发展理念,坚持稳中求进工作总基调,积极适应和引领经济发展新常态,振奋精神,铆足干劲,迎难而上,锐意进取,学习借鉴典型经验做法,主动破解经济运行和改革发展中的难题,全力推动党中央、国务院重大决策部署落地生效,实现经济社会持续健康发展。

附件:1.国务院第三次大督查发现的地方典型经验做法(共32项)

2.国务院第三次大督查发现的部门典型经验做法(共17项)

国务院办公厅

2016年12月4日

附件1

国务院第三次大督查发现的地方典型经验做法

（共32项）

1.北京市海淀区以建设双创示范基地为契机促进经济发展提质增效。

2.天津市静海区打造医养结合新模式深入推进养老服务业综合改革试点。

3.河北省保定市优化政策环境全力打造创新驱动示范市。

4.山西省积极稳妥推进去产能企业职工安置工作。

5.内蒙古自治区通辽市多措并举推动企业减负增效。

6.辽宁省盘锦市狠抓重点工作落实促进经济增长。

7.吉林省梅河口市实施重特大疾病兜底救助减轻群众就医负担。

8.黑龙江省东宁市做精做强特色产业促进农民增收。

9.上海市深化国际贸易"单一窗口"建设促进贸易便利化。

10.江苏省南通市优化审批流程推行"1枚印章管到底"。

11.浙江省推进"特色小镇"建设打造新型产业集聚区。

12.安徽省芜湖市开展分类执法改革提升综合监管水平。

13.福建省泉州市清理规范行政审批申报事项降低企业和群众办事门槛。

14.江西省实施严格生态保护促进绿色发展。

15.山东省淄博市创新开展联动审批提高行政服务效率。

16.河南省漯河市以工业转型升级促进经济健康发展。

17.湖北省大冶市加快推进农村产权制度改革和农村金融改革创新。

18.湖南省湘潭县以项目建设攻坚助推经济增长。

19.广东省汕头市综合施策促进民间投资快速增长。

20.广西壮族自治区东兴市创新边民互市贸易结算模式大力发展跨境贸易。

21.海南省琼海市构建全域旅游通道打造大旅游格局。

22.重庆市大足区强化企业服务促进民间投资健康发展。

23.四川省德阳市推动智能制造集群化加快转型升级。

24.贵州省积极推进大数据战略行动促进创新驱动发展。

25.云南省积极承接产业转移推动加工贸易发展。

26.西藏自治区山南市实施"十大民心工程"保障改善民生。

27.陕西省蓝田县实施全域旅游促进旅游业快速发展。

28.甘肃省陇南市积极推进"电商扶贫"带动贫困群众就业增收。

29.青海省深入推进行政审批制度改革打造良好营商环境。

30.宁夏回族自治区银川市创新城市管理模式推动智慧城市建设。

31.新疆维吾尔自治区阿拉山口市主动融入"一带一路"战略大力发展口岸经济。

32.新疆生产建设兵团第八师石河子市调结构促改革实现速度和效益双增长。

附件2

国务院第三次大督查发现的部门典型经验做法

（共17项）

1.国家发展改革委、工业和信息化部积极推进钢铁煤炭行业化解过剩产能工作。

2.教育部深化教育教学改革助力"双创"。

3.科技部加快推进重大科技成果产业化发展新经济培育新动能。

4.工业和信息化部深入推进"中国制造+互联网"。

5.民政部围绕困难群体特殊需求实施托底保障。

6.财政部、税务总局扎实做好全面推开"营改增"试点工作。

7.人力资源社会保障部积极促进重点人群就业创业。

8.环境保护部坚持问题导向推进环境保护领域改革。

9.水利部加快推进重大水利工程建设。

10.国家卫生计生委实施改善医疗服务行动深化医药卫生体制改革。

11.审计署加大民生资金和项目审计力度。

12.海关总署积极推进"双随机、一公开"监管。

13.税务总局、银监会建立"银税互动"机制深化小微企业金融服务。

14.工商总局大力实施"双随机、一公开"监管。

15.国务院扶贫办扎实开展建档立卡工作提高扶贫精准度。

16.国务院审改办大力推进行政审批制度改革。

17.中国铁路总公司积极推进高速铁路技术创新。

国务院办公厅关于对2016年落实有关重大政策措施真抓实干成效明显地方予以表扬激励的通报

国办发〔2017〕34号

各省、自治区、直辖市人民政府,国务院各部委、各直属机构:

为充分发挥中央和地方两个积极性,进一步健全正向激励机制,鼓励地方因地制宜、大胆探索,竞相推动科学发展,根据《国务院办公厅关于对真抓实干成效明显地方加大激励支持力度的通知》(国办发〔2016〕82号),经国务院同意,对2016年落实推进供给侧结构性改革、适度扩大总需求、促进创新驱动发展、保障和改善民生等有关重大政策措施真抓实干、取得明显成效的26个省(区、市)、90个市(地、州、盟)、127个县(市、区)予以通报表扬,并采取相应措施予以激励支持。希望受到表扬激励的地方珍惜荣誉,发扬成绩,再接再厉,作出新的更大贡献。

2017年是实施"十三五"规划的重要一年,是供给侧结构性改革的深化之年。各地区、各部门要更加紧密地团结在以习近平同志为核心的党中央周围,认真贯彻落实党中央、国务院决策部署,坚持稳中求进工作总基调,牢固树立和贯彻落实新发展理念,适应把握引领经济发展新常态,敢于担当、主动作为,勇于创新、狠抓落实,扎实做好稳增长、促改革、调结构、惠民生、防风险各项工作,促进经济平稳健康发展和社会和谐稳定,以优异成绩迎接党的十九大胜利召开。

附件:2016年落实有关重大政策措施真抓实干成效明显的地方名单及激励措施

国务院办公厅

2017年4月24日

附件

2016年落实有关重大政策措施真抓实干
成效明显的地方名单及激励措施

一、推动工商注册制度便利化工作及时到位、落实事中事后监管等相关政策措施社会反映好的市、县(市、区)

北京市西城区、天津市滨海新区、河北省石家庄市、黑龙江省齐齐哈尔市、上海市浦东新区、江苏省张家港市、浙江省桐庐县、安徽省芜湖市、福建省泉州市、山东省青岛市、河南省三门峡市、湖北省襄阳市、广东省东莞市、海南省三亚市、重庆市綦江区、四川省成都市、云南省曲靖市、陕西省紫阳县、甘肃省定西市安定区、宁夏回族自治区吴忠市。(按行政区划排列,下同)

2017年对上述市、县(市、区)优先选择为企业登记注册便利化改革,社会共治、风险分类监管、大数据监管等事中事后监管工作的试点地区,优先授予外商投资企业登记注册权限,优先考虑批准设立商标注册申请受理窗口。(工商总局组织实施)

二、超额完成化解钢铁、煤炭过剩产能目标任务量,工作成效总体较好的省(市)

浙江省、福建省、江西省、广东省(化解钢铁过剩产能);山西省、山东省、河南省、重庆市、陕西省(化解煤炭过剩产能)。

2017年对上述省(市)在安排工业企业结构调整专项奖补资金时,根据超额完成目标任务量情况给予该省份当年基础奖补资金一定比例的梯级奖补资金。超额完成2016年去产能目标任务量5%以内的,按超额比例给予奖补;超额完成2016年去产能目标任务量5%~10%的,按超额比例的1.25倍给予奖补;超额完成2016年去产能目标任务量10%以上的,按超额比例的1.5倍给予奖补,梯级奖补比例最高不超过30%。(财政部、国家发展改革委、工业和信息化部、人力资源社会保障部组织实施)

三、积极优化营商环境、推进内贸流通体制改革和服务贸易创新发展、落实外贸回稳向好及外资政策措施成效明显的省(区)

河北省、安徽省、山东省、湖南省、广西壮族自治区、海南省。

2017年对上述省(区)优先支持其行政区域内1家符合条件的国家级经济技术开发区扩区或调整区位,优先支持其行政区域内1家符合条件且已进入培育期的省级经济开发区提前升级为国家级经济技术开发区。(商务部组织实施)

四、改善地方科研基础条件、优化科技创新环境、促进科技成果转移转化以及落实国家科技改革与发展重大政策成效较好的省(市)

北京市、江苏省、安徽省、河南省、重庆市。

2017年对上述省(市)在中央引导地方科技发展专项资金分配中的管理因素权重按满分计算,加大资金倾斜支持力度。(科技部、财政部组织实施)

五、营造诚实守信金融生态环境、维护良好金融秩序工作成效较好的省(市)

上海市、浙江省、福建省、山东省、四川省。

2017年支持上述省(市)或其辖内地区开展金融改革创新先行先试,在同等条件下对其申报金融改革试验区等方面给予重点考虑和支持,在相关领域加大再贷款、再贴现的支持力度,鼓励符合条件的全国性股份制银行在上述地区开设分支机构,支持符合条件的企业发行"双创"公司债券、绿色公司债券等金融创新产品。(人民银行、银监会、证监会、保监会组织实施)

六、全社会固定资产投资保持稳定增长,中央预算内投资项目开工率、完成率及地方投资到位率高的省(市)

浙江省、海南省、重庆市、四川省、贵州省。

2017年对上述省(市)在中央预算内投资既有专项中统筹安排约20亿元投资,用于奖励支持其行政区域内补短板、惠民生项目建设。(国家发展改革委组织实施)

七、财政预算执行、盘活财政存量资金、国库库款管理、推进财政资金统筹使用、预算公开等财政管理工作完成情况较好的省(区、市)、计划单列市北京市、江苏省、浙江省、安徽省、山东省、湖北省、陕西省、新疆维吾尔自治区,福建省厦门市、广东省深圳市。

2017年对上述省(区、市)、计划单列市推荐的财政管理工作先进典型市(州)、县(市、区),利用督查收回的专项转移支付沉淀资金等予以奖励,每个市(州)奖励资金不低于2000万元,每个县(市、区)奖励资金不低于1000万元,并适当体现向中、西部地区倾斜。(财政部组织实施)

八、推广政府和社会资本合作(PPP)模式成效明显、社会资本参与度较高的市、县(市、区)

山西省吕梁市,内蒙古自治区赤峰市、乌海市海勃湾区,吉林省公主岭市,江苏省海安县,浙江省桐庐县,安徽省阜阳市、萧县、金寨县,山东省济宁市、即墨市、郓城县,河南省洛阳市、汝州市、长垣县,湖北省襄阳市、钟祥市,湖南省宜章县、吉首市,海南省海口市,重庆市合川区,四川省宜宾市、岳池县,贵州省六盘水市、凯里市,云南省大理市,陕西省麟游县,甘肃省武威市、张掖市甘州区,新疆维吾尔自治区鄯善县。

2017年对上述市、县(市、区)在PPP项目以奖代补政策评审时予以优先支持,对于进入中央财政PPP示范项目名单且通过评审的新建项目,投资规模3亿元以下的项目奖励300万元,3亿元(含3亿元)至10亿元的项目奖励500万元,10亿元以上(含10亿元)的项目奖励800万元;对上述市、县(市、区)在安排中央预算内投资PPP项目前期工作专项补助时给予优先倾斜和支持。(财政部、国家发展改革委组织实施)

九、促进社会投资健康发展、企业债券发行、金融创新和风险防范等工作

成效较明显的市(州)、市辖区

江苏省南通市、浙江省舟山市、安徽省亳州市、江西省南昌市、湖北省武汉市、湖南省长沙市、广东省深圳市福田区、广西壮族自治区柳州市、重庆市大足区、贵州省黔西南布依族苗族自治州。

从2017年起两年之内,对上述市(州)、市辖区行政区域内企业申请企业债券实行"直通车"机制(企业直接向国家发展改革委申报,不需省级发展改革部门转报)。(国家发展改革委组织实施)

十、地方水利建设投资落实较好、中央水利建设投资计划完成率较高的省(市)

浙江省、安徽省、山东省、重庆市、云南省。

2017年对上述省(市)在安排年度中央水利建设投资计划时,从大型灌区续建配套与节水改造、流域面积3000平方公里以上中小河流治理、坡耕地水土流失综合治理等3类项目中选取一类,综合考虑该类型项目前期工作进展等情况,在平均测算各省份年度中央投资规模的基础上,给予提高10%以上额度的奖励。(水利部、国家发展改革委组织实施)

十一、土地集约节约利用成效较好、闲置土地较少的市(盟)、县(市、区)

天津市武清区、静海区,河北省石家庄市栾城区、唐山市丰南区、武安市、高碑店市、枣强县,内蒙古自治区锡林郭勒盟,上海市嘉定区、青浦区、奉贤区,江苏省南京市江宁区、如皋市、海安县、高邮市、泰兴市,浙江省杭州市余杭区、瑞安市、苍南县、海宁市、安吉县,安徽省长丰县、固镇县、明光市、舒城县,福建省龙岩市,江西省宜春市,山东省泰安市,河南省登封市、兰考县、武陟县、鹿邑县、泌阳县,湖北省武汉市东西湖区、宜城市、汉川市、松滋市、咸宁市咸安区,广东省东莞市,广西壮族自治区贵港市,四川省金堂县、广汉市、犍为县、青神县、华蓥市,贵州省凤冈县、黔西县、普安县、福泉市、荔波县,云南省保山市,西藏自治区日喀则市,陕西省韩城市,青海省海东市。

2017年对上述市(盟)、县(市、区)给予新增建设用地计划指标奖励。每个市(盟)奖励用地计划指标5000亩,每个县(市、区)奖励用地计划指标1000亩。奖励指标在2017年全国土地利用计划中单独列出,纳入计划执行管理。(国土资源部组织实施)

十二、实施创新驱动发展战略、推进自主创新和发展高新技术产业成效明显的省

浙江省、湖南省、广东省、陕西省、甘肃省。

2017年对上述省优先支持其行政区域内1家符合条件的国家自主创新示范区或国家高新技术产业开发区扩区或调整区位,优先支持其行政区域内1家符合条件且发展基础较好的省级高新技术产业开发区升级为国家高新技术产业开发区。(科技部组织实施)

十三、推动双创政策落地、扶持双创支撑平台、构建双创发展生态等方面大胆探索、勇于尝试、成效明显的省(市)

北京市、上海市、浙江省、湖北省、广东省。

2017年对上述省(市)优先支持建设双创示范基地,在中央预算内投资安排方面予以重点倾斜;优先支持举办"创响中国"等重大活动,将有关成果在大众创业万众创新活动周主会场中予以重点展示。(国家发展改革委组织

实施）

十四、推动实施"中国制造2025"、促进工业稳增长和转型升级成效明显的市、直辖市辖区

北京市顺义区，内蒙古自治区包头市，吉林省长春市，黑龙江省哈尔滨市，上海市嘉定区，江苏省南通市，浙江省宁波市、嘉兴市，安徽省芜湖市，福建省厦门市，山东省青岛市、烟台市，湖北省武汉市，广东省东莞市，重庆市璧山区。

2017年对上述市、直辖市辖区在新型工业化产业示范基地布局、"中国制造2025"城市、智能制造和服务型制造等试点示范方面予以优先支持。（工业和信息化部组织实施）

十五、大力培育发展战略性新兴产业、推动特色优势产业转型升级成效明显的市

江苏省泰州市、安徽省芜湖市、江西省景德镇市、山东省淄博市、河南省新乡市、湖北省宜昌市、湖南省株洲市、甘肃省金昌市。

2017年对上述市优先支持战略性新兴产业集聚区建设，在重大政策先行先试、重大产业布局和重大项目落地上予以倾斜，在创新转型发展、创新创业、"互联网+"等有关工作或项目申报中予以优先支持。（国家发展改革委组织实施）

十六、老工业基地调整改造力度较大，支持传统产业改造、培育新产业新业态新模式、承接产业转移和产业合作等工作成效突出的市、直辖市辖区

北京市石景山区、山西省长治市、内蒙古自治区包头市、辽宁省沈阳市、

吉林省吉林市、黑龙江省大庆市、安徽省铜陵市、江西省萍乡市、山东省淄博市、河南省洛阳市、湖北省十堰市、湖南省株洲市、重庆市荣昌区、四川省自贡市、贵州省六盘水市、甘肃省白银市、宁夏回族自治区石嘴山市。

2017年对上述市、直辖市辖区优先支持设立产业转型升级示范区和示范园区,优先支持在重大改革和重大政策方面先行先试。(国家发展改革委组织实施)

十七、落实鼓励和支持就业创业政策措施工作力度大,促进城镇失业人员再就业、就业困难人员就业等任务完成较好的省(市)

天津市、江苏省、安徽省、山东省、湖北省。

2017年对上述省(市)在安排中央就业补助资金时给予倾斜和支持。(财政部、人力资源社会保障部组织实施)

十八、在扶贫开发工作成效考核中认定为完成年度计划、减贫成效显著、综合评价好的省(区、市)

安徽省、湖北省、广西壮族自治区、重庆市、四川省、贵州省、西藏自治区、甘肃省。

2017年对上述省(区、市)在分配中央财政专项扶贫资金时给予一定奖励。(财政部、国务院扶贫办组织实施)

十九、易地扶贫搬迁工作积极主动、成效明显的省

山东省、湖北省、四川省、贵州省。

2017年对上述省通过易地扶贫搬迁中央预算内投资等渠道给予倾斜支持。(国家发展改革委组织实施)

二十、棚户区改造、农村危房改造工作积极主动、成效明显的省（区）

安徽省、山东省、湖南省、贵州省、陕西省（棚户区改造）；安徽省、广西壮族自治区、海南省、云南省、新疆维吾尔自治区（农村危房改造）。

2017年对棚户区改造工作成效明显的省，在安排保障性安居工程中央预算内投资和中央财政城镇保障性安居工程专项资金时，给予适当奖励或倾斜支持；对农村危房改造工作成效明显的省（区），在制定中央财政农村危房改造补助资金分配方案时，将激励因素纳入分配因素，按因素法分配补助资金。（住房城乡建设部、国家发展改革委、财政部组织实施）

二十一、公立医院综合改革成效较为明显的县（市、区）和试点城市

北京市延庆区，天津市滨海新区，河北省巨鹿县，山西省孝义市，内蒙古自治区乌海市，辽宁省海城市，吉林省农安县，黑龙江省萝北县，上海市闵行区，江苏省启东市，浙江省宁波市、长兴县，安徽省蚌埠市、天长市，福建省三明市、尤溪县，江西省新余市、芦溪县，山东省威海市，河南省中牟县，湖北省当阳市，湖南省株洲市，广东省深圳市，广西壮族自治区柳州市，海南省陵水黎族自治县，重庆市江津区，四川省南充市、新津县，贵州省余庆县，云南省禄丰县，西藏自治区拉萨市，陕西省宝鸡市、子长县，甘肃省庆阳市，青海省西宁市、互助土族自治县，宁夏回族自治区银川市、盐池县，新疆维吾尔自治区库车县，新疆生产建设兵团第十三师。

2017年对上述县（市、区）和试点城市等，在公立医院综合改革中央财政补助资金下达相关省（区、市）后，由省（区、市）统筹按一定比例或额度给予奖励。（国家卫生计生委、财政部组织实施）

二十二、落实养老服务业支持政策积极主动、养老服务体系建设成效明显的省(市)

北京市、黑龙江省、江苏省、安徽省、重庆市、陕西省。

2017年对上述省(市)在安排年度养老服务体系建设中央预算内投资计划时，从该专项中央预算内投资总量中单独切出4%的比例予以资金倾斜；在安排年度民政部本级彩票公益金补助地方老年人福利类项目时，通过工作绩效因素(占10%的权重)予以资金倾斜。(国家发展改革委、财政部、民政部组织实施)

二十三、环境治理工程项目推进快，重点区域大气、重点流域水环境质量明显改善的市

江苏省南通市、浙江省台州市、安徽省铜陵市、山东省淄博市。

2017年中央财政年度大气和水污染防治专项资金下达有关省后，由有关省统筹中央财政切块下达的资金，安排一定的比例对上述市给予奖励。(环境保护部、财政部组织实施)

二十四、落实重大政策措施成效明显、创造典型经验做法且受到国务院督查表扬的市(地、州)、县(市、区)

北京市海淀区、通州区，天津市武清区、静海区，河北省保定市、武安市，山西省大同市，内蒙古自治区通辽市、额尔古纳市，辽宁省盘锦市、北票市，吉林省长春市九台区、梅河口市，黑龙江省东宁市，上海市虹口区、松江区，江苏省南通市、南京市江宁区，浙江省杭州市滨江区、浦江县，安徽省芜湖市、萧县，福建省泉州市、厦门市海沧区，江西省井冈山市、樟树市，山东省淄博市、

荣成市,河南省漯河市、兰考县,湖北省大冶市、枝江市,湖南省常德市、湘潭县,广东省汕头市、佛山市禅城区,广西壮族自治区钦州市、东兴市,海南省琼海市,重庆市大足区、江津区,四川省德阳市、遂宁市船山区,贵州省黔南布依族苗族自治州,云南省砚山县,西藏自治区山南市,陕西省汉中市、蓝田县,甘肃省陇南市、会宁县,青海省海东市,宁夏回族自治区银川市、宁东能源化工基地(自治区辖功能区),新疆维吾尔自治区和田地区、阿拉山口市,新疆生产建设兵团第八师。

2017年对上述市(地、州)、县(市、区)等在国务院大督查实地督查中予以"免督查"。(国务院办公厅组织实施)

国务院关于开展第四次大督查的通知

国发明电〔2017〕1号

各省、自治区、直辖市人民政府,新疆生产建设兵团,国务院各部委、各直属机构:

今年以来,面对复杂多变的国内外形势,在以习近平同志为核心的党中央坚强领导下,各地区、各部门认真贯彻落实中央经济工作会议部署和《政府工作报告》提出的任务要求,坚持稳中求进工作总基调,以推进供给侧结构性改革为主线,稳增长、促改革、调结构、惠民生、防风险各项工作取得积极成效。但在一些地方、一些方面,仍然存在工作不落实、政策不落地、改革不深入、进展不平衡的现象,仍有一些干部庸政懒政怠政不作为,影响政策效力和改革红利持续释放。为进一步推动党中央、国务院重大决策部署和政策措施贯彻落实,按照李克强总理在中央经济工作会议上关于今年继续开展国务院大督查的重要讲话精神,国务院决定对各地区和各部门工作开展第四次大督查。现就有关事项通知如下:

一、总体要求

围绕中央经济工作会议部署和《政府工作报告》提出的任务要求,切实发挥督查抓落实、促发展的"利器"作用,深入了解党中央、国务院重大决策部署贯彻落实情况,进一步强化各地区、各部门抓落实主体责任,推动解决影响政策落实的突出问题,促进稳增长、促改革、调结构、惠民生、防风险政策措施落到实处,确保经济运行在合理区间,推动实现经济平稳健康发展和社会和谐稳定,以优异成绩迎接党的十九大胜利召开。

二、督查重点

这次督查的重点内容是推进供给侧结构性改革、适度扩大总需求、推动新旧动能转换、保障和改善民生、防范重点领域风险等五个方面工作。

(一)推进供给侧结构性改革。2017年压减5000万吨左右钢铁产能,退出1.5亿吨以上煤炭产能,淘汰、停建、缓建5000万千瓦以上煤电产能,有效处置"僵尸企业"情况。取缔"地条钢"产能情况。加强房地产市场分类调控,推动库存较大的三四线城市去库存,推进600万套棚户区住房改造,继续发展公租房等保障性住房,因地制宜、多种方式提高货币化安置比例,加快居住证制度全覆盖情况。促进企业盘活存量资产,推进资产证券化,支持市场化法治化债转股,发展多层次资本市场,加大股权融资力度情况。落实和完善全面推开营改增政策,全面清理规范各类涉企收费特别是地方开展清费工作,落实扩大享受企业所得税优惠的小型微利企业范围、提高科技型中小企业研发费用税前加计扣除比例等一系列减税措施,降低企业用能、物流成本等情况。推进农业供给侧结构性改革情况。推进国企国资改革情况。加快完善知识产权保护制度情况。

(二)适度扩大总需求。加快发展服务消费,支持社会力量提供教育、文化、养老、医疗等服务,发展医养结合、文化创意等新兴消费,以及开展质量提升行动,引导企业增品种、提品质、创品牌等情况。2014—2017年中央预算内投资项目建设,2017年完成8000亿元铁路建设投资、1.8万亿元公路水运投资,再开工建设2000公里以上城市地下综合管廊,水利、轨道交通、民用和通用航空、电信基础设施等重点项目建设,"十三五"规划纲要确定的165项重大工程项目建设等情况。贯彻落实促进民间投资"26条"政策措施,推进政府和社会资本合作(PPP)情况。促进加工贸易向中西部地区梯度转移,推广国际贸易"单一窗口",促进外商投资等情况。压减一般性支出,盘活财政沉淀资金情况。

(三)推动新旧动能转换。持续推进大众创业、万众创新,新建一批"双创"示范基地和专业化众创空间,加强对创新型中小微企业支持,打造面向大众的"双创"全程服务体系等情况。加快培育壮大新兴产业,全面实施战略性新兴产业发展规划,出台分享经济发展指南和互联网市场准入负面清单,支持大中小企业融通发展等情况。推动网络提速降费,全部取消手机国内长途和漫游费,大幅降低中小企业互联网专线接入资费,降低国际长途电话费情况。提升科技创新能力,落实股权期权和分红等激励政策,落实科研经费和项目管理制度改革情况。促进传统产业加快改造提升,推动实体经济优化结构,深入实施《中国制造2025》,建设"中国制造2025"试点示范城市(群)和智能制造示范区,推进工业强基、重大装备专项工程,鼓励企业加强技术改造等情况。大型商业银行在2017年内完成普惠金融事业部设立情况。全国"放管服"改革专项督查发现的问题整改落实情况。

(四)保障和改善民生。实施高校毕业生就业创业促进计划,开展零就业家庭精准帮扶,2017年完成城镇新增就业1100万人以上等情况。促进义务教育均衡发展情况。推进全国医保信息联网,实现异地就医住院费用直接结算情况。全面启动多种形式的医疗联合体建设试点,扩大分级诊疗试点和家庭签约服务等情况。2017年再减少1000万以上农村贫困人口,完成340万人易地扶贫搬迁任务落实情况。强化环境污染防治特别是雾霾治理情况。困难群众基本生活保障情况。提高中央财政自然灾害生活补助标准,2016年洪涝灾害中倒损民房恢复重建情况。解决农民工工资拖欠问题情况。

(五)防范重点领域风险。防范化解不良资产风险,严密防范流动性风险,有效防控影子银行风险,防范处置债券违约风险情况。稳妥推进地方政府存量债务置换,降低政府债务成本,查处违法违规融资担保,严控"明股实债"等变相举债行为情况。防范、处置和打击非法集资情况。开展互联网金融风险专项整治等情况。规范企业走出去投资经营行为等情况。

此外,对本届政府"约法三章"等公开承诺事项、"十三五"规划纲要重要目标任务落实情况开展督查。

三、督查安排

（一）全面自查。各地区、各部门要围绕中央经济工作会议部署和《政府工作报告》提出的任务要求，对照五个方面督查重点，从接到本通知之日起全面开展自查。自查工作必须严肃认真，深入总结梳理工作落实情况，切实查找工作中存在的突出问题和薄弱环节，研究提出管用、长效的整改措施，于2017年7月5日前将自查情况报告报国务院。自查情况报告要坚持问题导向、目标导向，反映问题、提出整改措施及相关建议的篇幅应达到报告总篇幅的60%。

（二）实地督查。实地督查要聚焦突出问题，不搞面面俱到。综合考虑东中西部区域经济发展情况，在全面自查基础上，国务院将于2017年7月中旬派出督查组，选择重要经济指标排名相对靠后、重点工作任务进度相对滞后、有关问题相对集中的部分地区进行实地督查。同时，选择《政府工作报告》重点目标任务完成进度较慢、有关督查发现的重点问题整改力度需进一步加大的部分国务院部门，组织开展书面督查。

国务院

2017年5月30日

国务院办公厅关于督查问责典型案例的通报

国办发〔2017〕53号

各省、自治区、直辖市人民政府,国务院各部委、各直属机构:

为贯彻落实党中央、国务院关于加强督促检查、严肃责任追究的决策部署,根据李克强总理关于严厉整肃庸政懒政怠政行为的重要指示批示精神,2017年2月至5月,国务院办公厅会同监察部等有关部门,对国务院第三次大督查、审计署跟踪审计及部门专项督查发现的中央预算内投资项目进展迟缓、财政资金闲置沉淀、涉企乱收费、落实"放管服"改革政策不到位、公租房大量空置、医保基金管理使用不到位以及套取挪用侵占保障性住房资金、扶贫资金等方面突出问题,组织开展了核查问责工作。各有关地方和部门经认真核查,依法依规对117个问题涉及的1089人进行了问责和处理。为进一步严肃纪律,发挥负面典型的警示教育作用,经国务院同意,现将其中16个典型案例通报如下:

一、北京市工程建设质量管理协会涉企乱收费问题。2015年1月至2016年6月,北京市工程建设质量管理协会违反《社会组织评比达标表彰活动管理暂行规定》(国评组发〔2012〕2号)关于社会组织"不得在评选前后收取各种相关费用或者通过其他方式变相收费"的规定,在开展北京市建筑长城杯工程评审过程中,要求参评建筑企业按照建筑规模缴纳咨询服务费,共收取202.1万元。北京市工程建设质量管理协会会长、北京建工集团有限责任公司总工程师冯跃受到党内警告处分,北京市社会团体管理办公室主任温庆云、北京市人民政府军队离休退休干部安置办公室副主任郭保国(时任北京市社会团体管理办公室副主任)受到诫勉谈话处理,北京市民政局基层政权和社区建设处副处长许晨龙(时任北京市社会团体管理办公室社团编制处副处长)受到党内警告处分。

二、河北省唐山市3个中央预算内投资项目严重拖期问题。2012年10月,河北省唐山市孙家庄保障性住房项目廉租住房工程(一期)、孙家庄保障性住房项目廉租住房工程(一期)配套基础设施和女织寨保障性住房项目廉租住房工程配套基础设施3个项目获批立项,截至2016年9月底尚未开工,涉及中央预算内投资7223万元。唐山市政府被责令作出检查,唐山市高新技术产业开发区管委会主任庞秋原(时任唐山市发展改革委主任)、唐山市住房和城乡建设局局长李再东受到诫勉谈话处理,唐山市发展改革委副主任徐光亮、唐山市住房和城乡建设局副调研员张金池受到行政警告处分。

三、山西省方山县1个中央预算内投资项目严重拖期问题。2012年7月,山西省方山县水泥厂棚户区改造项目获批立项,截至2016年9月底尚未开工,涉及中央预算内投资5655万元。方山县人大常委会副主任刘林梅(时任方山县副县长)受到诫勉谈话处理,方山县发展改革局局长穆天新(时任方山县城乡建设局局长)、时任方山县国土资源局局长李喜照(已免职)受到行政警告处分,时任方山县水泥厂厂长牛继丑(已退休)受到党内警告处分,其他3名相关责任人受到通报批评。

四、辽宁省开原市财政局挪用保障性安居工程资金问题。2012年至2015

年，辽宁省开原市财政局挪用保障性安居工程财政专项资金1390.51万元，用于补充行政办公经费。开原市副市长刘长宏（时任开原市财政局局长）、开原市财政局副局长玄昌林、开原市财政局国库股股长高晶悦受到行政记过处分，时任开原市常务副市长康树柏（已免职）受到行政警告处分。

五、黑龙江省哈尔滨市有关单位对药店违规利用医保个人账户刷卡销售日用品监管不到位问题。2015年1月至2016年6月，由于黑龙江省哈尔滨市医保中心等单位监管不到位，哈尔滨市人民同泰医药连锁店142家分店违规利用医保个人账户刷卡销售日用品，共计1490.75万元。哈尔滨市医保中心党组被责令作出书面检查，哈尔滨市医保中心主任杨林、哈尔滨市人力资源和社会保障局副巡视员任晓鹏（时任哈尔滨市医保中心主任）、哈尔滨市医保中心副主任徐军、哈尔滨市医保中心调研员李延明（时任哈尔滨市医保中心副主任）受到诫勉谈话处理，哈尔滨市医保中心医疗监督科科长陈桂艳、副科长罗英雨受到行政警告处分。

六、安徽省亳州市人民医院违规收取医疗费用问题。2015年1月至2016年6月，安徽省亳州市人民医院通过超标准收费、自立项目收费、重复收费等方式，违规收取医疗费用2314.08万元。亳州市卫生计生委计生家庭发展科科长王文礼受到行政警告处分，亳州市发展改革委（物价局）价格监督检查分局局长徐红侠、副局长詹晶晶受到诫勉谈话处理，亳州市人民医院院长杜运志、副院长闫良、财务部主任尹辉、财务部副主任王靖受到记过处分，亳州市人民医院副院长李含君、药学部主任杨亚辉、设备科科长李敏、护理部主任程亚艳受到警告处分，其他13名相关责任人受到通报批评。

七、江西省南昌市发展改革委涉企乱收费问题。2014年6月至2016年9月，江西省南昌市发展改革委违反《政府核准投资项目管理办法》(国家发展改革委令2014年第11号)关于"评估费用由委托评估的项目核准机关承担"和《国家发展改革委关于进一步放开建设项目专业服务价格的通知》(发改价格〔2015〕299号)关于"有关评估评审费用等由委托评估评审的项目审批、核准或备案机关承担"的规定，将应由自身承担的评估评审费转嫁给项目单位，造成项目单位多缴纳政府核准项目评估评审费共计578.92万元。南昌市新建区委书记(时任南昌市发展改革委主任)李伟被约谈，时任南昌市发展改革委党组成员、总经济师柳华受到行政记过处分，南昌市发展改革委规划法规处处长肖先礼受到行政警告处分。

八、湖南省耒阳市矿产品税费征收管理局涉企乱收费问题。2015年1月至2016年8月，湖南省耒阳市矿产品税费征收管理局受耒阳市林业局、水利局、地税局委托，违规向煤炭企业征收森林植被恢复费、育林基金、耕地占用税和水土流失防治费等4项税费，金额共计1092.33万元。时任耒阳市委副书记、副市长刘革生，耒阳市林业局副局长刘跃华，耒阳市水利局副局长邓晓军，耒阳市政府法制办主任伍琦伟，耒阳市矿产品税费征收管理局综合股股长刘小林受到党内警告处分；衡山县委副书记段晓赛(时任耒阳市常务副市长)、衡阳市高新技术产业开发区地税局局长胡梦麟(时任耒阳市地税局局长)、耒阳市矿产品税费征收管理局局长周绍武、耒阳市广播电视台台长王和云(时任耒阳市物价局局长)受到诫勉谈话处理，其他2名相关责任人受到批评教育。

九、海南省海口市实行"先照后证"改革后有关工商部门履行"双告知"职责不到位问题。2016年1月至5月,海南省海口市工商局、海口市龙华区工商局和海口市保税区工商局按照"先照后证"办理注册登记的药品企业中,有19家药品企业的部分经营活动需要取得食品药品监管部门的药品生产或经营许可,而工商部门未按规定履行"双告知"职责,未及时告知食品药品监管部门以上企业注册登记情况。海南省工商局、海口市工商局被责令作出书面检查,海口市工商局副局长邓剑雄受到诫勉谈话处理,海口市工商局企业注册局局长吴新霞、海口市工商局信息统计办公室主任刘顺玉、海口市龙华区工商局局长文昭徽、海口市保税区工商局局长段树文被责令作出书面检查并受到通报批评。

十、重庆市美丽阳光家园公租房项目大量已建公租房空置问题。2014年9月,重庆市美丽阳光家园公租房项目一期工程竣工公租房5183套,由于项目周边部分道路尚未开工或建成,截至2015年底未分配。重庆市沙坪坝区副区长陈登烈、重庆市城乡建设委员会副巡视员陈建明(时任重庆市城乡建设委员会住房建设处处长)、重庆市地产集团建设管理部副部长田刚(时任重庆市城乡建设委员会住房建设处副处长)、重庆渝富集团总经理何志明、重庆渝富集团纪委书记朱旌(时任重庆渝富集团副总经理)、重庆商业投资集团有限公司总经理覃伟(时任重庆渝富集团副总经理)受到诫勉谈话处理,重庆渝富地产有限公司董事长黄亮(时任重庆市沙坪坝区城乡建设委员会主任)、重庆市沙坪坝区城乡建设委员会副主任张继熊被约谈。

十一、四川省宣汉县部分乡镇套取农村危房改造资金问题。2010年至2014年,四川省宣汉县部分乡镇以重复申请或者编造虚假档案等方式套取农

195

村危房改造财政补助资金216.7万元。达州市公安局副县级干部杨旭东(时任宣汉县副县长)、宣汉县审计局局长彭卫东(时任宣汉县住房城乡建设局局长)、宣汉县庙安乡正科级干部武正洪(时任宣汉县庙安乡人大主席)、宣汉县天宝乡副乡长崔进(时任宣汉县东林乡副乡长)、宣汉县天台乡政府工作人员符必友受到诫勉谈话处理,宣汉县明月乡乡长向涵域、宣汉县住房城乡建设局副局长李权、宣汉县住房城乡建设局机关党委书记郎马涛(时任宣汉县住房城乡建设局村镇股股长)、宣汉县红岭乡财政所工作人员杜胜利受到行政警告处分,宣汉县住房城乡建设局村镇股副股长王显斌受到行政记过处分,宣汉县委农村工作领导小组办公室副主任牟科昌(时任宣汉县红岭乡乡长)、宣汉县庙安乡八庙村村委会主任罗仁权受到党内警告处分,宣汉县东林乡政府工作人员刘东受到党内严重警告处分。

十二、云南省元阳县扶贫资金被套取及大量闲置问题。2013年至2016年,由于云南省元阳县扶贫办、农业局等主管部门未严格履行审核职责,元阳县现代农业开发有限责任公司等单位通过虚报种植面积、虚报工程量等方式,套取扶贫贷款贴息等财政补助资金156.64万元。截至2016年8月底,元阳县部分扶贫项目推进缓慢,983.4万元扶贫资金闲置,未及时发挥效益。元阳县委、县政府被责令作出书面检查,元阳县委书记李维、元阳县县长和爱红、元阳县委统战部部长叶秉明(时任元阳县财政局局长)、元阳县沙拉托乡人大主席张玉勇、元阳县牛角寨乡乡长白川涛、元阳县上新城乡副乡长杨学信受到诫勉谈话处理,元阳县副县级干部龙正福(时任元阳县副县长)、元阳县农业局主任科员马正福(时任元阳县农业局局长)、元阳县民族宗教事务管理局局长陈进忠、元阳县攀枝花乡党委书记朱生明(时任元阳县新街镇镇长)受到党内警告处分,元阳县国土资源局局长叶茂生(时任元阳县扶贫办主任)、元阳县上新城乡人大主席普志鑫(时任元阳县新街镇副镇长)受到党内严重警告处分,元阳县农业局副局长马志学、元阳县扶贫办小额信贷股股长王建平受到党内严重警告、免职处分,元阳县民族宗教事务管理局经济科负责人白武受到行政记过处分,其他3名相关责任人受到通报批评。

十三、甘肃省甘肃经济日报社借宣传报道扶贫工作之机收费问题。2013年1月至2016年9月,甘肃经济日报社在报道甘肃省扶贫工作典型事例和经验做法时,借机按照自行制定的"广告"收费标准,向30个市县的扶贫管理部门收取费用125.4万元。甘肃日报社副社长、甘肃日报报业集团公司总经理孙加震,甘肃日报社纪委书记王向阳受到诫勉谈话处理;时任甘肃经济日报社总编辑、甘肃经济日报分公司经理韩凤彪受到撤销党内职务、行政撤职处分;时任甘肃经济日报社副总编辑马□受到党内严重警告、行政撤职处分;甘肃经济日报社副总编辑、经营管理中心主任张鹤受到记过处分;时任甘肃经济日报社经营管理中心副主任刘延海受到撤职处分。

十四、宁夏回族自治区中宁县部分乡镇套取农村危房改造资金问题。2015年,宁夏回族自治区中宁县宁安镇、舟塔乡、余丁乡3个乡镇采取编造虚假档案资料的方式,套取农村危房改造财政补助资金3.6万元,用于乡镇其他项目建设。中宁县宁安镇、舟塔乡、余丁乡政府受到通报批评;中宁县新堡镇镇长刘永华(时任中宁县宁安镇副镇长)受到行政记过处分,中宁县新堡镇副主任科员叶维东(时任中宁县余丁乡副乡长)、中宁县余丁乡党委副书记王新录(时任中宁县舟塔乡副乡长)受到行政警告处分,中宁县舟塔乡国土资源所所长田生定、中宁县余丁乡政府工作人员朱占存受到警告处分,中宁县宁安镇民生服务中心工作人员秦学芳受到记过处分。

十五、国土资源部所属中国土地勘测规划院资金闲置沉淀问题。截至2016年9月底,中国土地勘测规划院"第二次全国土地调查项目"结余资金954.31万元,资金闲置超过2年未及时清理。中国土地勘测规划院领导班子被责令作出检查,中国土地勘测规划院副总工程师孙毅受到通报批评。

十六、中国机械工业质量管理协会"QC小组活动诊断师"职业资格未实际取消问题。2014年,国务院取消了"QC小组活动诊断师"职业资格。2015年,中国机械工业质量管理协会仍继续对"全国机械工业群众性质量管理活动诊断师"(实际为"QC小组活动诊断师")职业资格进行续证登记,对新申报该职业资格的人员进行培训,"QC小组活动诊断师"职业资格未实际取消。中国机械工业质量管理协会党支部被责令作出书面检查,中国机械工业质量管理协会副会长兼秘书长王建和、副会长郭学俊受到诚勉谈话处理。

以上16个典型案例说明,一些地方和单位在贯彻落实党中央、国务院决策部署中存在有令不行、有禁不止情况,少数干部漠视群众利益,在工作中虚作为、慢作为、不作为、乱作为。这些问题严重影响了政策效力和改革红利充分释放,严重损害了人民群众利益,严重损害了党和政府公信力。对庸政懒政怠政突出问题进行严肃处理,依法依规对相关责任人予以严肃问责,充分体现了党中央、国务院维护政令畅通、狠抓贯彻落实的坚定决心。各级政府及其工作人员要从中深刻汲取教训,举一反三,引以为戒。

当前，我国正处于全面建成小康社会决胜阶段、新旧动能转换和经济结构升级的关键时期，改革发展稳定任务艰巨繁重。各地区、各部门要牢固树立政治意识、大局意识、核心意识、看齐意识，自觉同以习近平同志为核心的党中央保持高度一致，坚决维护党中央权威，服从党中央的集中统一领导，有令必行、有禁必止。要把确保党和国家方针政策贯彻落实作为重要政治纪律，对党中央、国务院重大决策部署，必须不折不扣坚决贯彻执行，绝不允许阳奉阴违、做选择、搞变通。要建立健全常态化督查机制，严格落实工作责任，层层传导责任压力，以钉钉子精神狠抓工作落实，切实发挥督查抓落实、促发展的"利器"作用，确保党中央、国务院重大决策部署落地生效。要加大督查问责力度，严厉整肃庸政懒政怠政行为。对执行政策不力、工作落实不到位的，坚决纠正，督促整改；对失职渎职、造成严重后果的，严肃追责，绝不迁就。要坚持以奖惩并举促勤政有为，进一步完善督查激励机制和容错纠错机制，广泛调动和激发各方面的积极性主动性创造性，推动形成干事创业、竞相发展的良好局面，促进经济平稳健康发展和社会和谐稳定，以优异成绩迎接党的十九大胜利召开。

国务院办公厅

2017年6月8日

国务院办公厅关于对国务院
第四次大督查发现的典型经验做法给予表扬的通报

国办发〔2017〕83号

各省、自治区、直辖市人民政府,国务院各部委、各直属机构:

为进一步推动党中央、国务院重大决策部署贯彻落实,近期,国务院部署开展了第四次大督查。从督查情况看,各地区、各部门在以习近平同志为核心的党中央坚强领导下,认真落实中央经济工作会议部署和《政府工作报告》确定的各项任务,迎难而上、锐意进取,推动经济运行保持在合理区间,为实现全年经济社会发展主要目标任务奠定了坚实基础。在对18个省(区、市)开展实地督查中,发现有关地方在着力推进"三去一降一补",深入实施创新驱动发展战略,深化"放管服"改革,促进创业创新,更好激发市场活力、增强企业竞争力、调动社会创造力,培育新动能、改造提升传统动能,防范化解风险和努力改善民生等方面,出新招、出实招、出硬招,创造和形成了一些好的经验做法,具有较强的学习借鉴意义。

为表扬先进,宣传典型,进一步调动和激发各方面真抓实干、改革创新的积极性、主动性和创造性,推动形成谋事创业、竞相发展的良好局面,经国务院同意,对天津市实施百万技能人才培训福利计划为产业转型升级提供人才支撑等22项地方典型经验做法予以通报表扬。希望受到表扬的地区珍惜荣誉,发扬成绩,再接再厉,作出新的更大贡献。

各地区、各部门要坚决贯彻落实党中央、国务院决策部署,坚持稳中求进工作总基调,坚持以新发展理念引领经济发展新常态,坚持以提高发展质量和效益为中心,坚持以推进供给侧结构性改革为主线,认真学习借鉴典型经验做法,结合实际创造性开展工作,发扬钉钉子精神,狠抓落实,开拓奋进,扎实推动稳增长、促改革、调结构、惠民生、防风险政策措施落地生效,保持经济平稳健康发展和社会和谐稳定,以优异成绩迎接党的十九大胜利召开。

附件:国务院第四次大督查发现的典型经验做法(共22项)

国务院办公厅

2017年9月29日

附件

国务院第四次大督查发现的典型经验做法

(共22项)

1.天津市实施百万技能人才培训福利计划为产业转型升级提供人才支撑。

2.天津市向科技型企业选派科技特派员加速科技成果转化。

3.河北省建立全链条服务体系扶持科技型中小企业成长。

4.河北省邯郸市推行"健康小屋"下沉优质医疗资源。

5.山西省实施高速公路差异化收费降低企业物流成本。

6.内蒙古自治区创新电力交易机制减少企业用能成本。

7.吉林省吉林市建设校城融合"双创"基地推动新兴产业发展。

8.黑龙江省建立大学生创业政策支持体系激发大学生创新创业活力。

9.江苏省推行"不见面"审批服务最大程度利企便民。

10.浙江省推进"最多跑一次"改革方便企业群众办事。

11.浙江省舟山市打造远程医疗协作网为海岛群众建设家门口的医院。

12.山东省建设创业大学加快创新人才培养。

13.河南省出台有力扶持政策支持农民工返乡创业。

14.河南省实施"三十五证合一"改革以注册登记便利化激发市场活力。

15.湖北省武汉市综合施策支持民营经济健康发展。

16.湖南省优化营商环境促进民间投资加快发展。

17.广东省推进投资便利化改革激发外商投资活力。

18.重庆市两江新区多措并举推进不动产登记制度改革。

19.贵州省以大数据为载体推动传统产业转型升级。

20.云南省设立驻外商务代表处实现双向贸易投资良性发展。

21.陕西省杨凌农业高新技术产业示范区实施工商登记"微信办照"改革降低企业群众办事成本。

22.甘肃省积极推进电力体制改革助推企业降本增效。

国务院办公厅关于对2017年落实有关重大政策措施真抓实干成效明显地方予以督查激励的通报

国办发〔2018〕28号

各省、自治区、直辖市人民政府，国务院各部委、各直属机构：

为进一步加大正向激励，充分调动和激发各地从实际出发干事创业的积极性、主动性和创造性，推动形成主动作为、竞相发展的生动局面，根据《国务院办公厅关于对真抓实干成效明显地方加大激励支持力度的通知》（国办发〔2016〕82号），结合国务院大督查、专项督查和部门日常督查情况，经国务院同意，对2017年落实推进供给侧结构性改革、适度扩大总需求、深化创新驱动、优化营商环境、保障和改善民生等有关重大政策措施真抓实干、取得明显成效的25个省（区、市）、82个市（地、州、盟）、116个县（市、区、旗）等予以督查激励，相应采取24项奖励支持措施。希望受到督查激励的地方珍惜荣誉，再接再厉，取得新的更大成绩。

2018年是全面贯彻党的十九大精神的开局之年，是改革开放40周年，是决胜全面建成小康社会、实施"十三五"规划承上启下的关键一年。各地区、各部门要更加紧密地团结在以习近平同志为核心的党中央周围，高举中国特色社会主义伟大旗帜，以习近平新时代中国特色社会主义思想为指导，全面深入贯彻党的十九大和十九届二中、三中全会精神，坚持稳中求进工作总基调，坚持新发展理念，坚持以供给侧结构性改革为主线，围绕大力推动高质量发展、加大改革开放力度、打好三大攻坚战,锐意进取、积极作为,真抓实干、埋头苦干,以钉钉子精神狠抓各项工作落实,确保党中央、国务院决策部署不折不扣落实到位,圆满完成全年经济社会发展主要目标任务,为决胜全面建成小康社会、夺取新时代中国特色社会主义伟大胜利作出新的贡献。

附件:2017年落实有关重大政策措施真抓实干成效明显的地方名单及激励措施

国务院办公厅

2018年4月28日

附件

2017年落实有关重大政策措施真抓实干
成效明显的地方名单及激励措施

一、深化商事制度改革成效显著、落实事中事后监管等相关政策措施社会反映好的市(地)、县(市、区)

北京市海淀区、天津市河西区、河北省邯郸市、内蒙古自治区呼和浩特市、辽宁省鞍山市、吉林省长春市、黑龙江省绥化市北林区、上海市长宁区、江苏省苏州市、浙江省宁波市、江西省瑞昌市、山东省东营市、河南省开封市、湖北省武汉市、广东省江门市、广西壮族自治区南宁市、重庆市渝北区、贵州省毕节市、西藏自治区阿里地区、陕西省富平县。(按行政区划排列,下同)

2018年对上述市（地）、县（市、区）优先选择为企业登记注册便利化改革，社会共治、风险分类监管、大数据监管等事中事后监管工作的试点地区，优先授予外商投资企业登记注册权限。（国家市场监督管理总局组织实施）

二、化解钢铁、煤炭过剩产能工作成效总体较好的省（区、市）

河北省、江苏省、山东省、河南省、重庆市（化解钢铁过剩产能）；河北省、山西省、内蒙古自治区、辽宁省、河南省（化解煤炭过剩产能）。

2018年对上述省（区、市）在安排工业企业结构调整专项奖补资金时，根据超额完成化解钢铁、煤炭过剩产能目标任务量情况给予该省份当年基础奖补资金一定比例的梯级奖补资金。（财政部、国家发展改革委、工业和信息化部、人力资源社会保障部组织实施）

三、积极优化营商环境、推进内贸流通体制改革和服务贸易创新发展、促进外贸继续回稳向好及落实外资政策措施成效明显的省（市）

山西省、上海市、福建省、河南省、重庆市、四川省。

2018年对上述省（市）优先支持其行政区域内1家符合条件的国家级经济技术开发区扩区或调整区位。（商务部组织实施）

四、改善地方科研基础条件、优化科技创新环境、促进科技成果转移转化以及落实国家科技改革与发展重大政策成效较好的省（市）、计划单列市

北京市、河北省、江苏省、江西省，广东省深圳市。

2018年对上述省（市）、计划单列市在中央引导地方科技发展专项资金分配中的管理因素权重按满分计算，加大资金倾斜支持力度。（科技部、财政部组织实施）

五、营造诚实守信金融生态环境、维护良好金融秩序工作成效较好的省（市）

浙江省、江西省、河南省、广东省、重庆市、贵州省。

2018年支持上述省（市）或其辖内地区开展金融改革创新先行先试，在同等条件下对其申报金融改革试验区等方面给予重点考虑和支持，在相关领域加大再贷款、再贴现的支持力度，鼓励符合条件的全国性股份制银行在上述地区开设分支机构，支持符合条件的企业发行"双创"公司债券、绿色公司债券等金融创新产品。（人民银行、中国银行保险监督管理委员会、证监会组织实施）

六、固定资产投资保持稳定增长、中央预算内投资完成率较高的省（区）

广西壮族自治区、海南省、贵州省、云南省、陕西省。

2018年对上述省（区）在中央预算内投资既有专项中统筹安排投资，用于奖励支持其相关专项项目建设。（国家发展改革委组织实施）

七、财政预算执行、盘活财政存量资金、国库库款管理、推进财政资金统筹使用、预算公开等财政管理工作完成情况较好的省（市）、计划单列市

北京市、江苏省、浙江省、安徽省、山东省、河南省、湖北省、云南省、陕西省，山东省青岛市。

2018年对上述省（市）、计划单列市推荐的财政管理工作先进典型市（州）、县（市、区），利用督查收回的专项转移支付沉淀资金、年度预算中单独安排的资金等予以奖励，每个市（州）奖励资金不低于2000万元，每个县（市、区）奖励资金不低于1000万元，并适当体现向中、西部地区倾斜。（财政部组织

实施）

八、推广政府和社会资本合作（PPP）模式工作有力、社会资本参与度较高的市、县（市、区、旗）

河北省河间市，山西省阳曲县，内蒙古自治区扎赉特旗，吉林省珲春市，黑龙江省肇源县，江苏省南京市、沛县，浙江省温州市洞头区，安徽省宿州市、宁国市，江西省会昌县，山东省菏泽市、荣成市，河南省郑州市、固始县，湖北省荆门市、宜昌市夷陵区，湖南省常德市、凤凰县，广西壮族自治区南宁市，四川省平昌县，陕西省西安市，甘肃省张掖市、榆中县，青海省贵德县，新疆维吾尔自治区乌鲁木齐市、库尔勒市。

2018年对上述市、县（市、区、旗）在PPP项目以奖代补政策评审时予以优先支持，对于进入中央财政PPP示范项目名单且通过评审的新建项目，投资规模3亿元以下的项目奖励300万元，3亿元（含3亿元）至10亿元的项目奖励500万元，10亿元以上（含10亿元）项目奖励800万元；对上述市、县（市、区、旗）在2019年安排中央预算内投资PPP项目前期工作专项补助时给予优先倾斜和支持。（财政部、国家发展改革委组织实施）

九、促进社会投资健康发展、企业债券发行、债券品种创新与风险防范等工作成效较明显的市、直辖市辖区

江苏省泰州市、浙江省舟山市、安徽省滁州市、江西省南昌市、湖南省长沙市、广东省佛山市、重庆市潼南区、四川省泸州市、贵州省铜仁市、陕西省安康市。

从2018年起两年之内，对上述市、直辖市辖区行政区域内企业申请企业

债券实行"直通车"机制（企业直接向国家发展改革委申报，不需省级发展改革部门转报）。（国家发展改革委组织实施）

十、地方水利建设投资落实较好、中央水利建设投资计划完成率较高的省

江苏省、安徽省、湖北省、贵州省、云南省。

2018年对上述省在安排年度中央预算内水利投资计划时给予适当奖励，每个省增加安排中央预算内投资1000万元，相应减少所安排项目的地方建设投资规模。（水利部、国家发展改革委组织实施）

十一、土地节约集约利用、土地利用秩序、土地利用计划执行好的市（盟）、县（市、区）

内蒙古自治区阿拉善盟，辽宁省海城市、凤城市、大石桥市、盘山县、建平县，上海市宝山区，江苏省太仓市、海门市、东台市、泰兴市、沭阳县，浙江省杭州市西湖区、杭州市余杭区、宁波市江北区、嘉善县、舟山市定海区，安徽省肥东县、当涂县、霍山县、东至县、宁国市，福建省福州市，江西省乐平市、永修县、大余县、吉水县、上饶市信州区，山东省沂源县、龙口市、诸城市、肥城市、五莲县，河南省巩义市、开封市祥符区、汝州市、许昌市建安区、民权县，湖北省武汉市，湖南省长沙市望城区、浏阳市、长沙县、桃源县、宁远县，广东省广州市白云区、肇庆市鼎湖区、丰顺县、清远市清新区、新兴县，广西壮族自治区来宾市，重庆市涪陵区、渝北区、长寿区、铜梁区、垫江县，四川省崇州市、眉山市彭山区、宜宾县、武胜县、安岳县，贵州省贵阳市，西藏自治区昌都市，陕西省宝鸡市，宁夏回族自治区贺兰县、吴忠市利通区、盐池县、同心县、泾源县。

2018年对上述市(盟)、县(市、区)给予新增建设用地计划指标奖励。每个市(盟)奖励用地计划指标5000亩,每个县(市、区)奖励用地计划指标1000亩。奖励指标在2018年全国土地利用计划中单独列出,纳入计划执行管理。(自然资源部组织实施)

十二、实施创新驱动发展战略、推进自主创新和发展高新技术产业成效明显的省(市)

北京市、山西省、江西省、广东省、陕西省。

2018年对上述省(市)优先支持其行政区域内1家符合条件的国家自主创新示范区或国家高新技术产业开发区扩区或调整区位,优先支持其行政区域内1家符合条件且发展基础较好的省级高新技术产业开发区升级为国家高新技术产业开发区。(科技部组织实施)

十三、推动双创政策落地、扶持双创支撑平台、构建双创发展生态等方面大胆探索、勇于尝试、成效明显的区域双创示范基地

北京市海淀区、辽宁省大连高新技术产业园区、黑龙江哈尔滨新区、上海市杨浦区、江苏省南京市雨花台区、浙江省杭州经济技术开发区、安徽省合肥高新技术产业开发区、福建省厦门火炬高技术产业开发区、河南省郑州航空港经济综合实验区、湖南湘江新区、广东省深圳市福田区、广西壮族自治区南宁高新技术产业开发区、四川省成都市郫都区、陕西省杨凌农业高新技术产业示范区、新疆维吾尔自治区乌鲁木齐高新技术产业开发区。

2018年对上述区域双创示范基地优先支持申报产业创新中心等创新创业支撑平台建设,在中央预算内投资安排方面予以重点倾斜;对区域内符合

条件的创新创业重大项目，优先推介与国家新兴产业创业投资引导基金、国家中小企业发展基金等对接；优先支持举办"创响中国"等重大活动，将有关成果在大众创业万众创新活动周主会场中予以重点展示。（国家发展改革委组织实施）

十四、推动实施"中国制造2025"、促进工业稳增长和转型升级成效明显的市、直辖市辖区

辽宁省大连市，吉林省长春市，上海市闵行区，江苏省无锡市，浙江省湖州市，安徽省合肥市，福建省厦门市、泉州市，山东省青岛市，湖北省武汉市，湖南省长沙市，广东省佛山市，四川省成都市，贵州省贵阳市。

2018年对上述市、直辖市辖区在新型工业化产业示范基地布局、智能制造和服务型制造等试点示范方面予以优先支持。（工业和信息化部组织实施）

十五、大力培育发展战略性新兴产业、推动特色优势产业转型升级成效明显的市

河北省石家庄市、辽宁省沈阳市、浙江省杭州市、安徽省合肥市、湖北省武汉市、湖南省长沙市、广东省深圳市、云南省昆明市。

2018年对上述市在促进战略性新兴产业发展重大政策先行先试、重大产业布局和重大项目落地上予以倾斜，在全面创新改革试验、创新创业、"互联网+"试点示范、发展数字经济及对接战略性新兴产业政银企合作等相关工作中予以优先支持。（国家发展改革委组织实施）

十六、老工业基地调整改造力度较大，支持传统产业改造、培育新产业新业态新模式、承接产业转移和产业合作等工作成效突出的市

山西省长治市、内蒙古自治区赤峰市、辽宁省大连市、吉林省长春市、黑龙江省大庆市、江苏省徐州市、江西省景德镇市、山东省淄博市、河南省鹤壁市、四川省攀枝花市。

2018年对上述市优先支持在老工业基地振兴有关重大改革和重大政策方面先行先试，支持产业转型升级示范区建设和城区老工业区搬迁改造，并加大中央预算内投资专项资金支持力度。（国家发展改革委组织实施）

十七、落实鼓励和支持就业创业政策措施工作力度大，促进城镇失业人员再就业、就业困难人员就业等任务完成较好的省（市）

浙江省、山东省、河南省、重庆市、贵州省。

2018年对上述省（市）在安排中央财政就业补助资金时给予倾斜和支持。（财政部、人力资源社会保障部组织实施）

十八、在扶贫开发工作成效考核中认定为完成年度计划、减贫成效显著、综合评价好的省（区）

安徽省、江西省、湖北省、广西壮族自治区、四川省、贵州省、西藏自治区、新疆维吾尔自治区。

2018年对上述省（区）在中央财政专项扶贫资金分配中给予一定奖励。（财政部、国务院扶贫办组织实施）

十九、易地扶贫搬迁工作积极主动、成效明显的省

山西省、安徽省、江西省、河南省。

2018年对上述省进一步加大易地扶贫搬迁工作支持力度，并在以工代赈资金安排上予以倾斜，支持贫困地区改善基础设施条件。（国家发展改革委组

织实施）

二十、棚户区改造、农村危房改造工作积极主动、成效明显的省（区）

江苏省、湖南省、广西壮族自治区、贵州省、云南省（棚户区改造）；山东省、四川省、贵州省、云南省、陕西省（农村危房改造）。

2018年对棚户区改造工作成效明显的省（区），在安排保障性安居工程中央预算内投资和中央财政城镇保障性安居工程专项资金时，给予适当奖励或倾斜支持；对农村危房改造工作成效明显的省，在制定中央财政农村危房改造补助资金分配方案时，将激励因素纳入分配因素，按因素法分配补助资金。（住房城乡建设部、国家发展改革委、财政部组织实施）

二十一、公立医院综合改革成效较为明显的市（州、盟）、县（市、区）

北京市西城区，天津市北辰区，河北省馆陶县，山西省阳曲县，内蒙古自治区兴安盟，辽宁省锦州市，吉林省长春市，黑龙江省齐齐哈尔市，上海市松江区，江苏省淮安市、新沂市，浙江省金华市、德清县，安徽省宣城市、天长市，福建省三明市、将乐县，江西省于都县，山东省滨州市，河南省郑州市，湖北省枝江市，湖南省株洲市、宁乡市，广东省东莞市，广西壮族自治区灌阳县，海南省儋州市，重庆市忠县，四川省成都市、石棉县，贵州省遵义市，云南省玉溪市，西藏自治区日喀则市，陕西省西安市，甘肃省庆阳市，青海省海西蒙古族藏族自治州，宁夏回族自治区石嘴山市，新疆维吾尔自治区哈密市，新疆生产建设兵团第六师五家渠市。

2018年对上述市（州、盟）、县（市、区）等，在公立医院综合改革中央财政补助资金下达相关省（区、市）后，由省（区、市）统筹按一定比例或额度给予奖

励。（国家卫生健康委员会、财政部组织实施）

二十二、落实养老服务业支持政策积极主动、养老服务体系建设成效明显的省（市）

浙江省、重庆市（推进养老项目建设）；上海市、河南省（健全养老服务体系）。

2018年对推进养老项目建设成效明显的省（市），在安排年度养老服务体系建设中央预算内投资计划时，在原有投资分配基础上增加5%的奖励；对健全养老服务体系成效明显的省（市），在安排年度福利彩票公益金补助地方老年人福利类项目资金时，通过工作绩效因素（占10%的权重）予以资金倾斜。（国家发展改革委、财政部、民政部组织实施）

二十三、环境治理工程项目推进快，重点区域大气、重点流域水环境质量明显改善的市（州）

福建省龙岩市、山东省日照市、贵州省黔南布依族苗族自治州、云南省红河哈尼族彝族自治州。

2018年中央财政年度大气和水污染防治专项资金下达有关省后，由有关省统筹中央财政切块下达的资金，安排一定的比例对上述市（州）给予奖励。（生态环境部、财政部组织实施）

二十四、落实重大政策措施成效明显、创造典型经验做法、受到国务院督查表扬的市、县（市、区）、功能区

北京市海淀区、河北省邯郸市、山西省阳曲县、吉林省吉林市、浙江省舟山市、安徽省宁国市、中国（福建）自由贸易试验区、河南省许昌市、广东省佛

山市、重庆两江新区、陕西省杨凌农业高新技术产业示范区。

2018年对上述市、县(市、区)、功能区在国务院大督查实地督查中予以"免督查"。(国务院办公厅组织实施)

国务院关于开展2018年国务院大督查的通知

国发明电〔2018〕3号

各省、自治区、直辖市人民政府,新疆生产建设兵团,国务院各部委、各直属机构:

今年以来,面对错综复杂的国内外形势,各地区、各部门在以习近平同志为核心的党中央坚强领导下,以习近平新时代中国特色社会主义思想为指导,深入贯彻党的十九大和十九届二中、三中全会精神,认真落实中央经济工作会议和《政府工作报告》部署,坚持稳中求进工作总基调,坚持以供给侧结构性改革为主线,统筹推进稳增长、促改革、调结构、惠民生、防风险各项工作取得积极成效。但少数地方和部门转变政府职能不到位,制定配套政策不及时、不衔接、不协调,少数干部不作为、不善为、乱作为,影响了决策部署落地生效。为进一步推动党中央、国务院重大决策部署和政策措施贯彻落实,按照李克强总理在国务院第一次廉政工作会议和全国深化"放管服"改革转变政府职能电视电话会议上关于继续开展国务院大督查、坚持奖惩并举的重要讲话精神,国务院决定对各地区、各部门工作开展一次大督查。现将有关事项通知如下:

一、总体要求

认真贯彻落实党的十九大精神、中央经济工作会议部署,紧紧围绕《政府工作报告》提出的目标任务,围绕经济社会发展和改革存在的突出问题,围绕处理好政府和市场关系,围绕深化"放管服"改革和转变政府职能,围绕人民群众和市场主体反映强烈的堵点、梗阻和瓶颈问题,切实发挥督查"利器"作用,推动各项政策落实和措施见效,确保党中央、国务院政令畅通、令行禁止,确保完成全年经济社会发展主要目标任务。

二、督查重点

在全面督查中央经济工作会议部署和《政府工作报告》提出目标任务的基础上,重点督查六个方面工作。

(一)打好三大攻坚战和实施乡村振兴战略。严厉打击非法集资、金融诈骗等违法犯罪活动情况。强化金融监管统筹协调,健全对影子银行、互联网金融、金融控股公司等监管情况。防范化解地方政府债务风险情况。落实2018年再减少农村贫困人口1000万以上、易地扶贫搬迁280万人建设任务情况。加大东西部扶贫协作和对口支援力度,加强扶贫资金整合和绩效管理情况。大力推进散煤治理和煤炭消费减量替代,开展柴油货车、船舶超标排放专项治理等情况。实施重点流域和海域综合治理,全面整治城市黑臭水体情况。强化土壤污染管控和修复,加快推进垃圾分类处理,强化固体废物污染防治情况。深入推进农业供给侧结构性改革,加快消化粮食库存,改善农村供水、供电、信息等基础设施,深入推进"互联网+农业"等情况。

(二)推进创新驱动发展。推动新旧动能转换,做大做强新兴产业集群,改造提升传统产业情况。实施重大短板装备专项工程,发展工业互联网平台情况。进一步完善中央财政科研项目资金管理等政策的若干意见落实情况。对承担重大科技攻关任务的科研人员,采取灵活的薪酬制度和奖励措施情况。清理废止有悖于激励创新的陈规旧章、有碍于释放创新活力的繁文缛节情况。推进双创示范基地建设,发展平台经济、共享经济等情况。对新产业新业态新模式实施包容审慎监管情况。扩大创业投资、天使投资税收优惠政策试点范围情况。加强技能人才队伍培养,加大高技能人才激励,鼓励海外留学人员回国创新创业,拓宽外国人才来华绿色通道等深化人才发展体制改革情况。各地推进双创的经验做法和打造双创升级版的探索。

(三)深化"放管服"改革。全国深化"放管服"改革转变政府职能电视电话会议部署的贯彻落实情况。落实"五个为"和"六个一"要求(即为促进就业创业降门槛,为各类市场主体减负担,为激发有效投资拓空间,为公平营商创条件,为群众办事生活增便利;企业开办时间再减一半,项目审批时间再砍一半,政务服务一网通办,企业和群众办事力争只进一扇门,最多跑一次,凡是没有法律法规依据的证明一律取消)情况。五年来国务院取消、下放或调整的简政放权事项落实情况。全面实施全国统一的市场准入负面清单制度情况。加快政府信息系统互联互通,打通信息孤岛情况。全面推进政务公开情况。全面推开"多证合一"、"证照分离"改革情况。全面推行"双随机、一公开"监管,整合各类市场监管平台情况。大幅压减工业生产许可证情况。强化政府部门诚信建设、依法依规处理"新官不理旧账"问题情况。十省百家办事大厅暗访督查发现典型问题整改情况。国务院部署的2018年再减税8000多亿元、为市场主体减轻非税负担3000多亿元政策措施落实情况。清理规范行政事业性收费情况。清理整顿中介服务收费情况。降低电网环节收费和输配电价格,一般工商业电价平均降低10%情况。推进网络提速降费,明显降低家庭宽带、企业宽带和专线使用费情况。降低港口、高速公路、天然气输配等收费,推进货车年审、年检和尾气排放检验"三检合一"等降低物流成本情况。完善银行普惠金融服务保障体系,实现小微企业融资成本有较明显降低情况。

（四）持续扩大内需。全面取消二手车限迁政策情况。支持社会力量增加医疗、养老、教育、文化、体育等服务供给情况。推动网购、快递健康发展情况。"十三五"规划纲要确定的重大工程建设项目实施情况。中央预算内投资项目开工建设、资金使用情况。中央专项转移支付安排的保障房建设项目、车辆购置税收入安排的公路建设项目、水利工程建设项目等的开工建设、资金使用、固定资产形成情况。实施新一轮重大技术改造升级工程情况。鼓励民间投资、放宽市场准入、破除各种隐性壁垒等政策措施落实情况,尤其是在铁路、民航、油气、电信等领域推出对民间资本有吸引力项目情况。

（五）推进高水平开放。推进"一带一路"建设,深化沿线大通关合作情况。扩大国际产能合作,带动中国制造和中国服务走出去情况。全面落实准入前国民待遇加负面清单管理制度情况。全面放开一般制造业,扩大电信、医疗、教育、养老、新能源汽车等领域开放情况。有序开放银行卡清算等市场,放开外资保险经纪公司经营范围限制,放宽或取消银行、证券、基金管理、期货、金融资产管理公司等外资股比限制,统一中外资银行市场准入标准情况。简化外资企业设立程序,商务备案与工商登记"一口办理"情况。全面深化自贸试验区改革,全面复制推广自贸试验区经验情况。扩大出口信用保险覆盖面,整体通关时间再压缩三分之一情况。强化知识产权保护情况。

(六)保障和改善民生。促进高校毕业生多渠道就业、扎实做好退役军人安置工作、扩大农民工就业等情况。去产能企业职工安置情况。治理拖欠农民工工资问题情况。抓紧消除城镇"大班额",解决中小学生课外负担重问题等情况。支持和规范社会力量举办职业教育情况。提高基本医保和大病保险保障水平,扩大跨省异地就医直接结算范围,推进分级诊疗和家庭医生签约服务情况。北京冬奥会、冬残奥会筹办工作情况。启动新的三年棚改攻坚计划,落实2018年开工580万套任务情况。落实安全生产责任情况。提高城乡低保、社会救助、抚恤优待等标准,强化民生兜底保障情况。

此外,对2017年国务院大督查发现问题整改情况,以及整治"四风",特别是力戒形式主义、官僚主义情况进行督查。

三、督查安排

(一)全面自查。各地区、各部门围绕中央经济工作会议部署和《政府工作报告》提出的任务要求,对照六个方面督查重点,从接到本通知之日起开展全面自查,梳理政策措施落实情况,查找工作中存在的主要不足和突出问题,有针对性提出整改措施以及完善政策措施的工作建议。各部门于2018年7月31日前、各地区于8月5日前将自查情况报告报国务院。自查情况报告要坚持问题导向、目标导向,反映问题、提出整改措施及相关建议的篇幅应达到报告总篇幅的60%以上。

(二)实地督查。在各地区、各部门开展全面自查的基础上,国务院派出督查组从2018年8月下旬起,对31个省(自治区、直辖市)、新疆生产建设兵团开展实地督查;从9月中旬起,对国务院有关部门及单位开展实地督查。

1.按照"1+5+地方特色+营商环境调查"的设计对地方进行实地督查。"1"是"综合督查",主要督查党中央、国务院重要文件贯彻落实情况,中央经济工作会议和《政府工作报告》部署以及涉及地方量化指标任务落实情况,打好三大攻坚战、实施乡村振兴战略工作部署和推动落实情况,2017年国务院大督查发现问题、专项督查和日常督查转办问题整改情况,对人民群众、企业或有关方面反映的重要问题线索进行核查。"5"是"专题督查",主要聚焦推进创新驱动发展、深化"放管服"改革、持续扩大内需、推进高水平开放、保障和改善民生等五个方面,坚持问题导向、目标导向,按照迭代式督查原则,进一步督深督透。"地方特色",主要按照"一省一策"原则,督查了解各地区贯彻落实党中央、国务院关于促进区域、地方发展重要部署情况。"营商环境调查",在2017年国务院大督查对18个省(自治区、直辖市)"企业开办"、"投资项目报建审批"、"不动产交易登记"3项指标进行调查取得经验基础上, 今年继续选取与企业和群众关系密切,可量化、可比较的 "企业开办"、"工程建设项目审批"、"房产交易登记"、"用电报装"、"用水报装"、"用气报装"、"获得信贷"7项指标对31个省(自治区、直辖市)营商环境进行调查评价。

2. 在对地方开展实地督查的基础上对国务院部门或单位进行实地督查。

主要督查党中央、国务院重大决策部署贯彻落实情况;党中央、国务院领导同志重要批示指示办理情况;《政府工作报告》重点任务完成情况;国务院常务会议、重要专题会议议定事项落实情况;2017年国务院大督查地方反映意见建议办理情况;反馈并督办此次大督查实地督查中发现和地方政府反映的涉及部门的问题。

四、督查问责和督查激励

(一)督查问责。对督查中发现的典型问题或群众反映的典型问题线索经查证属实的,国务院督查组可直接约谈负有领导责任、监管责任的负责同志,并做好记录。督查结束后,根据督查结果,对贯彻执行中央决策部署不力、重大政策落实不到位、重大工程项目严重滞后、推进"放管服"改革不作为乱作为、督查发现问题整改流于形式的问题,依法依规予以严肃问责。

(二)督查激励。根据《国务院办公厅关于对真抓实干成效明显地方加大激励支持力度的通知》(国办发〔2016〕82号),国务院督查组实地督查了解地方贯彻落实有关政策措施的经验做法,发现先进典型,作为有关方面研究提出2018年督查激励名单的重要参考。

五、督查纪律

国务院大督查各项工作要严格落实中央八项规定及实施细则精神、国务院廉政工作会议精神及有关廉政要求。在实地督查中,国务院督查组成员要严格遵守"十不准"督查纪律要求,确保督查工作严肃、认真、廉洁。实地督查期间,国务院办公厅督查室设立值班电话,接受各地区、各部门对督查组及其成员在廉洁、纪律、作风等方面的举报投诉并进行核查,对核查属实的将严肃处理。

国务院

2018年7月5日

国务院办公厅关于对国务院
第五次大督查发现的典型经验做法给予表扬的通报

国办发〔2018〕108号

各省、自治区、直辖市人民政府,国务院各部委、各直属机构:

为进一步推动党中央、国务院重大决策部署贯彻落实,国务院部署开展了第五次大督查。从督查情况看,各地区、各部门在以习近平同志为核心的党中央坚强领导下,以习近平新时代中国特色社会主义思想为指导,全面贯彻党的十九大和十九届二中、三中全会精神,认真落实中央经济工作会议部署和《政府工作报告》提出的任务要求,迎难而上,真抓实干,扎实做好稳增长、促改革、调结构、惠民生、防风险各项工作,实现了经济社会持续健康发展。实地督查发现,一些地方在打好三大攻坚战和实施乡村振兴战略、深化"放管服"改革、推进创新驱动发展、持续扩大内需、推进高水平开放、保障和改善民生等方面,锐意改革,勇于创新,在实践中创造和形成了一批好的经验做法。

为表扬先进,树立典型,进一步激励各地区、各部门担当作为、狠抓政策见效,推动形成改革创新、干事创业的生动局面,经国务院同意,对北京市大力推进外国人来华工作许可制度改革等130项地方典型经验做法予以通报表扬。希望受到表扬的地方珍惜荣誉,再接再厉,充分发挥模范表率作用,取得新的更大成绩。

各地区、各部门要坚决贯彻落实党中央、国务院决策部署,坚持稳中求进工作总基调,坚持新发展理念,坚持以供给侧结构性改革为主线,坚定不移推动高质量发展,加大改革开放力度,认真学习借鉴典型经验做法,结合实际探索创新,改进作风,狠抓落实,以钉钉子精神做实做细做好各项工作,确保完成全年经济社会发展主要目标任务,为决胜全面建成小康社会、夺取新时代中国特色社会主义伟大胜利作出新的更大贡献。

附件:国务院第五次大督查发现的典型经验做法(共130项)

国务院办公厅

2018年11月19日

附件

国务院第五次大督查发现的典型经验做法

(共130项)

1.北京市大力推进外国人来华工作许可制度改革。

2.北京市西城区推进"三纵两横一平台"紧密型医联体建设。

3.北京市朝阳区放宽服务业准入,助推区域高水平开放。

4.北京市丰台区以"一窗办理"提升企业不动产登记服务水平。

5.北京市海淀区扎实推进"双创"示范基地建设,打造"双创"升级版。

6.天津市和平区狠抓精细化管控,推动打好城区污染防治攻坚战。

7.天津市红桥区多措并举,扎实推进棚户区改造。

8.天津市滨海新区搭建招商引资平台,推进高水平开放。

9.天津市蓟州区破除"以药养医",深化公立医院综合改革。

10.河北省邢台市实施"两不见面"改革,打造服务市场主体"直通车"。

11.河北省张家口市建立"四方协作"机制,探索可再生能源扶贫新路。

12.河北省迁安市坚决化解钢铁过剩产能,推进产业转型升级。

13.河北省定州市探索"三项试点",统筹推进农村土地制度改革。

14.河北省黄骅市通过家庭医生管医保推进基层健康管理。

15.山西省大同市坚决打好污染防治攻坚战,努力实现从"煤都黑"到"大同蓝"。

16.山西省长治市城区积极搭建"双创"平台,推进创新驱动发展。

17.山西省运城市盐湖区全面推进区、乡、村三级医疗机构一体化改革,增强群众就医获得感。

18.山西省忻州市坚持"六环"联动,推进整村扶贫搬迁。

19.内蒙古自治区呼和浩特市实现不动产登记、交易、税务"一窗式"综合受理。

20.内蒙古自治区巴彦淖尔市以口岸开发开放为重点,提高对外开放水平。

21.内蒙古自治区乌兰察布市大力培育发展大数据产业。

22.内蒙古自治区阿拉善右旗坚持"三个结合",推进乡村振兴。

23.辽宁省大连市探索跨部门跨层级"双随机"联合检查,实现"一次检查、全面体检"。

24.辽宁自贸试验区营口片区以制度创新持续优化营商环境。

25.辽宁省辽阳市实施动态管理,开展精准医疗扶贫。

26.辽宁省盘山县加快发展县域经济,助推乡村振兴。

27.辽宁省调兵山市大力发展循环经济,推进资源型城市转型。

28.吉林省长春市探索打造"审批不见面、办事不求人"政务服务新模式。

29.吉林省长春市九台区全力打造全国秸秆综合利用新样板。

30.吉林省四平市打破常规有效破解"无籍房"问题。

31.吉林省白城市以微信公众服务平台推进智慧医保建设。

32.黑龙江省哈尔滨市探索企业集群登记模式,推进商事制度改革。

33.黑龙江省齐齐哈尔市围绕重点持续发力,推进工业稳增长和转型升级。

34.黑龙江省七台河市构建新型"碳"产业,推进资源枯竭型城市转型。

35.上海市多措并举提高外国人才来华工作便利度。

36.上海市长宁区探索"验放分离、零等待",大幅提升贸易便利化水平。

37.上海市杨浦区着眼建设"世界级创谷",打造"双创"升级版。

38.上海市嘉定区以科技创新推动区域高质量发展。

39.上海市浦东新区以"四个突出"全面推进"证照分离"试点,打造"放管服"改革浦东样本。

40.江苏省南京市着力打造集聚创新资源"强磁场"。

41.江苏省苏州市实施"四大工程",扎实推进高水平开放。

42.江苏省南通市推行县域综合执法改革,实现"一个领域一支队伍"。

43.江苏省淮安市开展"数字化联合审图",施工图审查进入"快车道"。

44.江苏省东海县从早从严从实加强管理,坚决防范化解债务风险。

45.浙江省深化"千村示范万村整治"工程,造就万千"美丽乡村"。

46.浙江省湖州市实施"'五未'土地处置+'标准地'"改革,全面提升土地利用效益。

47.浙江省衢州市深化"放管服"改革,打造"最多跑一次"示范市。

48.浙江省台州市深化改革试点,助推民间投资逆势上扬。

49.浙江省丽水市探索生态产品价值转化途径,实现"点绿成金"。

50.安徽省合肥市大力培育创新平台,助力产业发展。

51.安徽省淮北市积极扶植新兴产业,促进资源枯竭型城市转型。

52.安徽省亳州市大力推进降成本,增强民间投资动力。

53.安徽省宣城市提高区域内就诊率,严控医疗费用不合理增长。

54.福建省福州市大力推动数字经济发展。

55.福建省厦门市深化工程建设项目审批制度改革。

56.福建省三明市建设紧密型医联体,向全民健康再出发。

57.福建省南平市连续19年推进科技特派员工作,助力精准扶贫。

58.福建省晋江市践行"晋江经验",推进商务创新发展。

59.江西省景德镇市活化陶瓷工业遗存,加快推进新旧动能转换。

60.江西省萍乡市创新海绵城市试点,促进城市高质量发展。

61.江西省赣州市推出3个"信贷通",探索解决中小企业融资难融资贵。

62.江西省吉安市着力抓好产业扶贫,打好精准脱贫攻坚战。

63.江西省上饶市多措并举,推进棚户区改造工作。

64.山东省济南市"加减并重",加快工程建设项目开工。

65.山东省青岛市实施国际城市战略,推进高水平对外开放。

66.山东省威海市大力开展质量提升行动,建设质量强市。

67.山东省日照市推行压缩企业开办时间"513模式",全面优化营商环境。

68.山东省滨州市"破立并举",扎实开展公立医院综合改革。

69.河南省实施"四水同治",加快水利现代化步伐。

70.河南省焦作市实行"两定制兜底线",打造健康扶贫新模式。

71.河南省漯河市以开展标准化建设引领高质量发展。

72.河南省三门峡市建立"三项机制",激活金融扶贫源头活水。

73.河南省驻马店市借力农产品加工业会展经济助推大发展。

74.湖北省武汉东湖新技术开发区大力推进创新驱动发展,打造新兴产业集群。

75.湖北省黄石市试点"承诺预办、先建后验",加快项目建设施工。

76.湖北自贸试验区襄阳片区大幅简化退税流程。

77.湖北省枝江市多措并举解决"化工围江"。

78.湖北省钟祥市大力推进生态工程建设,打造宜居乡村。

79.湖南省长沙市大力推进棚户区改造,提升群众幸福感获得感。

80.湖南省株洲市"三措并举",推进土地节约集约利用。

81.湖南省湘潭市力促产业转型升级,推进高质量发展。

82.湖南省衡阳市营造良好环境,承接产业转移。

83.湖南省宁乡市推进"互联网+政务服务"融合发展。

84.广东省广州市着力打造高品质家庭医生服务。

85.广东省广州市越秀区实现企业开办最快一天。

86.广东省深圳市福田区以智慧化"城市大脑"助力"放管服"改革提速提质提效。

87.广东省深圳市南山区打造"两链一环",全力构筑创新高地。

88.广东省珠海市横琴新区依托V—Tax远程可视自助办税平台,实现全国直办"零跑动"。

89.广西壮族自治区柳州市实施老工业基地调整改造成效显著。

90.广西壮族自治区玉林市创新畜禽养殖污染治理模式,解决跨省区流域环境治理难题。

91.广西壮族自治区平果县创新采矿临时用地制度,有效保护耕地。

92.广西壮族自治区凭祥市推进边贸转型升级。

93.海南省海口市统筹推进市域水污染治理工作。

94.海南省三亚市以医保支付方式改革为抓手推进紧密型医联体建设。

95.海南省东方市带领群众走上热带特色现代农业致富路。

96.重庆市统筹规划精准治理龙溪河流域水环境。

97.重庆市万州区分类施策"四区"并进,推动国土资源节约集约利用上台阶。

98.重庆市梁平区强化"人"、"地"、"钱"统筹,破解乡村发展瓶颈。

99.重庆市忠县坚持"保基本、强基层、建机制",推进公立医院改革。

100.四川省成都市实施"创业天府"行动计划,打造"双创"升级版。

101.四川省泸州市推出企业开办小时清单制。

102.四川省眉山市突出地方特色,推进乡村振兴。

103.四川省大竹县创新"双靠近三融合"模式,推动易地扶贫搬迁群众就近就地就业。

104.贵州省贵阳市推进政务服务"一网通办",为群众办事增便利。

105.贵州省遵义市创新发展理念,促进工业转型升级发展。

106.贵州省毕节市七星关区以创新引领土地节约集约利用。

107.云南省丽江市依托"一部手机游云南"促进旅游业快速发展。

108.云南省大理白族自治州全面打响以洱海保护治理为重点的水污染防治攻坚战。

109.云南省德宏傣族景颇族自治州立足区位优势扩大双向开放,激活发展动力。

110.云南省迪庆藏族自治州扎实推进藏区民族团结进步示范区建设。

111.西藏自治区拉萨市聚焦特色领域,推进小微企业创业创新工作。

112.西藏自治区昌都市深化土地集约利用,着力破解用地保障难题。

113.西藏自治区曲水县创新脱贫思路,强化产业带动,激发内生活力。

114.陕西省西安市建立完善"1+N"社会救助体系,织牢织密兜底保障网。

115.陕西省延安市持续推进农村人居环境综合整治,建设美丽乡村。

116.陕西省杨凌农业高新技术产业示范区积极打造"一带一路"现代农业国际合作中心。

117.甘肃省张掖市打造全国小微企业"双创"示范城市。

118.甘肃省酒泉市发展戈壁生态农业,夯实乡村振兴基础。

119.甘肃省临夏市八坊十三巷旧貌换新颜,"城中村"变身文旅新地标。

120.青海省创新生态保护体制机制,大力推进三江源国家公园体制试点。

121.青海省西宁市持续深化"放管服"改革,优化营商环境。

122.青海省海东市创新体制机制,全面深化公立医院改革。

123.宁夏回族自治区银川市发展"互联网+医疗健康",创新满足群众健康需求途径。

124.宁夏回族自治区石嘴山市加快新旧动能转换,打造资源型城市转型示范区。

125.宁夏回族自治区中卫市变黄沙戈壁为创新发展新热土。

126.宁夏回族自治区宁东能源化工基地加快产业转型升级,推动经济高质量发展。

127.新疆维吾尔自治区开行西行国际货运班列,打造"一带一路"向西开放新格局。

128.新疆维吾尔自治区乌鲁木齐市大力实施棚户区改造,优化城市环境。

129.新疆维吾尔自治区阿勒泰地区以旅游业为主体,引领推动高质量发展。

130.新疆生产建设兵团狠抓土地利用监管,高质量支持边疆建设。

创　城

　　创城,是对各式各样城市创建活动的总称,其具体是指城市朝着一个明确、专门化的发展目标和定位,在限定的时间周期内,按照较为具体的标准,广泛汇集人财物等相关资源,在城市建设、城市管理中的若干领域内所开展的一系列优化与提升活动。较为典型的一些城市创建活动,有创建全国文明城市、创建国家卫生城市、创建国家级历史文化名城等,即社会各界所熟知的"创城""创卫""创文"等城市治理活动。城市创建活动既常见于大大小小的各种类型城市的治理行为中,同时在各城市的治理日程中具有显而易见的优先地位。对于中国的"市长们"而言,治理城市几乎都会经历"创城"这一重要工作环节。基于"创城"而来的相关事项,占据着城市各级各类治理相关方工作安排表中的大部分内容。

一、现状概览

城市创建活动的历史悠久,新中国成立初期的城市环境卫生互评互检活动,改革开放初期的五讲四美三热爱活动,都是城市创建活动的初始形态。[1]改革开放之后,城市创建活动的数量不断增加、内容更加丰富。[2]尤其是随着中国城市化进程持续加快,城市管理事务愈发复杂,全新主题的城市创建活动源源不断地涌现(见表4.1)。

表4.1　全国性城市创建活动简况表

创建名称	发起方	开始时间
国家级历史文化名城	国家文物局、住房和城乡建设部	1982年
国家卫生城市	全国爱国卫生运动委员会	1989年
国家园林城市	住房和城乡建设部	1992年
国家环保模范城市	生态环境部	1997年
中国优秀旅游城市	文化和旅游部	1998年
全国科技进步先进市	科学技术部	2001年
国家节水型城市	住房和城乡建设部、国家发展和改革委员会	2002年
全国绿化模范市	全国绿化委员会	2003年
国家森林城市	全国绿化委员会、国家林业和草原局	2004年
全国文明城市	中央精神文明建设指导委员会	2005年
全国版权示范城市	国家版权局	2009年

---

[1]　肖爱树:《1949~1959年爱国卫生运动述论》,《当代中国史研究》2003年第1期;肖爱树:《20世纪60—90年代爱国卫生运动初探》,《当代中国史研究》,2005年第3期。

[2]　周晔:《合法性视域下的"评比表彰":行动逻辑、功能局限及治理——以中央政府及职能部门组织的评比表彰活动为例》,《中国行政管理》,2014年第9期。

续表

创建名称	发起方	开始时间
国家电子商务示范城市	国家发展和改革委员会、商务部、中国人民银行、国家税务总局、国家市场监督管理总局	2011年
国家知识产权工作示范城市	国家知识产权局	2011年
全国安全发展示范城市	国务院安全生产委员会	2011年
全国公交都市建设示范城市	交通运输部	2012年
全国质量强市示范城市	国家市场监督管理总局	2012年
国家食品安全示范城市	国务院食品安全委员会	2014年
全国创新驱动助力工程示范城市	中国科学技术协会	2014年
全国和谐社区建设示范城市	民政部	2014年
全国社会信用体系建设示范城市	国家发展和改革委员会、中国人民银行	2015年
全国生活垃圾分类示范城市	住房城乡建设部、国家发展和改革委员会、财政部、生态环境部、商务部	2015年

资料来源:作者根据各部门官方网站整理而成,其中部分机构名称以 2018 年 3 月国务院机构改革后的最新名称为准,具体参见"中央人民政府 – 国务院组织机构"(http://www.gov.cn/guowuyuan/zuzhi.htm)。

在所有城市创建活动中,"全国文明城市"是竞争最为激烈的创建项目。各个城市都把申报"全国文明城市"视作含金量最高、难度最大的城市创建活动,对其的重视程度、投入力度都远高于其他类型城市创建项目。到2017年,全国文明城市已进行了五届评选, 中央文明委分别于2005年、2009年、2011年、2015年、2017年公布了入选全国文明城市的具体名单。其中,第一届12个、第二届14个、第三届27个、第四届34个、第五届89个(见图4.1)。尽管创建工作的挑战如此之大,但全国文明城市的数量却出现了明显增加,这得益于城市化进程的整体加速。

全国文明城市数量变化示意图

	第一届	第二届	第三届	第四届	第五届
总量	12	14	27	34	89
直辖市城区	3	3	3	4	4
省会、副省级城市	5	3	9	6	5
地级市	3	6	14	22	30
县级市和县	1	2	1	2	50

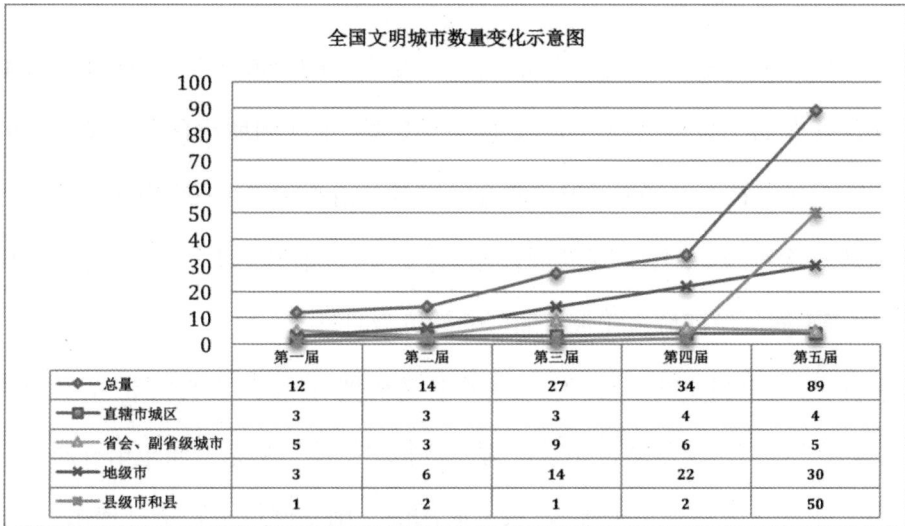

图4.1 全国文明城市数量变化示意图

从时间链条来看，全国文明城市的总体数量一直保持着稳步增加的态势，然而在第五届突然出现了一个较为明显的涨幅。通过进一步观察数量变化的内部结构不难发现，第五届全国文明城市数量大幅度上涨的增量部分，主要源于县级市和县这一群体的激增。促成这一结果发生的直接原因就在于，中国城市化速率的突然提升，尤其是从一二线城市逐步扩展至中小城市。中国中心城市的城市化水平已经发展至高位，在公共政策导向、市场价格因素的推动下，近年来部分资源要素正在向三四线城市、县和乡镇流动。这一过程中县域的经济社会发展得到了全面助力，这些县级市和县有能力、有需要、有意愿申请并成功创建成为"全国文明城市"。现在已不能从传统农业时代的意义上来理解中国的县，他们正在进入城市时代或城乡交叠时代，现代文明程度、现代文明水平日益提升。可以预见，将来全国文明城市名单中县级市和县的数量会越来越多。

就城市化进程的一般规律而言,由于受不同的资源禀赋、发展基础特别是市场机制所引发的"累积因果效应"①的影响,地区间城市化速率及水平的不平衡是经济社会发展中的常态现象。尤其又由于中国将现代化之路设计为分阶段梯次推进、最终实现共同富裕,这一"有先有后、以先拉后"的发展战略,对于不同区域间城市化水平的影响就更为明显。

同样以"全国文明城市"为例,各个省份所拥有"全国文明城市"的数量差距,显著地体现出中国城市化水平的区间非均衡性。从第一届至第五届所有全国文明城市的地理位置来看,东中西部的全国文明城市数量呈现出"梯次递减"型分布,基本符合东中西部整体城市化水平的"梯次差距"格局(见图4.3)。东部沿海省份入选全国文明城市的数量明显高于中西部省份,意味着创建成功率与地区城市化水平呈现出显著的正相关关系,符合一般的逻辑认知。虽然中央精神文明建设指导委员会在评选全国文明城市时,已尽可能考虑到地域分布的均衡性,使得所有省、自治区、直辖市都拥有了数量不等的文明城市。然而,东中西部之间城市化长期不均衡发展的持续积累,仍然是决定全国文明城市地域分布格局的"基本面"。这同时也意味着,未来中西部地区的若干城市,将会是争取创建成为全国文明城市的主要"增量"和生力军。

---

① Myrdal, G. *Economic Theory and Undeveloped Regions*. London: Mochuon, 1963: p.7.

二、运行特点

围绕着成功"创城"这一目标，各个城市展开了相应行动。从这些纷繁复杂的城市政府行为中，可以发现一些共同路径，实际上反映出中国城市治理的固有思维与逻辑。这里首先对"创城"的一般性实施过程作一个初步描绘。

1. 组织动员

为了在规定期限内完成某一特定类型的城市创建项目，申请城市需要把整个城市的人财物力量与资源都动员起来，才可能达到相应的标准。组织动员的内容及方式一般包括两个方面。首先是召开全市动员会议，以"创建某某城市动员大会"的形式，向全市和外界昭告本市开展创建城市活动的决心。同时，以市委、市政府的名义发布《关于创建某某城市工作的意见》，以此作为将来规束各部门、各单位的重要制度性依据。其次是成立专门组织，包括成立"创建某某城市领导小组""创建某某城市指挥部"等专门性机构，由市委书记、市长直接领导，负责组织落实城市创建活动的各项工作。

2. 任务分解

城市创建活动的内容涉及面广、指标体系细致且严格，为了在规定时间内完成创建任务，并符合相关指标的要求，还需要申请城市具备精细化的计划、执行、监督等技术能力。申请城市通常的做法是，把整个文明城市创建的庞大任务体系，进行层叠化责任分解，落实到极为具体的责任单位和责任人。市政府采取与各区、各责任单位的负责人签订责任状的方式，将创建任务布置下去,并作为将来考核问责的依据。在"级级有指标、层层有任务、人人有责任"的创建任务分配模式下,城市创建工作具体到了每一个层次、每一个岗位、每一个干部。

3. 宣传参与

城市创建活动极其复杂,由于其内容体系几乎涉及了城市治理的所有方面,故易受多方面因素的制约,任何疏忽与不足都可能会影响到最后的创建效果。因此,申请城市在创建过程中都会摈弃"单边主义",采取"多管齐下""几条腿走路"的方式,通过广泛的宣传,吸引、吸纳更多的群体参与加入到创建活动中来。

在功能定位方面,各个城市开展各种专题性城市创建活动的频度与力度有目共睹,这表明城市治理者极为青睐城市创建活动所蕴含的内在功能。因此,有必要对城市创建活动在中国城市治理结构中的定位进行一个总结和探讨,厘清"创城"本身的作用机理所在。具体而言,"创城"以下几个方面构成了中国城市公共事务的治理之道(见图4.2)。

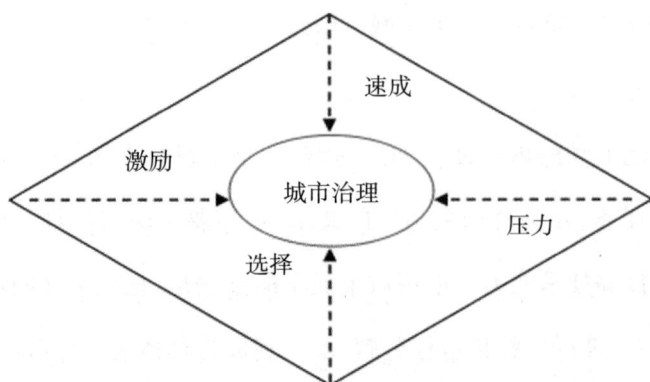

图4.2 "创城"功能定位简示

4. 速成：快节奏提升城市治理水平

中国城市化的历史并不长，时间存续较久的许多"城市"，"城"的成分更多一些，"市"的成分偏少一些，同时由于近现代以来社会科学研究不够发达，致使在城市治理的理论指导、经验积累方面面临着"双重匮乏"的难题。受此影响下的城市治理现实，就是整个城市治理体系的制度化、规范化、精细化水平不尽如人意，亟待提升。然而，高速率的城市化进程、急剧增加的城市人口、复杂多样的城市管理和服务需求等严峻现实，不会允许城市政府有一个较为充裕的时间周期，来逐步习得城市治理经验、提升城市治理水平，只能求助于"速成法"以应对各种挑战。

与迈入快车道的城市化进程相匹配的是，中国的城市治理呈现出明显的"速成式"特征。各个城市纷纷提出"大干100天城市综合整治""大干300天市容秩序整治""三年内建成某某型城市"等口号，将其作为城市建设与发展的一系列重要目标及任务。而"速成式"的城市治理模式的具体实施方式，主要就是通过"创城"这一机制来进行的。

城市政府已经普遍习惯于通过"大张旗鼓"地开展城市创建活动的方式，期待在一个较短时期内，快速改善城市环境，从多个方面提升城市治理水平。为了在短期内"极速优化"城市各方面环境，需要集全城之力，整个城市治理体系几乎全部投入进来并保持"高速运转"。通过"创城"，能够在一个较短时期内，快速改善城市环境，从多个方面提升城市治理水平。在"几年内创建成功"这一压力下，城市治理充满了"紧迫感"，城市政府以有限时间内完成规定任务为目标，调用城市各种资源，最大限度地发挥城市潜力，驱动治理水平迈上一个新台阶。同时,城市创建活动还是对全市市民理解、参与城市治理的一次快速教育普及,能够促使城市生活群体尽快熟知、掌握、遵循现代化的城市生活理念、规则,尤其是协助城市新人群加快融入全新的城市生活中,进而为提升城市治理水平夯实必要的社会基础。

在各种城市创建活动中,可以看到,由于创建测评体系的广泛性、综合性、权威性,参与创建的城市需要在多个方位、层次、领域中都达到相应的高标准。为在规定期限内达到测评体系中规定的"及格线",这期间整个城市治理会保持着"高速运转"。城市政府通过召开"创建某某城市动员大会"、成立"创建某某城市领导小组"或"创建某某城市指挥部"等形式,由市委书记、市长直接领导并组织落实创建活动的各项工作。城市中的政府机关、群众团体、企事业单位、社会组织、街道、社区都要参与到创建活动中,服从调度指挥和统一管理,创建的任务、指标和责任细化到了各个层次和具体岗位,同时尽可能让普通市民了解、掌握城市创建活动的相关知识。正是在这一从上到下、从左至右的全覆盖式创建行动网络的支持下,集全城之力,才有可能在短时期内全部完成城市创建活动所要求的庞大任务体系。很多城市治理顽疾在创建过程中得以化解,取得创建活动成功的城市的部分治理指标,已接近或达到发达国家和地区中心城市的水平,城市治理水平迅速迈上了一个新台阶。

同时,"创城"既能够在短时间内推动整个城市治理水平上升一个层次甚至若干层次,亦可以通过自身的多功能性,有力保障城市治理质量的稳定性、可持续性,不至于出现"昙花一现""大起大落"等现象。

5. 激励：强劲推动城市治理等非经济领域事务工作

城市创建活动为城市规划、社会管理和公共服务等非经济领域事务提供了独属的"激励"机制，使得城市治理质量的维护工作获得了稳定动力源。早就普遍施行于经济领域的"锦标赛体制"[1]，为中国经济尤其是地方经济的发展注入了强劲动力，被广泛认为是造就中国经济奇迹的重要制度性原因。而在城市治理领域，则是"创城"机制在扮演着这一角色。[2]无论何种类型城市创建活动的成功，都能够为城市治理者带来打响城市知名度、获得城市美誉度、获得上级更多关注等收益，进而确保其有源源不断的"干劲儿"，来稳固城市治理质量。

6. 选择："因城制宜"地相机安排城市治理重点

城市创建活动为城市建设与发展提供了多元化的"选择"机制，使得城市治理者可以"因城制宜"地相机安排城市治理重点，灵活发挥城市的长处。城市创建活动的类型多种多样，既涉及"硬件"也涉及"软件"，既涉及"物"也涉及"人"，涵盖了城市的规划布局、市政设施、市容环境、公共卫生、公共安全、人文历史、市民素质、社区建设等多个方面。同时，城市创建项目的申请都是完全自愿的。因而城市治理者完全可以根据城市本身的特点、条件，来决定把治理重点放在哪一个或几个方面，进行改进和提升。于是，城市创建活动这一

---

[1] 周黎安：《中国地方官员的晋升锦标赛模式研究》，《经济研究》2007年第7期；周飞舟：《锦标赛体制》，《社会学研究》2009年第3期。

[2] 李振：《作为锦标赛动员官员的评比表彰模式——以"创建卫生城市"运动为例》，《上海交通大学学报》（哲学社会科学版）2014年第5期；徐岩、范娜娜、陈那波：《合法性承载：对运动式治理及其转变的新解释——以A市18年创卫历程为例》，《公共行政评论》2015年第2期。

项目就具有了"非排他性",意即几乎所有的城市都拥有开展创建活动的参加"机会",成为他们稳定城市治理质量的切入点和平台。

7. 压力:督促维系城市治理品质

城市创建活动对于"创城"成功之后的城市,要展开跟踪性检查,从而构成了督促各城市维系治理质量的"压力"机制。[①]对于各个取得"创城"活动成功城市而言,所被授予的相应城市荣誉称号并非永久性的,这是"创城"机制的一个重要设计。已进入某某型城市名单的城市们,还需面临来自中央或上级政府所派出专家组的"复检"。如若未能通过二次考核,则会遭到取消已获得荣誉称号的严厉惩罚。这一可能后果对于已经成功"创城"的城市而言,显然是得不偿失的。为了不使"创城"工作成果付之东流,城市治理者会尽可能维系"创城"阶段的治理标准,即使相应指标的数值有所摇摆,但也不至于大幅度滑坡。"创城"工作持续地影响到整个城市治理结构和治理行为。

---

① 荣敬本:《"压力型体制"研究的回顾》,《经济社会体制比较》2013年第6期。

三、资料汇编

关于印发《中央精神文明建设指导委员会关于评选
表彰全国文明城市、文明村镇、文明单位的暂行办法》的通知

文明委〔2003〕9号

各省、自治区、直辖市党委,各大军区党委,中央各部委,国家机关各部委党组(党委),军委各总部、各军兵种党委,各人民团体党组:

《中央精神文明建设指导委员会关于评选表彰全国文明城市、文明村镇、文明单位的暂行办法》已经中央精神文明建设指导委员会第二次全体会议讨论通过,并报党中央同意,现印发给你们,请结合本地区、本部门实际贯彻执行。

中央精神文明建设指导委员会

2003年8月25日

中央精神文明建设指导委员会关于评选
表彰全国文明城市、文明村镇、文明单位的暂行办法

第一章　总则

第一条　创建文明城市、文明村镇、文明单位是人民群众移风易俗、改造社会、建设美好生活的伟大创造,是群众积极参与精神文明建设实践,进行自我教育、自我提高的重要载体,是把物质文明、政治文明、精神文明建设任务有机结合落实到基层的有效途径,是新时期党的群众工作和思想政治工作的创新方式,是扎实推进精神文明建设,大力提高城乡文明程度、公民素质和生活质量的有力手段。为规范评选表彰全国文明城市、文明村镇、文明单位的工作,提高评选表彰工作质量,促进创建活动健康发展,制定本办法。

第二条　“全国文明城市”、“全国文明村镇”、“全国文明单位”是中央精神文明建设指导委员会授予积极开展创建文明城市、文明村镇、文明单位活动,物质文明、政治文明、精神文明建设协调发展,精神文明建设成绩突出,能够在全国发挥示范作用的城市、村镇和单位的荣誉称号。

第三条　全国文明城市、文明村镇、文明单位评选表彰工作,要以邓小平理论和“三个代表”重要思想为指导,以培养有理想、有道德、有文化、有纪律的社会主义公民,提高人的思想道德素质、科学文化素质和健康素质为主要任务,坚持贴近实际、贴近群众、贴近生活,重在建设、注重实效、多办实事,吸

引群众广泛参与多种形式的创建活动,促进廉洁高效的政务环境、公正公平的法制环境、规范守信的市场环境、健康向上的人文环境、安居乐业的生活环境和可持续发展的生态环境建设,促进物质文明、政治文明与精神文明协调发展,推动社会各项事业全面进步。

第二章　全国文明城市、文明村镇、文明单位评选标准

第四条　全国文明城市评选标准:

(一)组织领导坚强有力,创建工作机制健全。党委、政府认真学习、贯彻、实践邓小平理论和"三个代表"重要思想,坚定执行党的路线、方针、政策,自觉坚持"两手抓、两手都要硬"的方针,高度重视精神文明建设,把创建文明城市工作纳入城市发展总体规划和党委、政府的重要议事日程,长抓不懈。精神文明建设机构、制度健全,队伍稳定,经费落实。扩大基层民主、健全基层自治组织和民主管理制度,社区建设全面推进。

(二)思想教育深入细致,道德建设扎实有效。邓小平理论和"三个代表"重要思想的学习、宣传广泛深入,党委中心组和领导干部理论学习形成制度。大力弘扬和培育民族精神,切实加强理想信念教育、形势政策教育和民主法制教育。坚持开展经常性的、耐心细致的思想政治工作,及时为群众解疑释惑、化解矛盾。认真贯彻《公民道德建设实施纲要》,以诚信为重点的公民道德建设广泛深入。青少年的思想道德建设得到切实加强,建立了行之有效的工作机制。

(三)创建活动蓬勃开展,人民群众广泛参与。创建文明城市活动得到广

大人民群众普遍认同和热情参与,文明城区、文明社区、文明行业、文明单位、文明家庭、军民共建、拥军优属等各种形式的精神文明创建活动普遍开展,持续推进。基层创建工作形式多样、生动活泼、吸引力强。

(四)党政机关廉洁高效,社会风气健康向上。党政领导干部和各级党政机关清正廉洁,务实高效,依法行政,积极为群众排忧解难办实事。保障群众依法行使民主权利,建立公开办事制度,自觉接受群众监督。窗口行业自觉遵守职业道德规范,诚信经营、文明服务,自觉抵制和纠正各种行业不正之风。市民文明素质普遍提高,移风易俗,革除陋习,反对迷信邪教,追求健康、文明生活方式,成为广大市民自觉行动,形成了讲文明、讲卫生、讲科学、树新风的社会风尚。

(五)科教文卫体稳步发展,社会事业全面进步。积极实施科教兴市战略和人才强市战略,科教文卫体事业投入逐年增加。义务教育高于国家规定水平,高等教育、职业教育和成人教育等各项教育成效显著。科普工作依法扎实开展,科普阵地特色鲜明。医疗卫生和公共卫生服务网络健全,建立了疫情防治和应急机制。居民健康水平高于同类城市。计划生育主要考核指标达到全国先进水平。精神文化产品生产成绩显著,文化市场管理有序,繁荣健康。自然和历史文化遗产保护措施得力。群众性文化体育活动丰富多彩,设施配套。社会用语、用字规范文明。社会公益事业得到积极有效扶持。社会福利设施完备。妇女、儿童、老人和残疾人合法权益得到切实保障。

(六)社会治安良好,社会秩序井然。认真落实社会治安综合治理的各项措施,社会稳定,治安防控体系健全,群众有安全感。有效遏制邪教和封建迷信活动。坚决打击各种社会丑恶现象,措施得力,制度健全。黑恶势力和"黄赌毒"得到遏制。城市管理法规、制度较健全,政府部门和执法单位依法行政、秉公执法。法律援助和法律服务工作落实。建立健全城市突发性公共事件应急机制。

(七)基础设施较为完善,生态环境优良。城市规划体系完备,城市环境清洁有序,绿化美化成效显著,主要道路交通顺畅,无障碍设施建设达到国家标准。城市环保措施落实,环境综合整治工作效果显著,环境宣传教育工作成效明显,环境质量达到相应的国家环境质量标准。必要的城市基础设施齐备,运行稳定,服务网点设置合理。节水工作达标。城市信息化建设稳步推进。

(八)经济持续快速健康发展,居民生活水平稳步提高。国内生产总值、财政收入、居民人均可支配收入等经济综合指标增长较快,经济质量和经济效益显著提高。整顿规范市场经济秩序效果显著。居民生活质量明显改善,社会保障体系逐步健全,扶贫帮困措施落实,最低生活保障切实到位,再就业工作成效突出。

具体考核工作依照《全国文明城市测评体系》进行。

第五条 全国文明村镇评选标准:

(一)领导班子坚强有力。党委、政府、党支部、村委会认真学习、贯彻、实践邓小平理论和"三个代表"重要思想,坚定执行党在农村的各项方针、政策,健全各项组织制度、工作制度、学习制度。党组织的领导核心和战斗堡垒作用充分发挥。自觉坚持"两手抓、两手都要硬"的方针,高度重视精神文明建设,摆上重要位置,坚持长抓不懈。领导干部以身作则,廉洁奉公,团结协作,开拓创新,民主管理,科学决策,执政为民,在群众中威信高,干群关系融洽和谐。

(二)思想道德风尚良好。切实加强思想道德建设,积极开展党的基本理论、基本路线、基本纲领和基本经验宣传教育,大力弘扬和培育民族精神,积极开展深入细致的思想政治工作,引导广大干部群众树立正确的理想信念和世界观、人生观、价值观。认真贯彻落实《公民道德建设实施纲要》,广泛宣传"二十字"公民基本道德规范,使之家喻户晓、深入人心。依据《纲要》修订完善村规民约,发挥道德评议会、红白理事会、禁赌协会等群众自治组织的作用,倡导良好道德风尚。突出抓好诚信建设,坚决防止不守信用行为,杜绝坑农、害农现象。青少年的思想道德建设得到切实加强,建立了行之有效的工作机制。

(三)创建工作扎实有效。制定切实可行的创建文明村镇工作规划和年度计划,明确奋斗目标、具体措施、职责任务和考核办法;建立健全运转有序的工作机制,确保组织领导、人员机构、资金投入、管理协调、监督激励"五到位";精心设计、周密组织,广泛开展文明户、文明村、文明乡(镇)、文明单位、城乡共建、联片共建、军民共建、拥军优属等活动,引导群众在参与活动中获得实惠、受到教育、得到提高。

(四)社会服务优质规范。党政机关、党员干部转变服务作风,强化服务意识,广泛发扬民主,真心实意为群众解难题、办实事、谋利益,群众满意率较高。各个行业基层站所、各种服务窗口恪守职业道德,健全规章制度,加强监督管理,规范行业行为,增加便民措施,改善服务质量和服务环境,自觉抵制各种行业不正之风。建立完善的农村社会公共服务体系和农村社会救助体系,促进农村居民生活质量的进一步改善。

（五）科教文卫体稳步发展。坚持开展科普活动,大力推广致富实用科技,运用现代信息技术等手段,拓展致富信息渠道。尊师重教,积极发展教育事业,九年制义务教育入学率达到100%,无青壮年文盲。健全卫生保健网络,建立新型合作医疗体系,落实卫生防疫措施,提高群众健康素质,深入扎实地做好人口与计划生育工作,计划生育率100%。倡导健康、文明、科学的生活方式,扫除陈规陋习,反对迷信愚昧。坚持开展群众性文体活动,群众精神文化生活丰富多彩、健康向上。不断完善文化、体育设施,以先进文化占领和巩固思想文化阵地。

（六）社会治安秩序安定。民主法制教育经常化、制度化,干部群众法纪观念强,自觉遵纪守法,并积极同各种违法犯罪行为作斗争。农民的公民权益得到有效保障。社会治安综合治理措施落实,乡(镇)村治安防范网络健全,治安形势平稳,群众有安全感。领导干部无严重违法违纪案件,乡(镇)、村无恶性刑事案件、严重经济案件、重大治安案件,无重大责任事故,无拐卖妇女儿童现象,无黑恶势力和"黄赌毒"丑恶现象,无非法宗教和邪教活动。妇女、儿童、老年人、残疾人合法权益得到切实保障。

（七）环境面貌整洁优美。制定并严格实施村镇建设总体规划,科学合法用地,村镇建设布局合理、环境良好、美观舒适。基础设施建设逐步完善,公用设施逐步配套。治理整顿脏、乱、差现象,搞好绿化、美化、净化,为人民群众创造良好的工作生活环境。保护环境,辖区内工业企业污染物全部达标排放,无污染事故发生。环境保护知识普及,环境质量达到国家标准。珍惜自然资源,维护生态平衡,无滥垦、滥伐、滥采、滥挖现象,无捕杀、销售和食用珍稀野生动物现象,无破坏生态事件。

(八)基层民主健全有效。扩大基层民主,保障群众依法直接行使民主权利。乡镇人大代表依法直接选举产生,乡镇人民代表大会的各项职权充分落实,乡镇人民政府依法施政,政务公开全面推行,乡村关系协调。村委会成员依法选举产生,村党支部与村委会关系融洽;村民会议制度完善,重大事项实行民主决策;村务管理制度健全、规范有序;村务公开、财务公开实现制度化、规范化。

(九)农村经济发展壮大。积极适应社会主义市场经济的发展,不断深化改革,调整产业结构,加大科技投入,改善生产条件,规范经营行为,壮大集体经济实力,增强集体经济组织为农民服务的功能,确保农业和农村经济健康发展、稳定增长,农民收入逐年增加,主要经济指标居本省(区、市)领先水平。切实减轻农民负担,尊重和保护农民的合法权益。采取切实措施,解决病残孤寡农民生产生活中的困难。

第六条　全国文明单位评选标准:

(一)组织领导有力,创建工作扎实。单位党组织能够认真学习、贯彻、实践邓小平理论和"三个代表"重要思想,坚定执行党的路线、方针、政策,自觉坚持"两手抓、两手都要硬"的方针,创建活动摆上重要议事日程,计划周全、目标明确、措施具体、责任落实。领导班子团结协作,作风民主,开拓创新,勤政廉政,以身作则,在创建活动中发挥模范带头作用。单位内部层层落实创建工作责任制,全体员工普遍参与创建活动。积极开展军民共建、拥军优属活动,热心支持社会公益事业,努力为当地文明创建工作作出贡献。

(二)思想教育深入,道德风尚良好。切实加强思想道德建设,积极开展党的基本理论、基本路线、基本纲领和基本经验宣传教育,大力弘扬和培育民族精神,积极开展深入细致的思想政治工作,引导广大干部职工树立正确的理想信念和世界观、人生观、价值观。认真贯彻落实《公民道德建设实施纲要》,"二十字"公民基本道德规范人人皆知,人人皆行。突出抓好诚信建设,坚决防止不守信用行为。高度重视对青年职工、青少年学生的思想道德教育,建立了行之有效的工作机制。

(三)学习风气浓厚,文体卫生先进。坚持对于部职工进行科学文化知识和业务技能培训,形成全员学习、终身学习、自觉学习的良好风尚。崇尚科学,反对迷信,倡导健康、文明的生活方式。落实卫生防疫制度。深入扎实地做好人口与计划生育工作,计划生育率100%。坚持开展群众性文体活动,职工精神文化生活丰富多彩、健康向上。

(四)加强民主管理,严格遵纪守法。健全民主管理制度,落实厂务公开、政务公开等公开办事制度,坚持和完善职工代表大会和其他形式的企事业民主管理制度,保障职工的合法权益。社会治安综合治理措施落实,治安防范网络健全,民主法制教育经常化、制度化。单位内部治安状况良好,工作纪律严明,安全生产落实。领导干部无违法违纪案件,全体员工无严重违法违纪案件及刑事案件,单位无重大安全质量责任事故,无"黄赌毒"等丑恶现象,无邪教活动。

(五)内外环境优美,环保工作达标。内务管理规范有序,内外环境清洁整齐,无脏、乱、差现象,搞好绿化、美化,为职工创造良好的工作生活环境。环保制度健全、措施落实。工业企业建立了切实有效的环境管理体系,环境宣传教育工作成效明显,环境污染控制指标达到国家环保标准。

(六)业务水平领先,工作实绩显著。生产经营单位积极适应社会主义市场经济的发展,改革进取,诚信经营,科学管理,质量第一,经济效益和社会效益稳步提高,主要经济指标居于全国同行业前列。党政机关和执法部门廉洁高效、办事公道、依法行政、执政为民,重大决策民主公开,群众满意率高。服务性单位工作规范,周到细致,优质高效,业务工作处于全国同行业领先水平。

第三章　申报和评选

第七条　全国文明城市、文明村镇、文明单位每三年评选表彰一次。每届期满后,获得荣誉称号的城市、村镇和单位须重新参加申报、评选。连续三届保持荣誉称号的,中央文明委分别授予"全国文明城市标兵"、"全国文明村镇标兵"、"全国文明单位标兵"的荣誉称号。

第八条　凡是符合全国文明城市标准的直辖市、副省级城市、地级市、县级市均有资格申报全国文明城市。地级和地级以上城市的市辖区,可参照全国文明城市标准,申报全国文明城区。

凡是符合全国文明村镇标准的乡、民族乡、镇、建制村均有资格申报全国文明村镇。

凡是符合全国文明单位标准的党政机关、人民团体机关及其基层单位,实行独立核算、具有独立法人资格的各种所有制形式的企业、事业单位均有资格申报全国文明单位。

第九条　全国文明城市、文明村镇、文明单位的评选按照自愿申报、逐级推荐、提前公示、择优评选的程序进行。

（一）自愿申报。具备申报资格的城市、村镇可自愿向上级精神文明建设委员会提出申请。具备申报资格的单位可自愿向当地精神文明建设委员会提出申请。垂直管理系统的单位向上一级主管部门精神文明建设委员会（领导小组）提出申请，中央直属单位按党组织隶属关系向上一级精神文明建设委员会（领导小组）提出申请。参加全国文明城市评选的直辖市直接向中央文明委提出申请。

（二）逐级推荐。各级文明委按照全国文明城市、文明村镇、文明单位的标准和申报资格对申报城市、村镇、单位进行审核，本着优中选优的原则，逐级向上一级文明委推荐。最后由省（区、市）和中央、国家有关主管部门文明委统一审核后，提出本省（区、市）或本系统的拟推荐名单。

（三）提前公示。各省（区、市）和中央、国家有关主管部门文明委须将拟推荐名单在省（区、市）主要媒体或全系统内以适当方式进行为期十五天的公示，接受群众的评议和监督。公示期满后，正式向中央文明委办公室提交推荐报告。

（四）择优评选。中央文明委办公室对各地、各有关部门的推荐报告进行审核，以适当方式征询有关方面和人民群众的意见。对垂直管理系统推荐的单位，征求所在省（区、市）文明委意见；对地方推荐的单位，征求相关行业主管部门的意见。审核后,提出全国文明城市、文明村镇、文明单位建议名单,报中央文明委审议。

第四章　表彰

第十条　中央文明委审议批准全国文明城市、文明村镇、文明单位建议名单后,正式进行表彰,颁发奖牌和证书并给予适当奖励。

第十一条　各地、各有关部门可从实际出发制定奖励办法,对获得全国文明城市、文明村镇、文明单位荣誉称号的城市、村镇、单位及在创建工作中作出突出贡献人员进行奖励。

第五章　指导和监督

第十二条　对创建全国文明城市、文明村镇、文明单位日常工作的指导、监督,按照谁推荐谁负责的原则,由所在省(区、市)和中央、国家有关主管部门文明委负责。各地、各部门文明委要加强对创建工作的督促、检查,帮助他们解决工作中的实际困难,及时总结推广先进经验,推动创建工作向纵深发展。

第十三条　推荐和评选工作要坚持客观公正,实事求是的原则。对于隐瞒事实、弄虚作假的,经查实,即取消申报资格,撤销荣誉称号。

第十四条　对全国文明城市、文明村镇、文明单位的荣誉称号,在届期内实行动态管理,各省(区、市)和中央、国家有关主管部门文明委每年要对获得全国文明城市、文明村镇、文明单位荣誉称号的单位进行一次复查,并向中央文明委办公室提出复查报告。对于工作停滞不前、出现突出问题的,应给予必要的批评警告,限期整改;对于工作严重滑坡、出现重大问题的,要查明情况,提出撤销荣誉称号的建议,报中央文明委办公室。直辖市的复查由中央文明委办公室负责。

第十五条　被撤销全国文明城市、文明村镇、文明单位称号的,不得参加下一届评选。经过认真整改,符合条件的,可参加以后的评选。

第十六条　全国文明城市、文明村镇、文明单位如变更名称、变动隶属关系,应及时向省(区、市)和中央、国家主管部门文明委备案;重划、重组、撤销、分立、合并的,全国文明城市、文明村镇、文明单位荣誉称号自行终止。以上情况均应及时报中央文明委办公室。

第六章　附则

第十七条　本办法由中央文明委负责组织实施,各省(区、市)文明委和有关行业主管部门文明委可根据本规定制定实施细则。

第十八条　人民解放军和武装警察部队的文明单位评选表彰工作由解放军总政治部另行作出规定。

第十九条　本办法由中央文明委办公室负责解释。

第二十条　本办法自颁布之日起实施。

关于推荐全国文明城市、文明村镇、文明单位和
全国精神文明创建工作先进单位的通知

文明办〔2005〕4号

党的十六大以来,在以胡锦涛同志为总书记的党中央领导下,社会主义精神文明建设扎实推进,群众性创建活动蓬勃发展,城乡文明程度和公民文明素质不断提高,在促进改革发展、维护社会稳定中发挥了积极作用。为充分展示精神文明创建活动的成果,提高群众性精神文明创建活动的水平,根据《中央精神文明建设指导委员会关于评选表彰全国文明城市、文明村镇、文明单位的暂行办法》(文明委〔2003〕9号)和中央文明委2005年工作安排,将于今年适当时候表彰首批全国文明城市、文明村镇、文明单位,表彰全国创建文明城市工作先进城市、全国创建文明村镇工作先进村镇和精神文明建设工作先进单位。现将有关事项通知如下:

1.高度重视,精心部署。各地各部门要充分认识表彰先进的重要性,把这项工作作为深入贯彻党的十六大和十六届三中、四中全会精神的重要举措,作为树立和落实科学发展观、促进社会主义和谐社会建设的具体实践,作为推动群众性精神文明创建活动深入开展的有力手段和重要抓手,摆上工作日程,切实抓紧抓好。要结合各地各部门的实际,统筹安排,周密部署。

2.重在实效,重在过程。要以推荐、表彰先进为契机促进精神文明创建活动的深入发展,通过深入细致、扎实有效的工作,使推荐表彰过程成为总结经

验、改进工作、进一步提高创建工作水平的过程,成为为群众多办好事、多办实事、吸引群众广泛参与的过程,成为学习先进、激励后进、不断提高城乡文明程度和公民文明素质的过程。推荐表彰工作要注重实效,防止形式主义。

3.坚持标准,严格程序。要严格按照推荐条件和程序,公开透明、严谨有序、优中选优,坚持高标准严要求,真正把那些工作基础扎实、创建成绩突出、在当地具有示范作用的先进推荐上来。要坚持客观公正、实事求是的原则,对于隐瞒事实、弄虚作假的,一定要严肃查处并取消推荐申报资格。要广泛了解社情民意,注意听取各界意见,坚持走群众路线,接受社会监督。

4.明确责任,动态管理。各地各部门要按照谁推荐谁负责的精神,负责对推荐的精神文明创建工作先进单位进行指导和监督,对受到表彰的全国文明城市、文明村镇、文明单位和精神文明创建工作先进单位实行动态管理,加强对创建工作的督促检查,推动创建活动深入开展。1999年和2002年受到表彰的两批精神文明创建工作先进城市(区)、村镇、单位,在此次评选表彰时要重新申报。

各地各部门可根据本通知精神和有关推荐办法(见附件),结合本地本部门实际情况制定实施细则。

请各省(区、市)文明委、中央和国家有关部门文明委(领导小组)于2005年6月30日前将全国文明城市(区)、文明村镇、文明单位和全国精神文明创建工作先进单位的推荐报告(一式3份)报送中央文明办。报送时需同时提交如下材料:申报、推荐城市经验材料(3000字以内,一式3份)、申请参评报告(1份)、省区市文明委对推荐城市进行测评的原始资料及详细测评分数(1份);

推荐村镇和单位的经验材料（2000字以内，一式3份）。

中央文明办

2005年3月23日

附件一

全国文明城市、全国创建文明城市工作先进城市申报推荐办法

一、申报推荐范围

（一）全国文明城市（区）

1.受到中央文明委1999年、2002年表彰的全国创建文明城市工作先进城市，方可申报参加全国文明城市评选。

2.直辖市不以市为单位参加首届全国文明城市评选，直辖市中受到中央文明委1999年、2002年表彰的全国创建文明城市工作先进城区，方可申报参加全国文明城区评选。其他城市的城区不参加全国文明城区评选。

（二）全国创建文明城市工作先进城市（区）

1.凡创建文明城市工作走在本省区市前列，能够发挥示范作用的省会城市、副省级城市、地级市、县级市和直辖市所辖区，均可作为全国创建文明城

市工作先进城市(区)推荐对象。

2.直辖市不以市为单位参加全国创建文明城市工作先进城市(区)评选，直辖市所辖城区可参加评选。其他城市不以城区为单位参评。

二、申报推荐条件

1.申报全国文明城市(区)，须具备中央文明委〔2003〕9号文件中所指"全国文明城市评选标准"和《全国文明城市测评体系》(试行)规定的申报条件。

2.有下列情况之一的，不能申报和推荐为全国文明城市(区)：

(1)在《全国文明城市测评体系》规定的全国文明城市(区)测评内容中，"扫除黄赌毒和除黑打恶""打击假冒伪劣商品""食品卫生""空气污染指数、城市水域功能区水质达标率""创建文明城市工作的支持率"等项目为0分状态的城市(区)；

(2)市委(区委)常委、市政府(区政府)副职以上领导干部中发生违法犯罪，被"双规"或被追究刑事责任，尚未结案或从结案之日起到今年6月30日不足1年的。

3.推荐全国创建文明城市工作先进城市(区)，参照执行上述第1条全国文明城市(区)申报条件。

4.市委(区委)、市政府(区政府)主要领导干部发生违法犯罪，被"双规"或被追究刑事责任，尚未结案或从结案之日起到今年6月30日不足1年的，不能作为全国创建文明城市工作先进城市(区)推荐对象。

三、报批程序

1.名额下达。中央文明办将全国创建文明城市工作先进城市(区)的推荐名额下达给各省区市,由省区市文明委按名额向中央文明办推荐。

全国文明城市(区)不下达名额。

2.自愿申报,测评推荐。符合申报全国文明城市或创建文明城市工作先进城市(区)条件的城市(区),可按中央文明委〔2003〕9号文件规定的程序,向所在省区市文明委申请参加全国文明城市(区)或创建文明城市工作先进城市(区)的评选。省区市文明委依照《全国文明城市测评体系》对申报城市(区)进行测评后,认为本地有符合全国文明城市(区)申报推荐范围和条件的,可在其上报的全国创建文明城市工作先进城市(区)名单中推荐不超过两个城市(区)参加全国文明城市(区)评选。

3.审核资格,组织考评。中央文明办对各省区市文明委推荐的全国文明城市(区)和全国创建文明城市工作先进城市(区)进行资格审核确认,征求中央和国家有关部委的意见。对全国文明城市(区)的考核测评,中央文明办将委托专门调查机构进行。

4.进行公示,审批表彰。各省区市文明委向中央文明办推荐全国文明城市(区)或创建文明城市工作先进城市(区)之前,应将推荐名单在当地主要新闻媒体进行公示。对各地推荐的全国文明城市(区)或创建文明城市,工作先进城市(区),经考核测评或审核后,中央文明办将拟表彰的全国文明城市(区)和创建文明城市工作先进城市(区)名单通过中央主要新闻媒体和主要网站进行公示,广泛听取社会反映和群众意见。公示后报经中央文明委审定,正式表彰。

附件二

全国文明村镇、全国创建文明村镇工作先进村镇推荐办法

一、推荐范围

凡受到中央文明委1999年、2002年表彰,创建工作在本省区市居于前列,能够发挥示范作用的全国创建文明村镇工作先进村镇,均可作为全国文明村镇的推荐对象。在三个文明建设中做出较好成绩,创建文明村镇工作在本省区市处于先进的建制镇和行政村,均可作为全国创建文明村镇工作先进村镇推荐对象。

二、推荐条件

推荐全国文明村镇,须符合中央文明委〔2003〕9号文件中规定的"全国文明村镇评选标准";推荐全国创建文明村镇工作先进村镇,参照执行"全国文明村镇评选标准"。

三、报批程序

1.由中央文明办向各省区市下达全国文明村镇和全国创建文明村镇工作先进村镇推荐名额。

2.各省区市文明委按推荐范围、条件和下达名额择优推荐。

3.各省区市文明委在向中央文明办推荐全国文明村镇和全国创建文明村镇工作先进村镇之前,应将推荐名单在当地主要新闻媒体进行公示。对各地推荐的全国文明村镇和全国创建文明村镇工作先进村镇,中央文明办审核后,将拟表彰名单通过中央主要新闻媒体和主要网站进行公示,听取社会反映和群众意见。公示后报经中央文明委审定,正式表彰。

附件三

全国文明单位、全国精神文明建设工作先进单位推荐办法

一、推荐范围

在三个文明建设中做出突出成绩,创建文明单位工作在本省区市或全行业走在前列,连续获得和保持省级文明单位或全行业文明单位称号,能够发挥示范作用的党政机关、人民团体机关,实行独立核算、具有独立法人资格、建有中国共产党基层组织或工会基层组织的各种所有制形式的企业、事业单

位,均可作为全国文明单位的推荐对象。

在三个文明建设中做出较好成绩,精神文明建设工作在本省区市或全行业处于先进,获得省级文明单位或全行业文明单位称号的党政机关、人民团体机关,实行独立核算、具有独立法人资格、建有中国共产党基层组织或工会基层组织的各种所有制形式的企业、事业单位,均可作为全国精神文明建设工作先进单位推荐对象。

二、推荐条件

推荐全国文明单位,须符合中央文明委〔2003〕9号文件中规定的"全国文明单位评选标准";推荐全国精神文明建设工作先进单位,参照执行"全国文明单位评选标准"。

三、报批程序

1.中央文明办给各省区市文明委、中央和国家有关部门(主要是中央实施垂直管理的行业部门)文明委下达全国文明单位和全国精神文明建设工作先进单位推荐名额。

2.各省区市文明委、中央和国家有关部门文明委从符合推荐范围、条件的单位中择优推荐。由中央、国家主管部门推荐的,要征求所在省区市文明委的意见;由省区市推荐的,要征求有关中央、国家主管部门的意见。推荐单位名单须分别报经中央、国家机关有关部(委、局)党组或省区市党委同意。

3. 各省区市文明委向中央文明办推荐全国文明单位和全国精神文明建

设工作先进单位之前,应将推荐名单在当地主要新闻媒体进行公示;中央和国家有关部门文明委向中央文明办推荐全国文明单位和全国精神文明建设工作先进单位之前,应将推荐名单在行业报上进行公示。对各省区市文明委、中央和国家有关部门文明委推荐的全国文明单位和全国精神文明建设工作先进单位,中央文明办审核后,将拟表彰名单通过中央主要新闻媒体和主要网站进行公示,听取社会反映和群众意见。公示后报经中央文明委审定,正式表彰。

中央文明办关于推荐第二批全国文明城市、文明村镇、文明单位和第四批全国创建工作先进城市、村镇、单位的通知

（文明办〔2008〕11号）

党的十六大以来,在以胡锦涛同志为总书记的党中央坚强领导下,社会主义精神文明建设扎实推进、蓬勃开展,在促进改革发展稳定、推动社会主义和谐社会建设中发挥了重要作用。为进一步推动群众性精神文明创建活动深入开展,根据《中央精神文明建设指导委员会关于评选表彰全国文明城市、文明村镇、文明单位的暂行办法》和中央文明委2008年工作安排,今年第四季度将表彰第二批全国文明城市、文明村镇、文明单位和第四批全国创建文明城市工作先进城市、全国创建文明村镇工作先进村镇、全国精神文明建设工作先进单位。现将有关事项通知如下。

一、指导思想

认真贯彻党的十七大精神，坚持以邓小平理论和"三个代表"重要思想为指导，深入贯彻落实科学发展观，以建设社会主义核心价值体系为根本，以培养有理想、有道德、有文化、有纪律的社会主义公民为目标，推动形成新一轮精神文明创建活动热潮，促进城乡文明程度和公民文明素质进一步提高，激励广大干部群众同心同德、万众一心，为推动社会主义和谐社会建设、夺取全面建设小康社会新胜利、开创中国特色社会主义事业新局面而努力奋斗。

二、工作要求

（一）作出全面部署。这次评选表彰是大力推进精神文明建设的重要举措，是动员广大干部群众积极投身精神文明建设的重要契机。各地各有关部门要把这项工作摆上重要日程，切实加强领导，精心部署安排。要采取有效措施，把广大干部群众发动起来，把社会各方面的积极性调动起来，促进城乡基层广泛深入地开展创建活动。要认认真真把面上的工作抓起来，把评选表彰工作同正在广泛开展的"迎奥运、讲文明、树新风"活动结合起来，同纪念改革开放30周年结合起来，同各地各部门的实际工作结合起来，通过深入细致、扎实有效的工作，使推荐表彰过程成为总结经验、改进工作、不断提高创建工作水平的过程，成为为群众多办好事、多办实事、吸引群众广泛参与的过程，成为学习先进、激励后进、不断提高城乡文明程度和公民文明素质的过程。

（二）确保评选质量。评选工作要严格按照《全国文明城市测评体系》和中央文明委关于评选表彰工作《暂行办法》的规定进行,严格程序,规范操作,做到客观公正,公开透明,严谨有序,优中选优,真正把工作基础扎实、创建成绩突出、在当地具有示范作用的先进评选出来。要坚持群众标准,充分听取群众意见,把评选工作置于社会和群众监督之下,使评选出来的城市、村镇和单位叫得响、立得住,经得起群众和实践的检验。推荐工作要注重实效,简便易行,防止搞形式主义。要坚持实事求是,对于隐瞒事实、弄虚作假的,取消其推荐申报资格。

(三)广泛进行宣传。各级文明办要组织报纸、电台、电视台和网络等新闻媒体大力宣传文明城市、文明村镇、文明单位的先进经验,切实发挥其示范带动作用。各地各部门要通过召开经验交流会、现场会、表彰推介等多种形式,推广先进典型,扩大社会影响力。各地各部门要按照谁推荐谁负责的原则,对受到表彰的城市、村镇和单位实施动态管理,加强指导和监督,帮助他们不断完善工作机制、提高创建工作水平,长期保持先进性。

三、申报安排

1.首批全国文明城市申报复查。首批全国文明城市(区)依据2008年版《全国文明城市测评体系》和今年全国文明城市的申报条件,认真进行自查,符合申报条件的,于6月5日前,向所在省(区、市)文明委提出参加复查的申请报告。各省(区、市)依据《全国文明城市测评体系》和今年全国文明城市评选程序对申报城市(区)进行复查,于6月20日前将复查报告(一式3份)和测评原始记录、群众赞同率调查材料报中央文明办。中央文明办组织力量对各地报送的首批全国文明城市（区）进行复查，符合条件的予以公布确认，不符合条件的不再保留荣誉称号。

2.今年拟表彰城市、村镇、单位的申报。第二批全国文明城市、村镇、单位和第四批全国创建工作先进城市、村镇、单位的申报推荐工作，按照本通知附件1、2、3规定的要求进行。8月20日前，各省（区、市）、中央和国家有关部门将全国文明城市、村镇、单位和全国创建工作先进城市、村镇、单位的推荐报告（一式3份）和相关申报材料（具体要求见附件1、2、3）报中央文明办。

各地各部门可根据本通知精神和有关推荐办法（见附件），结合本地本部门实际情况制定实施细则。

附件：

1.全国文明城市、全国创建文明城市工作先进城市申报推荐评选办法

2.全国文明村镇、全国创建文明村镇工作先进村镇推荐评选办法

3.全国文明单位、全国精神文明建设工作先进单位推荐评选办法

4.全国文明城市、文明村镇、文明单位和全国创建工作先进城市、村镇、单位推荐名额（略）

5.全国精神文明创建工作先进单位申报表（略）

（2008年5月8日）

附件1

全国文明城市、全国创建文明城市工作先进城市申报
推荐评选办法

一、申报推荐范围

（一）全国文明城市（区）

1.中央文明委1999年、2002年、2005年表彰的全国创建文明城市工作先进城市（区），符合《全国文明城市测评体系》规定条件的，均可作为全国文明城市（区）推荐对象。

2.直辖市以城区为单位参评，省会城市、副省级城市、地级市和县级市以城市为单位参评。

（二）全国创建文明城市工作先进城市（区）

1.凡创建文明城市工作走在本省（区、市）前列，能够发挥示范作用的省会城市、副省级城市、地级市、县级市和直辖市所辖区，均可作为全国创建文明城市工作先进城市（区）推荐对象。

2.直辖市以所辖城区参加评选，其他城市不以城区为单位参评。

二、申报推荐条件

1.申报全国文明城市(区),须具备中央文明委2003年9号文件规定的"全国文明城市评选标准"和《全国文明城市测评体系》规定的申报条件。

2.有以下情形之一的,不得申报和推荐为全国文明城市(区):

(1)在《全国文明城市测评体系》规定的全国文明城市(区)测评内容中,"维护社会稳定"、"打击走私贩私、假冒伪劣产商品"、"食品安全"、"空气污染指数、城市水环境功能区水质达标率"、"创建文明城市工作的支持率"等项目为0分状态的城市(区)。

(2)市委(区委)常委、市政府(区政府)副职以上领导干部中发生违法犯罪,被"双规"或被追究刑事责任,尚未结案或从结案之日起到今年6月30日不足1年的。

3.推荐全国创建文明城市工作先进城市(区),参照执行上述第1条全国文明城市(区)申报条件。市委(区委)、市政府(区政府)主要领导干部发生违法犯罪,被"双规"或被追究刑事责任,尚未结案或从结案之日起到今年6月30日不足1年的,不能作为全国创建文明城市工作先进城市(区)推荐对象。

三、评选程序

1.下达名额。5月上旬,中央文明办将全国创建文明城市工作先进城市(区)的推荐名额下达给各地,各省(区、市)严格按名额推荐。

2.自愿申报,测评推荐。符合申报全国文明城市(区)或全国创建文明城市工作先进城市(区)条件的城市(区),可按中央文明委2003年9号文件规定的程序,向所在省(区、市)文明委申报参加评选。各省(区、市)文明委按照《全国文明城市测评体系》对申报城市(区)进行测评,对于基本指标95%以上达到A类状态的城市(区),可作为推荐对象,并在当地主要媒体进行为期15天的公示,接受群众评议和监督。由政府专业统计调查机构采取抽样调查办法,征求该城市(区)市民是否同意申报参评,对群众赞同率低于60%的,不得推荐参评。

各省(区、市)可在上报的全国创建文明城市工作先进城市(区)名单中,明确参加全国文明城市(区)评选的城市。有30个以上城市的省(河北、辽宁、黑龙江、江苏、浙江、山东、河南、湖北、广东、四川)可推荐1—3个城市参评,其他省(区、市)可推荐1—2个城市(区)参评。

8月20日前,各省(区、市)将申报推荐城市的经验材料(3000字以内,一式3份)、各城市(区)的申请参评报告、省(区、市)对推荐城市(区)进行测评的原始记录及详细测评分数、群众赞同率调查材料报中央文明办。

3.审核资格,组织测评。中央文明办对各省(区、市)推荐的全国文明城市(区)和全国创建文明城市工作先进城市(区)进行资格审核确认,征求中央和国家有关部委的意见。委托国家专业统计调查机构对参评的全国文明城市(区)进行实地测评。

4.进行公示,审批表彰。考核测评工作结束后,确定拟表彰的全国文明城市(区)和全国创建文明城市工作先进城市(区)候选名单,通过中央主要新闻媒体和网站进行公示。公示后,报经中央文明委审定后予以表彰。

5.参加全国文明城市(区)测评但没有入选的城市（区），符合全国创建文明城市工作先进城市(区)条件的,作为第四批全国创建文明城市工作先进城市(区)，由中央文明委予以表彰。

附件2

全国文明村镇、全国创建文明村镇工作先进村镇推荐评选办法

一、推荐范围

首批全国文明村镇和全国创建文明村镇工作先进村镇，符合条件的，均可作为本届全国文明村镇的推荐对象。每省(区、市)可在全国文明村镇名额中推荐1—3个县城参评全国文明县城。

创建文明村镇工作成绩突出,在本省(区、市)能够发挥示范带动作用的乡镇和行政村,均可作为全国创建文明村镇工作先进村镇推荐对象。

二、推荐条件

推荐全国文明村镇,须符合中央文明委2003年9号文件规定的"全国文明村镇评选标准"；推荐全国创建文明村镇工作先进村镇,参照执行"全国文明村镇评选标准"。

三、评选程序

1.5月上旬,中央文明办向各省(区、市)下达全国文明村镇和全国创建文明村镇工作先进村镇推荐名额。

2.各省(区、市)按下达名额择优推荐。在向中央文明办推荐之前,要将拟推荐全国文明村镇和全国创建文明村镇工作先进村镇名单在当地主要新闻媒体进行公示。8月20日前,各省(区、市)将推荐村镇的经验材料(2000字以内,一式3份)报中央文明办。

3.中央文明办对各地推荐的全国文明村镇、全国创建文明村镇工作先进村镇进行审核后,形成候选名单,在中央主要新闻媒体和网站进行公示,听取社会反映和群众意见。综合公示和核查情况,提出建议名单,报经中央文明委审定后予以表彰。

附件3

全国文明单位、全国精神文明建设工作先进单位
推荐评选办法

一、推荐范围

首批全国文明单位、全国精神文明建设工作先进单位,符合条件的,均可

作为全国文明单位的推荐对象。每省（区、市）可在全国文明单位名额中推荐1—5个社区参评全国文明社区。

精神文明建设工作成绩突出,在本省（区、市）或全行业能够发挥示范带动作用,已获得省级文明单位或全行业文明单位称号的党政机关、人民团体机关、社区,以及具有独立法人资格、建有中国共产党基层组织或工会基层组织的各种所有制形式的企业、事业单位,均可作为全国精神文明建设工作先进单位的推荐对象。

二、推荐条件

推荐全国文明单位,须符合中央文明委2003年9号文件规定的"全国文明单位评选标准";推荐全国精神文明建设工作先进单位,参照执行"全国文明单位评选标准"。

三、评选程序

1.5月上旬,中央文明办给各省（区、市）、中央和国家有关部门下达全国文明单位和全国精神文明建设工作先进单位推荐名额。

2.各省（区、市）和有关部门从符合推荐范围和条件的单位中择优推荐,在向中央文明办推荐之前,要将拟推荐全国文明单位和全国精神文明建设工作先进单位名单在当地主要新闻媒体或行业媒体上进行公示。8月20日前,各省（区、市）和有关部门将推荐单位的经验材料（2000字以内,一式3份）报中央文明办。

3.中央文明办对各省（区、市）和有关部门推荐的全国文明单位和全国精神文明建设工作先进单位进行审核，对中央国家有关部门推荐的，征求所在省（区、市）的意见；对各省（区、市）推荐的，征求相关行业主管部门的意见。将拟表彰名单在中央主要新闻媒体和网站进行公示，听取社会反映和群众意见。综合公示和核查情况，提出建议名单，报经中央文明委审定后予以表彰。

中央文明委印发全国文明城市测评体系

（2008年4月17日）

目　录

说　明

一、全国文明城市(城区)定义

全国文明城市(城区)是指,在全面建设小康社会,加快推进社会主义现代化新的发展阶段,坚持以邓小平理论和"三个代表"重要思想为指导,深入贯彻落实科学发展观,经济建设、政治建设、文化建设和社会建设全面发展,精神文明建设成绩显著,市民文明素质和社会文明程度较高的城市(城区)。全国文明城市(城区)是反映城市(城区)整体文明、和谐程度的综合性荣誉称号。

二、申报条件

获得全国文明城市(城区)、全国创建文明城市工作先进城市(城区)荣誉称号。

有以下情形之一的城市(城区)不得申报:

(1)申报前12个月内市委(区委)、市政府(区政府)主要领导严重违纪、违法犯罪;

(2)申报前12个月内曾发生有全国影响的重大安全事故、重大食品药品安全事故、重大刑事案件、重大环境污染事件。

三、测评体系的结构与内容

1.结构:测评体系包括"基本指标"和"特色指标"。基本指标反映文明城市

(城区)创建的基本情况,共设置了7个测评项目、30项测评指标。特色指标反映城市(城区)精神文明创建工作特色、城市(城区)整体形象,共3条(城区4条)。在基本指标中设置了6个调节性测评内容,用"*"标示,考核西部、中部和东北部城市时,这6项测评内容的标准适当下调。

2.基本指标的测评项目:廉洁高效的政务环境、公正公平的法治环境、规范守信的市场环境、健康向上的人文环境、安居乐业的生活环境、可持续发展的生态环境、扎实有效的创建活动。

3.数据采集方法:主要采用听取汇报、材料审核、问卷调查、网络调查、实地考察、整体观察六种方法。文明城市的考核数据为市区数据(在注中有说明的测评内容除外),实地考察的范围主要是建成区(测评内容:"以城带乡,联动发展"除外)。文明城市(城区)的各类数据取测评年度前两年的平均值;材料审核以测评年度前两年的材料为主。

4.实地考察方法,具体有三种:一是实景(情)模拟验证,如:拨打法律服务热线,拨打维权举报电话等;二是实地调查,即进入现场查证被考察对象是否符合测评标准,如:到社区查看相关工作记录等;三是实地观察,即根据实地观察要求,在实地考察点、在一定时间内,对被考察对象进行实地观察。

5.材料审核的数据来源:(1)国家或省(区、市)统计年鉴;(2)各省(区、市)相关部门提供的资料。

6.分值构成:总分为100+16分。其中基本指标100分,特色指标16分。

7.评分方法:采用"状态描述法",以A、B、C描述测评内容的状态。A为该项测评内容的满分;B为该项测评内容满分66%;C为该项测评内容满分33%(部分测评内容的最低得分为0,用C#标示)。每一指标的状态确定后,经过计算机处理,得出测评总分。

主要指标解释

一、有关城市区域的术语

【建成区】指市政范围内经过征用的土地和实际建设发展起来的非农业建设地段,包括市区集中连片的部分以及分散在近郊区的与城市有密切联系,具有基本完善的市政公用设施的城市建设用地(如机场、污水处理厂、通信电台等)。

【市区】本指标体系所谓的"市区"对应于《中国城市统计年鉴》中狭义的城市,包括城区和郊区,不包括下辖的县和县级市。

【公共场所】指公共广场、公共绿地、公园、风景游览区、飞机场、公共电汽车(含长途客运汽车站)首末站、地铁车站、公路铁路沿线、河湖水面、停车场、集贸市场、展览场馆、文化娱乐场馆、体育场馆等。

【主干道】指以交通功能为主,与国道、省道、城市各区相通的交通干道。一般应分幅行驶。

【街巷道路】指连接居住区之间的小马路,以交通功能为主,兼有零星商业设施。

【主要大街和重点地区】指主要商业大街、大型广场、公园、火车站、公交枢纽等公共场所。

二、指标含义与计算方法

【群众对党政机关行政效能的满意度】指群众对市委市政府、区委区政府、街道党工委和街道办事处办事效率、办事能力、服务态度、联系群众等方面的满意度。

【虐待、不赡养老人案件发生率】虐待和不赡养老人案件数量以法院统计的立案数为准,经过二审以及依据审判监督程序重新审判的案件不重复计算。

虐待和不赡养老人案件发生率=虐待和不赡养老人案件数量÷全市（城区)居民户数(万户)。

【侵犯残疾人合法权益事件投诉率】侵犯残疾人合法权益事件数量以残疾人联合会收到的投诉为准。

侵犯残疾人合法权益事件投诉率=侵犯残疾人合法权益事件数量÷全市居民户数(万户)。

【窗口行业】本指标体系所谓的"窗口行业"包括:公安、税务、工商、燃气、供热、自来水、供电、公共交通、出租汽车、铁路、民航、环卫、风景园林、物业管理、邮政、电信、银行、医院、宾馆、旅行社、商业零售等行业。

【人均教育经费支出】教育经费包括各级教育部门和各部门举办由国家拨款的高等学校、中等专业学校、职业教育、中学、小学、幼儿教育、成人高等教育、普通业余教育、教师进修及民办教师补助费、特殊教育费、广播电视教育费及其他教育事业经费。

人均教育经费支出=教育经费总额÷市区人口总数。

【全市性科普教育活动】指由市级政府部门举办的科普教育活动。系列科普教育活动根据主题计算活动次数,同一主题不重复计算。科普宣传工作中必须包含环境教育、公共卫生和健康知识教育的内容。

【人均体育场地面积】指全市(城区)范围内体育场、体育馆、社区内专门用于居民体育运动的健身房、健身点、学校体育场地以及社会经营性体育场地的面积之和。

人均体育场地面积=体育场地总面积÷市区人口总数。

【区级以上(含区级)大型广场文化活动】指由区级政府部门或区级群众团体组织,有10家以上单位或演出团体参与演出的活动。

【城镇居民可支配收入】指调查户可用于最终消费支出和其他非义务性支出以及储蓄的总和,即居民家庭可以用来自由支配的收入。它是家庭总收入扣除交纳所得税和社会保障支出以及调查户的记账后的收入。计算公式:可支配收入=家庭总收入-交纳所得税-交纳的社会保障支出-记账补贴。

【万人拥有公共汽(电)车及城市公共交通分担率】万人拥有公共汽(电)车指按城市人口计算的每万人平均拥有的公共交通车辆标台数。万人拥有公共汽(电)车=全市公共交通营运车辆标台数÷市区人口总数(万人)。

城市公共交通分担率=城市公共交通年客运量÷城市居民全方式年出行总量×100%。

【社区卫生服务中心】指设置于街道范围内的公益性、非盈利的医疗服务机构。

【重大食物中毒事故】根据卫生部《食物中毒事故处理办法》,食物中毒指食用了被生物性、化学性有毒有害物质污染的食品或者食用了含有毒有害物质的食品后出现的急性、亚急性食源性疾患。重大食物中毒事故指中毒人数超过100人或者死亡1人以上的食物中毒事件。

【城镇登记失业率】指有非农业户口,在一定的劳动年龄内(16周岁至退休年龄),有劳动能力,无业而要求就业,并在当地就业服务机构进行求职登记的人员占非农业户籍人口的比例。

【森林覆盖率】根据《国家林业局关于颁发〈森林资源规划设计调查主要技术规定〉的通知》(林资发[2003]61号)的规定,森林覆盖率的计算公式为:

森林覆盖率=(有林地面积+国家特别规定灌木林面积)÷土地总面积×100%。

【建成区绿化覆盖率】建成区绿化覆盖面积指城市建成区内一切用于绿化的乔灌木和多年生草本植物的垂直投影面积。

建成区绿化覆盖率=建成区绿化覆盖面积÷建成区面积×100%。

【绿地率】绿地率=建成区绿地面积÷建成区面积×100%。

【生活垃圾无害化处理率】指生活垃圾无害化处理量与生活垃圾产生量的比率。

生活垃圾无害化处理率=生活垃圾无害化处理量÷生活垃圾产生量×100%。

在统计时,由于生活垃圾的产生量不易计算,可用清运量代替。

【环境保护投资指数】指当年城市环境保护投资占当年城市国内生产总值的百分比。

环境保护投资指数=城市环境保护投资（万元）÷城市国内生产总值×100%。

【空气污染指数（API）】是一种反映和评价空气质量的数量尺度方法，就是将常规监测的几种空气污染物浓度简化成为单一的概念性指数数值形式，并分级表征空气污染程度和空气质量状况。目前我国计入空气污染指数的项目暂定为：二氧化硫、氮氧化物和总悬浮颗粒物。

当某种污染物浓度$C_{i,j} \leq C_i \leq C_{i,j+1}$时，其污染分指数

$$I_i = (C_i - C_{i,j})(C_{i,j+1} - C_{i,j})(C_{i,j+1} - I_{i,j}) + I_{i,j}$$

式中：I_i第i种污染物的污染分指数；

C_i第i种污染物质的浓度值；

$I_{i,j}$第i种污染物j转折点的污染分项指数值；

$I_{i,j+1}$第i种污染物j+1转折点的污染分项指数值；

$C_{i,j}$第j转折点上i种污染物的（对应于$I_{i,j}$）浓度值；

$C_{i,j+1}$第j+1的转折点上i种污染物（对应于$I_{i,j+1}$）浓度值；

各种污染参数的污染分指数都计算出以后，取最大者为该区域或城市的空气污染指数API。

$$API = max(i_1, i_2 \cdots\cdots i_i \cdots\cdots i_n)。$$

【城市生活污水集中处理率】指城市市区经过城市污水处理厂二级或二级以上处理且达到排放标准的污水量与城市生活污水排放总量的百分比。计算方法：城市生活污水集中处理率=城市污水处理厂处理的生活污水量÷城市生活污水排放总量×100%。

【重点工业企业污染物排放稳定达标率】指重点工业企业废水排放稳定达标率和重点工业企业废气排放稳定达标率。重点工业企业是指城市地区范围内分别按废水、废气中主要污染物排污量从高到低,累计排放量占城市地区排污总量85%的重点工业企业。排放稳定达标:浓度稳定达到排放标准,执行排污许可证的规定,不超过排污总量指标要求,未发生污染事故。

重点工业废水排放稳定达标率是指城市地区范围内的重点工业企业,经其所有排污口排到企业外部并稳定达到国家或地方排放标准的工业废水总量占外排工业废水总量的百分比。计算方法:重点工业废水排放稳定达标率=各重点工业企业稳定达标排放的工业废水量之和÷各重点工业企业排放的工业废水×100%。

重点工业废气排放稳定达标率是指城市地区范围内的重点工业企业,在燃料燃烧和生产工艺过程中稳定达到排放标准的工业烟尘、工业粉尘和工业二氧化硫排放量分别占其排放总量的百分比。计算方法:重点工业废气排放稳定达标率=各重点工业企业稳定达标排放的烟尘量之和÷各重点工业企业排放的工业烟尘总量×100%。工业粉尘、工业二氧化硫稳定排放达标率的计算方法与之相同。

【城市水环境功能区水质达标率】指城市市区地表水认证断面和近岸海域认证点位监测结果按相应水体功能标准衡量,不同水环境功能水质达标率的平均值。

以下指标解释仅适用于文明城区测评体系。

【残疾人保障覆盖率】残疾人可以分为轻残和重残,依据《残疾人保障法》,对无业轻残人员的社会保障以安排就业为主,对重残人员以社会救助为主。残疾人保障覆盖率指安排就业或得到社会救助的残疾人员总数与城区残疾人口总数的比例。

残疾人保障覆盖率=(安排就业残疾人总数+得到社会救助残疾人总数)÷残疾人口总数×100%。

表4.2　全国文明城市名单(第一届至第五届)

届　数	名　单
第一届(2005年) (12个)	直辖市城区(3个):天津市和平区、上海市浦东新区、北京市西城区
	省会、副省级城市(5个):福建省厦门市、山东省青岛市、辽宁省大连市、浙江省宁波市、广东省深圳市
	地级市(3个):内蒙古自治区包头市、广东省中山市、山东省烟台市
	县级市(1个):江苏省张家港市
第二届(2009年) (14个)	直辖市城区(3个):北京市东城区、上海市静安区、重庆市渝北区
	省会、副省级城市(3个):四川省成都市、江苏省南京市、广西省南宁市
	地级市(6个):广东省惠州市、江西省南通市、广东省东莞市、安徽省马鞍山市、江苏省苏州市、黑龙江省大庆市
	县级市(2个):新疆维吾尔自治区库尔勒市、内蒙古自治区满洲里市
第三届(2011年) (27个)	直辖市城区(3个):北京市朝阳区、上海市长宁区、重庆市渝中区
	省会、副省级城市(9个):湖南省长沙市、广东省广州市、福建省福州市、吉林省长春市、浙江省杭州市、河南省郑州市、西藏自治区拉萨市、宁夏回族自治区银川市、贵州省贵阳市
	地级市(14个):山东省临沂市、湖南省常德市、江苏省扬州市、山西省长治市、山东省淄博市、内蒙古自治区鄂尔多斯市、河南省洛阳市、四川省绵阳市、湖北省宜昌市、河北省唐山市、广东省江门市、浙江省嘉兴市、江苏省常州市、新疆维吾尔自治区克拉玛依市

续表

届　数	名　单
	县级市(1个):黑龙江省绥芬河市
第四届(2015年) (34个)	直辖市城区(4个):上海市奉贤区、北京市海淀区、重庆市南岸区、天津市河西区
	省会、副省级城市(6个):湖北省武汉市、江西省南昌市、黑龙江省哈尔滨市、安徽省合肥市、陕西省西安市、辽宁省沈阳市
	地级市(22个):山东省威海市、山东省潍坊市、四川省广安市、河南省许昌市、山东省东营市、江苏省镇江市、浙江省绍兴市、河南省濮阳市、湖南省岳阳市、甘肃省金昌市、福建省三明市、贵州省铜陵市、广东省珠海市、湖南省株洲市、安徽省芜湖市、陕西省宝鸡市、江苏省无锡市、广东省佛山市、江苏省泰州市、福建省泉州市、浙江省温州市、福建省漳州市
	县级市(2个):河南省济源市、新疆维吾尔自治区石河子市
第五届(2017年) (89个)	直辖市城区(4个):上海市徐汇区、上海市嘉定区、重庆市江北区、北京市通州区
	省会、副省级城市(5个):山东省济南市、海南省海口市、河北省石家庄市、新疆维吾尔自治区乌鲁木齐市、青海省西宁市
	地级市(30个):江苏省宿迁市、山东省日照市、安徽省淮北市、浙江省丽水市、江苏省徐州市、辽宁省盘锦市、浙江省湖州市、四川省遂宁市、安徽省蚌埠市、黑龙江省伊春市、安徽省宣城市、湖南省湘潭市、河北省秦皇岛市、内蒙古自治区通辽市、山东省莱芜市、河北省邯郸市、陕西省咸阳市、宁夏回族自治区石嘴山市、辽宁省鞍山市、四川省泸州市、江西省吉安市、河南省新乡市、贵州省遵义市、安徽省安庆市、甘肃省嘉峪关市、福建省莆田市、福建省龙岩市、浙江省台州市、河南省驻马店市、江西省赣州市
	县级市和县(50个):山东省胶州市、江苏省丹阳市、浙江省诸暨市、浙江省海宁市、山东省寿光市、浙江省长兴县、江苏省宜兴市、江苏省江阴市、河南省巩义市、江苏省常熟市、安徽省当涂县、湖南省韶山市、山东省莱州市、湖北省宜都市、广东省博罗县、山东省荣成市、江苏省溧阳市、山东省乳山市、内蒙古自治区鄂托克前旗、安徽省天长市、江苏省如皋市、吉林省梅河口市、河南省永城市、河南省西峡县、江西省南昌县、河北省正定县、海南省琼海市、云南省腾冲市、浙江省余姚市、

续表

届　　数	名　　单
	山西省孝义市、陕西省凤县、河北省迁安市、河南省长垣县、云南省安宁市、陕西省志丹县、福建省石狮市、吉林省敦化市、安徽省巢湖市、浙江省桐庐县、广东省龙门县、福建省武平县、湖北省大冶市、浙江省瑞安市、山东省龙口市、福建省晋江市、广东省四会市、重庆市忠县、福建省沙县、内蒙古自治区准格尔旗、新疆维吾尔自治区昌吉市

资料来源:作者根据中央文明网全国文明城市历年名单整理而成

网　格

网格,即"网格化管理",其具体是指依托统一的城市管理及数字化平台,根据属地管理、地理布局、现状管理等原则,将城市管理辖区按照一定标准划分为若干网格状单元,通过加强对单元网格内部件和事件的巡查,对每一网格实施动态、全方位管理。网格化管理的具体形式,包括网格长、街长、巷长、路长等。目前几乎所有的城市,都在应用其中的一两个或者全部方式来展开治理行动。"无网格不管理""凡街巷路必有长",已成为各地各级城市政府的常规化操作。

一、现状概览

北京市东城区于2004年开始实行"万米单元网格城市管理模式"①,在这之后各个城市纷纷开始采用这一治理机制,"网格化管理"成为城市治理者的普遍性选择。较为典型的包括上海市于2005年开始推行的"城市网格化管理"②、浙江省舟山市于2007年开始推行的"网格化管理、组团式服务"③、成都市双流区于2016年开始实施的"三长制"④,青岛市于2018年开始实施的"街长负责制"⑤。

"网格化管理"在多个城市间的扩散及显著功效,驱动其很快进入最高决策者的视野中。2013年11月12日,党的十八届三中全会通过的《中共中央关于全面深化改革若干重大问题的决定》明确提出:以网格化管理、社会化服务为方向,健全基层综合服务管理平台。2015年4月13日,中共中央办公厅、国务院办公厅印发《关于加强社会治安防控体系建设的意见》,其中详细提出:以网格化管理、社会化服务为方向,健全基层综合服务管理平台,推动社会治安防控力量下沉。把网格化管理列入城乡规划,将人、地、物、事、组织等基本治安要

①　贺勇:《网格化探索的"北京经验"》,《人民日报》2016年5月16日。
②　《市政府新闻发布会介绍并解读上海市城市网格化管理办法》,中国上海网2013年9月17日。http://www.shanghai.gov.cn/nw2/nw2314/nw2319/nw12344/u26aw36965.html.
③　中共舟山市委组织部:《浙江舟山:全面推行"网格化管理、组团式服务"工作》,人民网2013年6月15日。http://qzlx.people.com.cn/n/2013/0615/c364864-21851061.html.
④　贾宜超:《成都双流区实施"街长、巷长、路长"制　让城市管理更加精细化》,央广网2017年6月15日。http://sc.cnr.cn/sc/2014cd/20170615/t20170615_523802829.shtml.
⑤　刘海龙:《青岛"街长制"全面展开　全市共有941名街长》,《青岛早报》2018年2月4日。

素纳入网格管理范畴,做到信息掌握到位、矛盾化解到位、治安防控到位、便民服务到位。因地制宜确定网格管理职责,纳入社区服务工作或群防群治管理,通过政府购买服务等方式,加强社会治安防控网建设。到2020年,实现全国各县(市、区、旗)的中心城区网格化管理全覆盖。2015年12月24日,在中央城市工作会议结束后,中共中央、国务院发出《关于深入推进城市执法体制改革改进城市管理工作的指导意见》(中发〔2015〕37号),文件中进一步提出:推进网格管理,科学划分网格单元,将城市管理、社会管理和公共服务事项纳入网格化管理,明确网格管理对象、管理标准和责任人。经由这些权威性认证,可以确定"网格化管理"已在中国城市治理体系中获得了正式地位,将作为一项制度化手段长期服务于城市治理实践。

二、运行特点

"网格化管理"将分片包干责任制、分级负责制应用于对社区、街道、巷道、道路的管理中,有机融合了社区力量、城管力量、社会力量,建立起一个纵向到底、横向到边的综合治理体系。首先,按照分片包干、责任到人的原则,将辖区内每一条街道的综合治理责任,落实到具体的责任人;以此为基础,实行分级负责制,区政府为区级街长单位,各街道为属地级街长单位,各社区为基层街长单位,分级对辖区内的街道、社区进行综合治理。

网格长、街长、巷长、路长等"网格化管理"方式,在技术特点和细节方面虽各有侧重,但都不约而同地遵循着一些近似的发展导向,包括治理对象和内容的具体化、治理者职责定位的清晰化等。这意味着隐于各个技术性治理方式背后的,可能是一个共同的逻辑——本书将其概括为熟悉式治理,它是不同城市治理者设计并运用"网格化管理"手段的同一出发点和目标所在。

熟悉式治理,是指城市治理者将提升对治理内容的熟识程度、开展治理行为的熟练程度,作为推进城市治理精细化的基本思路,进而用来指导一系列技术性治理机制的具体设计。熟悉式治理强调治理布局的均衡性、各个主体之间的贯通与链接,既注重提升治理者对于治理对象、履行治理职责的熟识熟练程度,亦重视提升治理对象对于治理者、参与治理行动的熟识熟练程度。在具体操作层面,熟悉式治理依次通过熟识(分解、融合)、熟练(链接、速达)这两阶段四环节来实现(见表5.1)。

表5.1　网格化管理的"熟悉式"运作特点简示

阶段	环节	功能	示例
熟识	分解	治理容量的分化压缩	北京市东城区"万米单元网格" 浙江省舟山市"百户家庭网格"
	融合	治理者与治理事务的组合配对	浙江省舟山市"管理服务团队+五项事务" 成都市双流区"三种力量+四项事务"
熟练	链接	治理者与治理对象的双向贯通	青岛市"街长公示+徒步巡查" 成都市双流区"全员公示+梯度巡查"
	速达	治理事务的即刻回应与在地处置	北京市东城区"15/10"反应及处置机制 成都市双流区"全天候"受理及处置机制

1. 分解:治理容量的分化压缩

分解,是指将物理上原本较大的治理板块划分为一系列更小的群组,从而把治理容量控制在一个适度的水平,便于治理者有效识别、掌握治理事项。作为影响治理绩效的一个重要因素,治理规模的大小及如何确定是考验治理者的一道难题。尤其是有限空间内聚集大量人口的城市区域,对社会管理与公共服务的各种需求数量巨大、变化频繁,供给体系及能力时常难以及时"跟上"。通过将一个大中型治理空间拆解为若干个小微型治理空间,由大变小、从一到多,对应区域内治理任务的工作量及熟识难度亦会相应缩减,而这正是实现熟悉式治理的起点。

中国的各个城市在面积、人口、流动性等方面的体量都堪称巨大,超大型、大型城市的数量远超过已完成城市化的发达国家和地区,城市政府需要承担高负荷且各类型的治理工作。为应对这一挑战,城市治理者选择"任务分解"的方式,将原有的大板块治理结构"微缩化"为成百上千个小板块。"网格化管理"实施过程中的第一项准备性工作,就是以相应的方式拆分治理空间,划分标准包括固定标尺、街、巷、路等,使治理者直接对应到每一个社区、家庭和每一条街道、巷道、道路。例如,北京市东城区以万米为基本单位,将辖区内17个街道、205个社区,重新划分为589个社会管理网格,平均每个社区被分解为2至5个网格;浙江省舟山市则是以家庭为基本单位,将全市2个区、2个县重新划分为2464个网格,在渔村、农村地区一般以100~150户家庭为一个网格,在城区则适当放大。例如,青岛市设置了941名街长,分别负责全市2637条道路及两侧楼院所有的城市管理问题;北京市西城区则要在全区1430条背街小巷全部设立街长、巷长,让他们分别负责每一条街巷的城市治理工作。这些不同的分解方式,从整体上重新构筑了治理空间,进而为熟悉式治理奠定了结构化基础。

2. 融合：治理者与治理事务的组合配对

融合，是指在完成分解后的微观治理单元内，将治理者与治理事务分别"打包"，这两方面各自形成一个整体化模块，进而构成"多对多"的配对关系。在治理空间实现小型化之后，治理者与治理事务紧接着"填充"进入到每一个新的治理单元之内，并以新的形式呈现出来。一是治理者的组合。在每一个新的治理单元内，不同职责的管理与服务人员，组合形成一个治理集群或团队，共同承担起了解社情民意、采集治理信息、服务社区人群、化解矛盾纠纷等职能。二是治理事务的组合。同样是在每一个新的治理单元内，所有类型的治理事项组合形成为一个治理任务包裹，囊括了区域内全部的"人、地、事、物、组织"等。两个组合之间通过"挂钩"形成"固定搭配"，可有效提升治理者对于治理内容、治理对象对于治理者的相互熟识程度。

融合的基本思路与目标，是为了在分解后的所有微缩型治理空间中，都要以模块化的团队应对模块化的任务，这是实现熟悉式治理的第二个关键环节。北京市东城区在每个网格内实行"六类人员+七项事务"，"六类人员"包括"网格管理员、网格助理员、网格警员、网格督导员、网格党支部书记、网格司法工作者"，他们形成了一个治理小组，共同承担"市政基础设施管理、城市公用事业管理、城市国土房产管理、城市环境保护、城市园林绿化管理、城市市容环境卫生管理、城市建筑管理"这七项任务。浙江省舟山市在每一个网格内建立起"管理服务团队+五项事务"，管理服务团队人员以乡镇（街道）机关干部、社区（村）干部、网格党小组组长、辖区民警为骨干，并吸收教师、医生、老干部、渔农科技人员、乡土实用人才等参与，一般由6至8人组成，在"人员组合"时充分考虑到个人的岗位职责、专业特长、年龄结构和性格特点等因素，团队成型后要统筹负责网格内的"社情民意调研、矛盾纠纷化解、政策法规宣传、民主制度监督、惠民便民服务"这五项事务。成都市双流区"三长制"中的做法是"三种力量+四项事务"，即把"社区力量、城管力量、社会力量"融合为"街长""巷长""路长"，由他们来共同承担"环境卫生、市容秩序、市政设施、园林绿化"这四项任务。

3. 链接：治理者与治理对象的双向贯通

链接，是指通过构造易用、便捷的渠道与线路，提升治理者与治理对象相互间的接触密度、互动频度，以便于治理者熟练处理各种事务、治理对象熟练参与治理活动。一是将治理者的详细信息全面公开，便于治理对象能够准确、稳定地向治理者反馈情况、表达诉求。二是驱使治理者主动走访、联系治理对象，反复、多次地与治理对象"面对面"沟通，及时了解治理环境动态，深入听取意见与建议。推动治理者与治理对象彼此"接近"、"触及"对方，强化治理行为的活跃性，能够有效提升治理绩效，防止因治理活动的"静止"而导致各参与主体之间出现"疏离"与"隔阂"。

分解与融合为熟悉式治理铺垫了新的结构化基础，而要使这一静态化架构更好地运转起来，就需打破治理者与治理对象之间的种种屏障，提高并稳固各主体之间通达对方的"可及性"指数。青岛市政府采取"街长公示+徒步巡查"，先是组织制定统一制式的"街长制公示牌"，牌上标示了街长的姓名、职务、联系电话、责任路段等，安装在每名街长负责的道路两侧永久性牢固墙体、杆体上，每隔2千米安装一块，共安装5500块，以便于群众在有需要时可直接联系到街长;同时,市政府要求每个街长在工作时间内多次对责任路段及两侧小区楼院进行"徒步巡查",熟悉每一处细节变化,及时发现和处置问题。成都市双流区政府采取"全员公示+梯度巡查",先是在道路两端设置公示牌,公示"街长""巷长""路长"等的姓名、职务、联系电话,并公布保洁员、执法人员等责任人的相关信息和责任内容、管理标准;同时,区政府要求"总街长"(片长)每周对责任区域开展至少2次巡查管理,"街长""巷长""路长"每天至少开展1次现场巡查管理,保洁员、执法人员不间断实施作业和巡查管理。

4. 速达:治理事务的即刻回应与在地处置

速达,是指在分解、融合、链接等前序工作的基础上,通过大力缩减社会管理与公共服务的应答、传递长度,即刻回应民众诉求,就地受理各种事项并将其处置完成。速达是熟悉式治理成效性的集中体现,而这只有在各个治理主体对于公共事务的内容、程序、方式已高度熟悉熟练的前提下才能达成。适宜的治理容量、固定的对应搭配、便捷的接触通道,都是为极速完成治理事项所做的充分准备。各个治理主体通过共同协作,极大地强化了对于公共事务的准确预判与快速反应能力,在初始阶段就能够处理完成绝大部分工作任务。

分解、融合、链接等一系列工作经过堆积叠加产生了一个综合性效应,提升了快速达成治理目标的可行度及效力度。这包括既明确各个治理主体的权责义务,使得他们面对新增工作量不再拖沓拖延,没有"相互推诿""向外或向上推"的空间,同时为他们提供并完善处理相应事务的种种软硬件设施。北京市东城区提出并实施"15/10"的反应及处置机制,即让每一网格内的居民可在

15分钟内享受到10项社区服务,同时在事务处理方面实现"小事调解不出网格、大事化解不出社区、街道";目前东城区政府采用购买服务、统一规划的方式,一共构建完成了17个"一刻钟服务圈",实现80%~85%的管理与服务问题在社区解决,10%~15%的管理与服务问题通过街道解决,上报区政府的比例不超过5%。成都市双流区采取"全天候"受理及处置机制,要求所有"街长""巷长""路长",保持手机24小时开机,随时接听电话,及时处理有关情况,发现问题或收到群众反映后第一时间进行处置,做到小问题不过夜、大问题有回音。

三、资料汇编

北京市东城区网格化服务管理中心

根据《关于东城区城市管理监督中心名称及职责调整的通知》(东编办〔2014〕34号),自2014年12月10日起北京市东城区城市管理监督中心(北京市东城区公共安全指挥中心)更名为北京市东城区网格化服务管理中心。

单位发展历程:

2004年9月23日,根据中共北京市东城区委办公室《关于区政府有关机构调整与设置的通知》(东文〔2004〕27号)成立了北京市东城区城市管理监督中心,同年10月22日正式运行网格化城市管理新模式。城市管理新模式是采用万米单元网络管理法和城市部件管理法相结合的方式,应用、整合多项数字城市技术,研发"城管通",创新信息实时采集传输的手段,创建城市管理监督中心和指挥中心两个轴心的管理体制,再造城市管理流程,从而实现精确、敏捷、高效、全时段、全方位覆盖的城市管理模式,它进一步确定了城市管理空间、管理对象、管理方式和管理主体,是管理思想、管理理念、管理技术和管理体制的整合和创新。

根据《北京市机构编制委员会办公室关于同意调整北京市东城区网格化服务管理中心名称及主要职责的函》(京编办行〔2014〕141号),组建北京市东城区网格化服务管理中心(简称区网格中心)。区网格中心是区政府负责本区网格化服务管理事项监督评价与统筹协调工作的正处级行政机构。设15个内设机构,包括办公室、考评科、城市管理科、社会服务科、社会治理科、督察科、信息采集一科、信息采集二科、信息采集三科、信息采集四科、科级信息科、体系建设办公室、人事科、宣传科、财务科。3个事业单位,包括为民服务中心、非紧急救助服务中心东城分中心、城管事务处理中心。

单位职能:

(一)贯彻执行国家和北京市有关城市管理和社会服务管理方面的方针、政策和法律、法规、规章;研究拟订本区有关网格化服务管理的中长期发展规划,制定年度计划,并组织实施。

(二)负责研究拟订网格化服务管理事项立案、处置、结案标准以及监督评价办法,建立科学完善的监督评价体系。

(三)负责采集、派遣、协调、督办出现的城市管理和社会服务管理问题,进行全方位、全时段监控。

(四)负责整理、分析城市管理和社会服务管理信息,监督检查各有关部门履行城市管理和社会服务管理职责情况。

（五）负责统筹指导街道和部门网格化服务管理工作。

（六）负责领导和管理城市管理监督员队伍，负责城市管理监督员的招聘、培训、考核及日常管理；负责对社会服务网格助理员进行业务指导；负责城市管理监督员和社会服务网格助理员的装备配置、检查督察。

（七）负责统筹指导本区网格化服务管理信息系统和为民服务热线的建设、运行、维护及数据更新；负责公共安全信息处理。

（八）负责研究、协调、落实、督导网格化服务管理体系建设和拓展深化。

（九）负责对北京市非紧急救助服务中心转办事项的日常处理；负责登记、受理来自热线、网络、媒体及其他政务渠道的诉求，反馈办理结果。

（十）承办区政府交办的其他事项。

区网格中心设15个内设机构：

（一）办公室

负责本中心党务、政务及重要事务的综合协调工作；负责本中心工作计划、工作总结撰写工作；负责综合性会议和议事决策的组织工作；负责折子工程、重要决策事项的督查督办工作；负责议案、提案的办理工作；负责机要、保密、档案、信息、文电处理、信息公开和印信管理工作；负责行政规范性文件备案工作；负责组织推进电子政务和信息共享建设；负责信访、联络、接待、外事、统战、计划生育工作；负责值班值守和应急响应的组织工作；负责后勤管理和内部审计工作。

（二）考评科

负责牵头研究拟订网格化服务管理事项立案、处置、结案标准及评价办法，建立科学完善的监督评价体系；负责整理、分析城市管理和社会服务管理信息，检查督促各有关部门履行城市管理和社会服务管理职责，定期编制网格化服务管理考核评价结果通报；负责组织召开相关专业部门网格化服务管理联席会议；负责开展城市管理和社会服务管理状况预警监测。

（三）城市管理科

负责研究拟订网格化城市管理事项立案、处置、结案标准；负责网格化服务管理信息系统和为民服务热线中城市管理疑难问题的统计分析、协调处理；负责建立城市管理重大问题台账。

（四）社会服务科

负责研究拟订网格化社会服务事项立案、处置、结案标准；负责网格化服务管理信息系统和为民服务热线中社会服务疑难问题的统计分析、协调处理；负责建立社会服务重大问题台账；负责组织开展公众满意度调查；负责指导街道和部门网格化服务管理工作；负责对社会服务网格助理员进行业务指导。

（五）社会治理科

负责研究拟订网格化社会管理事项立案、处置、结案标准；负责网格化服务管理信息系统和为民服务热线中社会管理疑难问题的统计分析、协调处理；负责公共安全信息处理；负责建立社会管理重大问题台账；负责实有人口、特殊人群、重点青少年、社会组织和非公有制经济组织、矛盾纠纷排查调处、校园安全、护路护线、非正常上访等社会治安管理问题的协调、数据汇总分析;负责建立社会治安管理重大问题台账。

(六)督察科

负责牵头信息采集工作;负责对城市管理监督员和督察队员进行管理;负责城市管理监督员和督察队员的工作装备配置、招聘、培训、调配、薪酬福利、考核奖惩和劳动关系的管理工作;负责组织督察队员对城市管理监督员工作情况的督促查办,依据相关制度提出处理建议;负责补充上报漏报问题;负责组织督察队员完成相关的专项普查和复查核实工作。

(七)信息采集一科

负责组织城市管理监督员完成和平里街道、安定门街道、北新桥街道、东直门街道区域内城市运行相关信息的采集任务;负责城市管理监督员的日常队伍建设、思想教育等工作。

(八)信息采集二科

负责组织城市管理监督员完成景山街道、东四街道、交道口街道、东华门街道区域内城市运行相关信息的采集任务;负责城市管理监督员的日常队伍建设、思想教育等工作。

(九)信息采集三科

负责组织城市管理监督员完成建国门街道、朝阳门街道、前门街道、崇文门外街道、东花市街道区域内城市运行相关信息的采集任务;负责城市管理监督员的日常队伍建设、思想教育等工作。

（十）信息采集四科

负责组织城市管理监督员完成龙潭街道、体育馆路街道、天坛街道、永定门外街道区域内城市运行相关信息的采集任务；负责城市管理监督员的日常队伍建设、思想教育等工作。

（十一）科技信息科

负责科技和信息化工作；负责本区网格化服务管理信息系统、为民服务热线系统等系统的建设、维护和更新；负责基础数据更新、共享、安全；负责城市管理监督员和社会服务网格助理员信息采集设备的管理、维修、更新工作；负责本中心网站的日常管理与安全维护工作。

（十二）体系建设办公室

研究、协调、落实、督导网格化服务管理体系建设和拓展深化；研究拟订本区有关网格化服务管理的中长期发展规划和年度计划；负责搜集整理和提炼总结全国网格化服务管理典型经验做法，开展社会治理体制改革调查研究；负责标准化建设工作；负责中心地方志、年鉴工作；负责重要文稿的起草工作；负责制定中心年度调研计划并组织落实；负责重要专题的调查研究；负责合同管理；负责法制工作。

（十三）人事科

负责协助上级组织部门做好处级干部的管理服务和处级后备培养考察工作；负责机构编制工作；负责机关事业人员的招聘录用、调整配备、教育培训、考核奖励、工资福利、科级及以下人员的职务任免、人事档案管理、社会保险办理等工作；负责座席人员的招聘、培训、调配、薪酬福利、考核奖惩和劳动关系的管理工作;负责退休人员的管理服务工作。

(十四)宣传科

负责组织理论中心组和机关事业人员政治理论学习;负责本中心的文化建设和精神文明建设;负责开展机关事业人员思想教育活动;负责接待媒体采访和新闻发布工作;负责网站信息发布、宣传刊物编辑、政务微博管理、舆情收集等工作;负责发动公众参与城市管理和社会服务管理;负责重要活动的影像资料编辑归档工作;负责法制宣传工作。

(十五)财务科

负责本中心财务管理工作;负责制定并落实财务管理制度;负责各项资金的预算、决算及批准后的监管执行及依法公开事宜;负责资金管理,合理使用资金,提供有关财务信息;负责固定资产管理工作;负责政府采购手续办理相关工作;负责机关事业人员的住房公积金、住房补贴的申请核算等相关工作;负责本中心税务管理工作。

上海市城市网格化管理办法

(2013年8月5日市政府令第4号公布)

第一章　总则

第一条(目的)

为了加强城市综合管理,整合公共管理资源,提高管理效能和公共服务能力,根据本市实际,制定本办法。

第二条(定义)

本办法所称的城市网格化管理,是指按照统一的工作标准,由区(县)人民政府设立的专门机构委派网格监督员对责任网格内的部件和事件进行巡查,将发现的问题通过特定的城市管理信息系统传送至处置部门予以处置,并对处置情况实施监督和考评的工作模式。

责任网格是指按照标准划分形成的边界清晰、大小适当的管理区域,是城市网格化管理的地理基本单位。

部件是指窨井盖、消火栓、电力杆、电话亭、防汛墙、道路护栏、公交站亭、交通信号灯、道路指示牌、垃圾箱、行道树、加油站等与城市运行和管理相关的公共设施、设备。

事件是指占道无照经营、非法占道堆物、毁绿占绿、违法搭建、非法客运、无证掘路、餐饮油烟污染、非法行医、非法食品加工等正在发生的影响公共管理秩序的行为,以及暴露垃圾、道路破损、墙面污损等影响市容环境的状态。

第三条(管理原则)

本市城市网格化管理遵循"条块联动、资源整合、重心下移、实时监督"的原则。

第四条(部门和单位职责)

市数字化城市管理联席会议负责本市城市网格化管理重大事项的综合协调。

市建设交通行政管理部门是本市城市网格化管理的行政主管部门,其所属的市数字化城市管理机构负责本市城市网格化管理的具体工作。

区(县)人民政府是所辖区域内城市网格化管理的责任主体,其所属的城市网格化管理机构承担具体实施工作。

本市城管执法、交通港口、规划国土、房屋、路政、环保、水务、公安、消防、安全生产监管、食品药品监管、卫生等有关行政管理部门以及环卫、道路和绿化养护、燃气、供水、排水、电力、通信等承担公共服务的单位(以下简称"公共服务单位")负责各自职责范围内城市网格化管理的处置工作。

第五条(信息共享和执法对接)

本市城市网格化管理信息系统应当预留接口,逐步与其他管理领域实现信息共享。

区(县)人民政府应当建立城市网格化管理与现有的联合执法体系的对接机制;城市网格化管理中发现的疑难问题,可以根据实际需要,通过联合执法体系予以处置。

第六条(经费保障)

相关行政管理部门因承担城市网格化管理相关工作所需要的经费,由市和区(县)财政予以保障。

公共服务单位因承担城市网格化管理的处置工作所需要的经费,应当纳入本单位现有的经费渠道予以解决。

城市管理信息系统中的相关工作量数据,可以作为所需经费的测算依据。

第二章 规划、工作标准与信息系统建设

第七条(规划)

市建设交通行政管理部门应当会同相关行政管理部门根据国家数字化城市管理模式建设的要求和本市实际情况,组织编制本市城市网格化管理发展规划。

城市网格化管理发展规划应当明确本市城市网格化管理的对象、区域、标准、流程以及信息系统建设等内容。

市数字化城市管理机构应当根据城市网格化管理发展规划,制定相应的实施计划。

区(县)人民政府应当根据城市网格化管理发展规划和实施计划,制定本行政区域城市网格化管理的具体实施方案,并报市建设交通行政管理部门备案。

本市新城、新市镇建设应当同步建立城市网格化管理体制。

第八条(网格化管理内容)

对公用设施、建设管理、道路交通、交通运输、市容环卫、环境保护、园林绿化、工商行政、食品药品监督、安全生产监督、公共卫生等管理领域内可以通过巡查发现的部件、事件问题,应当纳入城市网格化管理的内容。

第九条(工作标准的制定)

市建设交通行政管理部门应当会同有关行政管理部门和公共服务单位制定本市城市网格化管理工作标准和城市网格化管理信息系统技术标准,并向社会公布。

城市网格化管理工作标准应当明确纳入城市网格化管理的部件和事件的具体类别、名称及其说明、责任分工、案件分派规则、处置要求、处置流程、处置时限等内容。

城市网格化管理信息系统技术标准应当明确系统功能与性能、运行环境、编码体系和基础数据管理等内容。

第十条(信息系统建设)

市数字化城市管理机构应当根据国家、本市信息化工程建设规划以及城市网格化管理发展规划的要求,建立市级城市网格化管理信息平台,用于记录、监管全市城市网格化管理的运行情况。

区(县)人民政府应当根据本行政区域城市网格化管理具体实施方案的要求,建立区(县)城市网格化管理信息平台,用于部件和事件问题的受理、分派以及处置情况的监督,并可以根据所辖区域实际情况,要求乡(镇)人民政府或者街道办事处建立城市网格化管理信息分平台。

本市有关行政管理部门、公共服务单位应当配备本部门、本单位的城市网格化管理处置信息终端,用于接收部件、事件问题的分派信息和反馈处置情况。

市数字化城市管理机构应当对区(县)城市网格化管理信息平台的建设提供技术支持。

第十一条(信息系统维护要求)

本市城市网格化管理信息系统的运行维护,应当遵守全市统一的要求。

市数字化城市管理机构应当制定本市城市网格化管理信息系统运行维护方案,明确维护要求、维护方式等内容。

第三章　管理流程

第十二条（巡查、发现和立案）

区（县）城市网格化管理机构应当安排网格监督员对责任网格进行日常现场巡查。

网格监督员对于巡查中发现的部件、事件问题，应当通过拍照或者摄像等方式，即时将相关信息报送区（县）城市网格化管理机构予以立案。对于巡查中发现的能够当场处理的轻微问题，网格监督员应当当场处理，并即时将处理信息报送区（县）城市网格化管理机构。

对于本市相关服务热线等渠道转送的市民投诉、举报问题，区（县）城市网格化管理机构应当安排网格监督员进行现场核实；经核实属于城市网格化管理的部件或者事件范围的，应当予以立案。

第十三条（网格监督员的管理）

区（县）城市网格化管理机构应当负责本行政区域网格监督员的管理，并为网格监督员配备必要的工作设备、交通工具和休息场所。

市数字化城市管理机构应当制定全市统一的网格监督员工作规范和实务操作流程，并组织实施网格监督员的培训。

第十四条（案件分派）

区（县）城市网格化管理机构应当根据案件内容和职责分工，在规定的时限内将案件分派至相关行政管理部门或者公共服务单位。相关行政管理部门和公共服务单位应当落实专门人员负责接收区（县）城市网格化管理机构分派的案件信息。

案件涉及多个行政管理部门或者公共服务单位的,区(县)城市网格化管理机构可以指定一个行政管理部门或者公共服务单位负责接收分派的案件信息。

第十五条(案件处置和反馈)

相关行政管理部门或者公共服务单位收到区(县)城市网格化管理机构分派的案件信息后,应当在规定的时限内完成案件处置工作,并将案件处置结果反馈至区(县)城市网格化管理机构;未在规定的时限内完成案件处置工作的,应当及时告知区(县)城市网格化管理机构并说明理由。

对于需要给予行政处罚的案件,区(县)城市网格化管理机构传送的照片、录像等信息经相关行政管理部门核实后,可以作为行政处罚的证据。

第十六条(核查和结案)

区(县)城市网格化管理机构收到反馈的案件处置结果后,应当安排网格监督员对案件处置结果进行现场核查。经核查,案件处置结果符合处置要求的,区(县)城市网格化管理机构应当予以结案;不符合处置要求的,应当将案件退回并要求重新处置。

第十七条(案件信息管理)

区(县)城市网格化管理机构应当及时将案件的巡查、立案、分派、处置、核查、结案、督办等信息如实录入城市网格化管理信息系统,不得擅自修改、删除和泄露。

相关行政管理部门、公共服务单位应当定期分析城市网格化管理信息系统中的相关案件信息,并作为提高城市网格化管理效率、改进行业管理水平、加强城市综合管理科学决策的依据之一。

第四章　特殊案件的处理

第十八条（联合执法）

对于网格监督员发现或者现场核实的情况复杂、需要多个行政管理部门共同处置的案件，区（县）网格化管理机构可以将该案件信息及时上报区（县）人民政府；区（县）人民政府可以组织相关行政管理部门采用联合执法等方式对案件进行处置。

第十九条（特殊案件的分派和处置）

对于属于跨区（县）行政区域或者市级有关部门管理情形的案件，区（县）城市网格化管理机构应当及时将该案件上报市数字化城市管理机构予以分派。

对案件处置存在争议的，市建设交通行政管理部门应当负责案件处置的协调；必要时，可以直接指定相关行政管理部门或者公共服务单位进行处置。

第二十条（案件督办）

相关行政管理部门或者公共服务单位未按照本办法的规定完成案件处置工作，且未说明理由或者理由不成立的，市建设交通行政管理部门或者区（县）人民政府可以对案件进行督办。

第五章　评价和考核

第二十一条（监督检查）

市数字化城市管理机构应当对区（县）城市网格化管理工作进行监督、检查。

第二十二条（评价）

区（县）城市网格化管理机构应当对本行政区域行政管理部门和公共服务单位的处置工作定期进行评价，并将评价结果报区（县）人民政府。

市数字化城市管理机构应当对区（县）城市网格化管理工作情况以及市级行政管理部门和公共服务单位的处置工作定期进行评价；评价结果经市建设交通行政管理部门审核后，报市数字化城市管理联席会议。

第二十三条（考核）

本办法第二十二条规定的评价结果，应当作为下列考核的依据之一：

（一）市人民政府对各区（县）人民政府、市级相关行政管理部门和公共服务单位的城市管理目标考核；

（二）区（县）人民政府对乡（镇）人民政府、街道以及区（县）相关行政管理部门和公共服务单位的城市管理目标考核；

（三）相关的行业管理考核。

第二十四条（社会监督）

任何单位和个人发现城市网格化管理工作有违反本办法规定的情形的，有权向市建设交通行政管理部门或者相关区（县）人民政府举报。市建设交通行政管理部门或者相关区（县）人民政府应当对举报及时进行核实和处理，并将处理结果予以反馈。

经核实的举报，应当作为本办法第二十二条规定的评价的依据之一。

第六章　法律责任

第二十五条（阻挠网格化管理行为的处理）

任何单位或者个人有下列行为之一的，由公安机关依照《中华人民共和国治安管理处罚法》等相关规定予以处理；构成犯罪的，依法追究刑事责任：

（一）恐吓、威胁或者伤害网格监督员的；

（二）破坏、抢夺网格监督员的工作装备、交通工具的；

（三）阻挠网格监督员正常履行巡查、发现职责的其他行为，依法应予处罚的。

第二十六条（网格监督员的违规处理）

网格监督员未遵守本办法规定的网格监督员工作规范和实务操作流程，致使部件或者事件重大问题未及时发现造成不良后果的，区（县）城市网格化管理机构应当对其作出处理。

第二十七条（公共服务单位违规处置行为的处理）

公共服务单位未按照本办法的规定进行处置的，市数字化城市管理机构或者区（县）城市网格化管理机构应当告知相关行业主管部门；由相关行业主管部门依照行业法律、法规、规章的规定予以处理。

第二十八条（行政责任）

违反本办法规定，本市相关行政管理部门、城市网格化管理机构有下列行为之一的，由上级主管部门依据职权责令限期改正、通报批评，并可以对直接责任人员依法给予警告、记过或者记大过处分；情节严重的，给予降级、撤职或者开除处分：

（一）未按照规定安排网格监督员进行巡查的；

（二）未按照规定予以立案的；

（三）案件处置不及时，造成不良后果的；

（四）怠于履行特殊案件的上报或者处置协调职责的。

第七章　附则

第二十九条（专业网格化）

本市尚未纳入城市网格化管理的专业管理领域，可以按照本办法的有关规定，建立专业网格化管理平台，并接入城市网格化管理信息系统。

第三十条（施行日期）

本办法自2013年10月1日起施行。

国务院安委会办公室
关于加强基层安全生产网格化监管工作的指导意见

安委办〔2017〕30号

各省、自治区、直辖市及新疆生产建设兵团安全生产委员会、国务院安委会有关成员单位：

为进一步加强基层安全生产（含职业健康，下同）工作，全面提升基层安全生产监管的精细化、信息化和社会化水平，根据《安全生产法》《职业病防治法》《中共中央国务院关于推进安全生产领域改革发展的意见》《中共中央 国务院关于加强和完善城乡社区治理的意见》和《国务院办公厅关于加强安全生产监管执法的通知》要求,现就加强基层安全生产网格化监管工作提出如下意见:

一、充分认识实施基层安全生产网格化监管的重要意义

实施基层安全生产网格化监管,使安全生产监管体系延伸到最基层,协助打通安全生产监管"最后一公里",是新形势下创新安全生产监管模式、增强安全生产监管效能的迫切要求,对于缓解基层安全生产监管任务和监管力量之间的突出矛盾,提升全社会安全生产综合治理能力,构建全覆盖、齐抓共管的安全生产监管工作格局意义重大。各地区要充分认识新形势下做好基层安全生产网格化监管工作的重要性,立足本辖区安全生产工作实际,抓好落实,推动安全生产监管工作关口前移、重心下移,全面提升基层安全生产监管的精细化、信息化和社会化水平,力争到2018年底,初步建成运行高效、覆盖所有乡镇(街道)、村(社区)和监督管理对象的基层安全生产网格化监管体系。

二、明确基层安全生产网格化监管的功能定位、划分原则和职责任务

(一)明确基层安全生产网格化监管功能定位

基层安全生产网格化监管是指将乡镇(街道)及以下的安全生产监管区域划分成若干网格单元,既厘清单元内每个监督管理对象负有安全生产监督

管理职责的部门,又明确单元内每个监督管理对象对应的安全生产网格管理员(以下简称网格员),通过加强信息化管理,实现负有安全生产监督管理职责的部门与网格员的互联互通、互为补充、有机结合。基层安全生产网格化监管是现有安全生产监管工作的延伸,充分发挥网格员的"信息员"和"宣传员"等作用,有利于协助负有安全生产监督管理职责的部门实现对基层安全生产工作的动态监管、源头治理和前端处理。

(二)明确基层安全生产网格划分原则

在具体划分网格时,可遵循下列原则:

1. 依托既有网格

根据《中共中央国务院关于加强和完善城乡社区治理的意见》中关于拓展网格化服务管理的要求,最大限度协调利用社会管理综合治理网格或其他既有网格资源,积极推动安全生产网格与既有网格资源在队伍建设、工作机制、工作绩效、信息平台等方面的融合对接。注重发挥居民委员会、村民委员会等基层群众自治组织在发现生产经营单位事故隐患或安全违法行为中的作用,加强信息沟通联系,形成工作合力。

2. 注重条块结合

单独组建网格时,原则上以乡镇(街道)、村(社区)为基本单位(即平面辖区的"块"),根据辖区内的监督管理对象情况,划分为若干个安全生产监管网格。以县级人民政府负有安全生产监督管理职责的部门为主线(即纵向监管的"条"),厘清网格内每个监督管理对象对应的负有安全生产监督管理职责的部门。

3. 合理匹配监管任务与监管力量

经济规模大或生产经营单位多的乡镇(街道)、村(社区),可划分为多个网格;工业、商贸聚集区域也可划分为独立网格;对于规模大、规格高、安全风险高或与基层监管力量不匹配的生产经营单位,可由县级以上负有安全生产监督管理职责的部门直接监管,不纳入基层安全生产网格化监管的范围。根据工作实际,为相应网格配备专职或兼职网格员,确保每个网格都有对应的网格员。根据网格内生产经营单位的性质、生产过程中的危险性,以及生产经营规模、重要程度、监管重点等情况,可适度调整网格员的分布,使网格员的配备与当地安全生产监管任务相适应。

(三)明确属地监管、基层安全生产网格化监管工作相关部门和网格员
　　的工作任务

1. 属地监管工作任务

各地区要按照"党政同责、一岗双责"的要求,认真落实安全生产属地监管责任,统筹解决以下问题:

(1)将基层安全生产网格化监管工作纳入安全生产工作重要内容,对基层安全生产网格化监管工作进行总体部署,结合既有网格情况,明确基层安全生产网格化监管工作的牵头部门和配合部门,并制订实施方案;

(2)厘清网格员与基层安全生产监督管理部门、派出机构(如部分乡镇安监站等)的关系;

（3）协调解决人员、经费等问题；

（4）加强基层安全生产网格监管信息化建设，为基层安全生产网格化监管工作的顺利开展提供保障。

2. 基层安全生产网格化监管工作牵头部门工作任务

（1）制定基层安全生产网格化监管工作实施方案。牵头编制基层安全生产网格化监管示意图，明确各网格的网格员、安全监管责任人和联系负责人。根据网格内监督管理对象的情况，牵头编制《基层安全生产网格化监管工作手册》（以下简称《网格手册》）等实用性强的工作规范和标准。制作网格员明白卡，明确网格员工作任务和报告方式。

（2）对网格员上报的信息进行汇总和分类处置。对属于牵头部门监督管理职责范围内的安全生产非法、违法行为依法依规进行处置；对属于配合部门职责范围内的安全生产非法、违法行为，交由其进行处置。

（3）协调解决基层安全生产网格化监管工作中遇到的问题。

3. 基层安全生产网格化监管工作配合部门的工作任务

（1）确定专人配合牵头部门编制基层安全生产网格化监管工作实施方案和基层安全生产网格化监管示意图。按照牵头部门要求，配合编制《网格手册》等实用性强的工作规范和标准。

（2）根据本部门职责，对网格员上报或牵头部门交办的安全生产非法、违法行为依法依规进行处置。

（3）配合牵头部门，解决基层安全生产网格化监管工作中遇到的问题。

4. 网格员的工作任务

网格员主要履行信息员、宣传员的工作任务：根据《网格手册》要求，重点面向基层企业、"三小场所"（小商铺、小作坊、小娱乐场所）、家庭户等查看非法生产情况并及时报告；协助配合有关部门做好安全检查和执法工作；向监督管理对象送达最新的文件资料；面向监督管理对象和社会公众积极宣传安全生产法律法规和安全生产知识等。网格员的其他工作任务，各地区可结合实际根据工作需要确定。

三、多措并举，确保基层安全生产网格化监管高效运行

（一）加强组织领导

各地区安委会要加强对基层安全生产网格化监管工作的组织领导，主要负责人要坚持亲自抓，分管领导具体抓，负有安全生产监督管理职责的部门共同抓，形成层层抓落实的工作格局。要坚持因地制宜的原则，对于已开展此项工作的地区，可在原方案的基础上，根据本指导意见有关要求，进一步健全完善相关制度措施，逐步实现基层安全生产网格化监管工作全覆盖，不断推动基层安全生产网格化监管工作的规范化、长效化。尚未开展此项工作的地区，要根据本指导意见，抓紧制定具体实施方案，加快实施步伐并认真落实。

（二）加强待遇保障

各地区要结合本地经济发展水平和对网格员的职责要求，合理确定网格

员待遇,配备必需的防护用品,实现"责、权、利"相统一,确保其待遇水平和防护水平与工作任务及危险性相适应。完善网格员信息采集上报"以奖代补"奖励机制,充分调动网格员信息采集的积极性。

(三)抓好业务培训

各地区要按照"先培训后上岗"的原则,由牵头部门做好网格员集中培训工作,使网格员会检查、会记录、会报告。同时,配合部门要将网格员培训纳入年度培训计划,定期组织培训,持续提高网格员发现问题的能力。创新培训手段,通过安全生产执法现场观摩、以会代训、技能比武等多种方式,进一步提升网格员的业务素质。加强网格员保密教育,防止向外界泄露所负责网格内的重要数据信息或企业的商业秘密、技术秘密等。

(四)建立常态化运行和考核机制

牵头部门要研究制定网格员日常巡查、信息报告等网格运行配套管理制度,建立健全监督管理对象动态监管档案,实现全过程留痕。建立健全基层安全生产网格化监管工作考核机制,鼓励将考核情况与网格员待遇挂钩,充分调动网格员工作积极性。

(五)突出信息化建设

牵头部门要充分利用信息化技术,搭建或融入既有网格化监管工作信息平台,推动安全生产信息采集录入和动态更新、事件派送交办、现场处置、结果反馈、治理复查等事项的信息化管理。强化信息前端采集工作管理,实现问题早发现、信息早报告、隐患早治理、复查早提醒。建立健全信息安全保障体系,实行信息使用分级管理与授权准入,确保信息安全。

(六)强化典型引路

各地区要立足自身实际,坚持试点先行、循序渐进、注重实效。要不断总结推广试点地区的创新举措和鲜活经验,以点带面,指导推动工作全面开展,实现顶层设计与基层实践的有机结合。国务院安委会办公室将适时选取一批典型做法,在全国范围内进行经验推广。

(七)推动社会参与

充分发挥第三方安全生产专业技术服务机构在参与支持安全生产网格建设、安全风险评估以及协助指导生产经营单位安全隐患整改等工作中的作用。健全并保障安全隐患、非法违法行为以及事故的举报渠道畅通,对举报有功人员及时兑现奖励,充分调动广大群众监督举报的积极性,推进安全生产专群结合、群防群治、齐抓共管。

国务院安委会办公室

2017年10月19日

关于印发在全市推行街巷长制指导意见的函

各区委、区政府，各相关单位：

按照全市深入推进疏解整治促提升促进首都生态文明与城乡环境建设动员大会精神，根据市委市政府办公厅《关于党建引领街乡管理体制机制创新实现"街乡吹哨、部门报到"的实施方案》要求，为切实做好大街小巷环境整治提升工作，加强城市精细化管理，提升街巷环境品质，我们研究制定了《关于在全市推行街巷长制的指导意见》，现印发给你们，请认真抓好落实。

此函。

北京市城市管理委员会 首都精神文明建设委员会办公室

2018年4月23日

关于在全市推行街巷长制的指导意见

为贯彻落实《关于党建引领街乡管理体制机制创新实现"街乡吹哨、部门报到"的实施方案》，加强城市精细化管理，切实做到每条街巷有人抓有人管，特制定"街巷长制"指导意见。

一、总体要求

全面贯彻党的十九大精神，以习近平新时代中国特色社会主义思想为指导,以习近平总书记视察北京时的系列重要讲话为遵循,全面落实北京市总体规划,按照市第十二次党代会、市委十二届二次、三次、四次全会和我市深入推进疏解整治促提升促进首都生态文明与城乡环境建设动员大会要求,以精细化管理为主线,在每条街巷设置"街长"或"巷长",全面推行"街巷长制"。通过"一街(巷)一长"的设立,把街巷日常管理责任落实到人,让城市每个角落都干净整洁有序,不断满足市民群众对美好生活的向往。

2018年6月底前,全市完成区、街两级街巷长组织体系建立,完成街道层面街巷长选派和上岗培训,有条件的乡镇试点建立"街巷长制"。逐步实现街巷长组织体系健全、日常管理规范,在城市精细化管理中切实发挥有效作用的目标。

二、组织体系

建立市、区、街道(乡镇)三级负责的责任体系,市城市管理委和首都文明办牵头、区级组织、街道实施,形成一级抓一级、层层抓落实的工作格局。

(一)区级组织体系

区级总街巷长:一般由区委区政府主要领导担任,负责全区大街小巷环境整治提升、日常精细化管理、深化文明创建的指挥调度。

区级副总街巷长:一般由副书记或主管区长担任,负责全区大街小巷环境整治提升、日常精细化管理、深化文明创建工作的统筹安排和协调落实。

总街巷长办公室:一般设在区城市管理委(区环境建设管理办)。负责组织开展街巷长工作的指导检查、培训学习、考核评优;建立完善街巷长工作的基础台账、信息报送、数据收集等工作制度;协调解决街道(乡镇)上报的大街小巷环境管理中各类重点难点问题。办公室主任由区城市管理委(环境建设管理办)主任担任。

(二)街道(乡镇)组织体系

街道(乡镇)总街巷长:一般由街道(乡镇)主要领导担任。负责辖区内大街小巷环境整治提升、日常精细化管理、深化文明创建和街巷长开展工作情况的指导检查及重点、难点问题的协调解决。

街道(乡镇)副总街巷长:一般由街道(乡镇)副书记或主管副主任(副乡镇长)担任。负责辖区内大街小巷环境整治提升、日常精细化管理和深化文明创建工作的推进和协调督办,组织落实街巷长的选派、培训、考核、评优等管理工作。

街长:一般由处级干部担任。巷长:一般由科级干部担任。各区结合实际情况,也可一名干部担任多条街巷的街巷长。街巷长要准确掌握街巷的基本情况,对所负责大街小巷的环境整治提升、日常精细化管理和深化文明创建有知情、监督、处置和评价等职责。

办公室:一般设在街道(乡镇)承担城市管理职责的科室。负责建立汇总街巷内各类台账,收集整理街巷长的反馈意见,考核专业部门在环境整治提升、日常精细化管理及深化文明创建中的工作情况;协调解决街巷长上报的重点难点问题;落实街巷长的选派、培训、考核、评优等日常管理工作;办公室主任由相关科室负责人担任。

(三)街巷长主要职责

街巷长是政府与居民群众密切联系的桥梁纽带,是落实"街乡吹哨、部门报到"的综合平台,是推进大街小巷环境整治提升、落实日常管理责任和深化文明街巷创建的重要抓手。主要承担以下职责:

知情:熟悉所负责街巷的四至范围、历史背景、环境现状、经营业态、人口、商户、驻区单位等基本信息,掌握街巷内的环卫、绿化、物业等专业作业队伍,公安、城管、工商等综合执法力量和各类协管员、网格员、小巷管家情况;熟知环境整治提升"十无五好"内容、精细化管理要求及《北京市环境卫生条例》等城市管理领域的政策法规;知晓街巷内环境整治提升进度及影响街巷市容景观、环境秩序的问题情况;积极走访街巷内商户、驻区单位、居民群众,收集意见建议。

监督:对综合执法部门的履职情况、专业作业队伍的作业情况和各类协管员、网格员、小巷管家工作情况进行监督;督促社会单位落实"门前三包"责任制,教育、劝阻各类违法违规和不文明行为。注重宣传、动员区域内社区居民、小巷管家等各种力量参与街巷自治。

处置:及时解决日常巡查中发现的问题,需要协调相关部门的做好协调沟通。对短期内不能解决的重点难点问题报街巷长办公室,并跟进问题办理。

评价:每月对街巷内综合执法部门依法履职情况、专业作业队伍作业情况和各类协管员、网格员、小巷管家工作情况进行评价,并反馈至街巷长办公室。

三、工作机制

(一)建立"日巡、周查、月评、季点名"机制

1.日巡。街巷长每日要对所负责街巷的环境整治提升和环境情况进行巡查。配备街巷长日志,做好巡查问题记录,有条件的配备街巷通手机,提高工作效率。

2.周查。各街道(乡镇)每周组织对辖区内大街小巷环境整治提升、日常精细化管理、深化文明创建及街巷长履职情况进行一次检查,提出整改意见。

3.月评。各区每月组织对辖区大街小巷环境整治提升、日常精细化管理、深化文明创建和街巷长履职情况进行一次检查,总结分析、查找不足、提出对策,推选月度优秀街巷长,从"十无"整治达标街巷中依据《文明街巷考评细则》进行评价,推选月度文明街巷。

4.季点名。市城市管理委、首都文明办每季度组织召开一次调度协调会,研究推进辖区内大街小巷环境整治提升、日常精细化管理、深化文明创建及街巷长工作开展情况,总结分析,点评通报。将街巷长制推进工作纳入首都环境建设管理考核。

(二)建立责任公示机制

坚持美观、明确、节俭、便于识别的原则,要在大街显要、适当的地方设置

"街长公示牌",规格一般为:高200cm×宽80cm×厚10cm。有条件的尽量在墙面设置合适尺寸的公示牌;要在小巷出入口墙面适当位置,设置"巷长公示牌",规格一般为:长80cm×宽60cm。街巷长公示牌的材质、样式、颜色要与街巷风貌相协调,与周边环境相一致。公示内容应包括:街(巷)长姓名、职责、联系方式等内容,方便市民监督。

四、工作要求

(一)强化组织领导

各区要高度重视街巷长制工作,作为区委区政府重点工作来抓。要明确主管领导,落实具体负责部门,细化制定区级实施方案,建立完善组织保障体系,保障工作经费,定期听取研究街巷长制工作开展情况。各街道(乡镇)主要领导要亲自抓,推动街巷长制有效落实。有条件的街巷试点建立临时党支部,充分发挥党员在街巷日常管理中的先锋模范作用。

(二)强化责任落实

街巷长制作为街道的重要工作职责,区、街要认真研究,整合资源,细化责任分工,完善政策措施。各相关部门要加强配套政策研究,各执法部门要深入街巷落实责任,提高综合执法水平,确保"街乡吹哨、部门报到"真正落地。街巷长要认真履行职责,分析研判街巷存在的问题,提出对策,做好"小巷管家"日常沟通联络和指导帮助,提升精细化管理水平。

（三）强化督查考核

各区、街道（乡镇）要结合实际，制定街巷长考核评价办法和激励保障措施。从每日签到、履职情况等方面每月对街巷长进行考核，考核结果作为干部年终考核和提拔使用的重要依据。每季度市级组织对各区街巷长制推进情况开展考核监督，并在全市通报。年终依据日巡、周查、月评、季点名情况，推出一批年度优秀街巷长和文明街巷。

（四）强化社会宣传

充分利用电视、广播、网络等各类媒体和市民学校、百姓讲堂等群众喜闻乐见的形式，加强宣传，正面引导。联合北京日报开展街巷长、街巷环境整治提升的系列报道，营造良好的社会参与氛围，引导广大群众积极参与城市管理，监督责任落实情况，实现城市管理"共治共管、共建共享"。

成都市城市管理委员会印发关于推行"街长制"工作的指导意见的通知

文　　　号：成城发〔2018〕27号　签发单位：成都市城市管理委员会
签发时间：2018-03-25　　　生效时间：2018-03-25

成都天府新区城市管理和市场监管局、成都高新区环境保护与城市综合管理执法局，各区（市）县城市管理部门，锦江区建设和交通局、金牛区建设和交通局、武侯区交通和市政设施管理局、成华区交通和市政局、都江堰市城乡建设局、崇州市住房和建设局：

为全面落实市委《关于深入推进社区发展治理建设高品质和谐宜居生活社区的意见》要求，充分发挥基层基础力量，进一步提升城市精细精准管理水平，市城管委研究制定了《关于推行"街长制"工作的指导意见》，现印发给你们，请认真贯彻落实。

成都市城市管理委员会

2018年3月25日

关于推行"街长制"工作的指导意见

为深入贯彻落实党的十九大精神，打造城市管理基层基础平台，推动城市管理方式转变和城市治理水平提升，市城管委结合基层自治，决定在全市推行"街长制"，现提出以下指导意见。

一、总体要求

以党的十九大精神为统领，以习近平新时代中国特色社会主义思想为指引，紧紧围绕建设全面体现新发展理念的城市为总目标，坚持"党建引领、部门负责、层级联动、属地管理、问题导向、社区自治"六大原则，鼓励创新思路方法，广泛发动社会参与，充分运用数字城管平台技术手段，结合网格化服务管理体系建设，在全市推行"街长制"，着力健全完善街面问题的发现和处置机制,努力打造安全、清洁、有序、便民的城市环境。

二、实施范围

成都天府新区、成都高新区,锦江、青羊、金牛、武侯和成华区建成区范围内道路街巷全覆盖实施"街长制",其余区(市)县参照实施,区(市)县政府及旅游景点所在地应当推行"街长制"。

三、工作步骤

(一)2018年4月底前,各区城市管理部门制定"街长制"工作实施方案;根据辖区街道数量和人员情况,明确所有道路街巷街长,定人、定街、定职责,建立"街长制"工作运行机制;"街长制"公示牌上墙,向社会公布。

(二)2018年6月底前,以提升城市环境容貌为重点,以破解突出问题为根本,开展"街长制"工作;着力加强培训,完善机制、强化考核,自觉接受群众监督,确保"街长制"工作落到实处;打造1–2条"街长制"特色街道。

(三)2018年12月底前,根据"街长制"开展情况,总结经验,完善提升,建立长效管理机制,实现道路街巷环境秩序明显改善,人民群众满意度和获得感明显增强的目标。

四、组织体系

(一)落实层级管理,保障"街长制"运行顺畅

建立市城管委统筹谋划,各区城管部门牵头,各街道办事处具体落实的组织体系。

1. 市城管委统筹谋划,强化工作指导与考核。市城管委加强工作指导,强化责任落实,严格执行考核,为"街长制"的运行发挥良好的保障和促进作用。

2. 各区城管部门牵头,协调推进全区"街长制"工作。各区城管部门组织各街道办事处和社区城市管理"街长制"工作的具体实施,汇总上报街道办事处上报的各类城市管理重点难点问题。

3. 各街道办事处设立街长,实施区街联动管理。"街长"由城管执法队员或社区网格员担任,重要路段街面可以"一街多长",部分路段可以"多街一长"。鼓励"双街长"模式(即一名"街长"+一名"群众街长"),发动社区热心人士、辖区商业协会等街道和社会力量担任"群众街长",配合所属街长开展社区管理。

(二)明确工作职责,夯实城市管理基础工作

1."街长"职责(问题巡查):负责每日对责任路段开展巡查,检查责任路段落实环境卫生、市容秩序、固废处置、道路桥梁、广告招牌、夜晚照明、城管执法、数字城管等城市管理相关工作,及时纠正违法行为;负责受理群众举报投

诉,对群众反映的问题积极协调、督促整改;负责做好责任路段居民和商铺违法行为的劝导和相关法律法规的宣传工作。

2.街道办事处职责(片区监管):负责设立可问责和简洁的"街长制"公示牌;负责辖区路段街面的巡查检查和宣传工作;协调解决街长不能及时解决的问题;重大突出问题负责向区城市管理部门报告,由区城管部门科学研判、统筹协调,会同有关部门及时协调解决。

3.区城管部门职责(区域总控):负责全区"街长制"工作的组织领导、统筹协调和监督指导;负责全区"街长制"工作机制的建立和监督运行;负责每月定期召开"街长制"工作会议,每月会议由分管副局长牵头召开。

4.市城管委职责(指导考核):负责制定"街长制"工作指导意见,协调、指导"街长制"工作有关事项;定期检查通报工作情况,并将"街长制"工作纳入城管工作年度目标考核。

(三)鼓励探索创新,推动城市管理提质增效

探索将城市管理对象纳入信用监管体系,试行商户积分管理。努力创新,丰富"街长"角色内涵,依托基层管理资源,建立长效化、精细化的工作机制。结合辖区街道的历史文化元素、设施设备情况、人口流量构成等因素,创新辖区街道管理理念,探索符合辖区街道特色的管理标准和管理模式。

五、保障措施

(一)加强组织领导

实施"街长制"工作是提升我市道路街巷环境质量,满足人民对美丽宜居公园城市的美好向往。各区(市)县城管部门要高度重视,提高工作站位,加强统筹领导,整合资源配置,精心组织部署,全面落实责任,确保"街长制"工作的实施。

(二)健全工作机制

各区(市)县城管部门要建立完善"街长制"工作机制和相关配套制度,包括: 问题发现→报送 (反馈)→立案→处理→复查→结案的闭合管理工作机制。完善"街长制"协调会议制度、街长半月例会制度、各级街长巡查检查制度、"街长制"公示牌管理制度和"街长制"监督考核制度等,并将"街长制"工作内容丰富完善城管数字化系统功能。

(三)强化宣传引导

要通过新闻报道、报刊广播、微博微信、新媒体宣传等多种方式,全面宣传"街长制"工作,营造良好氛围,让群众知晓、配合、支持并参与"街长制"工作。要宣传引导群众积极参与城市管理工作,主动爱护街区市容环境,遵守城市管理法律法规,实现共治共建共享。要及时总结提炼"街长制"工作中的经验,尊重基层首创,大力推广好经验和好做法。

(四)严格监督考核

各区(市)县城管部门要明确职能职责,压实工作责任,建立多层级监督考评机制,将"街长制"工作纳入年度目标考核内容。市城管委将每半年检查一次各地落实"街长制"工作情况,对工作不重视、进度滞后、反复出现问题甚至负面舆情的,将在全市通报,直至启动追责问责。同时,将发挥先进典型的引领作用,评选年度"十佳"街道及"十佳"街长。

学　习

学习，即中国共产党和中国政府对世情、国情、党情的各种学习活动及行为，具体包括学习域外治理理论和实践、学习历史治理经验、学习各种现实议题的最新动态、学习党的各种理论和方法等。有规律、有目的、周期性地开展各种学习活动，是中国治理者广泛吸收吸纳古今内外各种治理理论和经验、适时更新自身知识体系，进而投入实践为己所用的重要形式。中国共产党和中国政府在治理过程中的学习行为模式，在来源上呈现出显著的包容性和宽泛性，治理者愿意学习、主动学习、广泛学习，海纳百川地汇聚、遍览各种治理理论和经验。以此为基础，治理者在采纳运用时强调甄别、整合、融合，而非机械化、教条式地完全照搬，注重并按照解题能力强、实用程度高的发展导向，进行改进优化。

一、现状概览

中国共产党和中国政府开展了各种类型丰富、主题明确的学习活动。其中,较有代表性的学习活动包括:中央政治局的集体学习活动(见表6.1)、各级各类党委(党组)理论学习中心组的学习活动、地方政府之间的学习交流活动、各级党校(行政学院)系统的学习培训活动等。

表6.1　中国共产党第十九届中央政治局集体学习历次简况①

次数	时间	内容
第十次	2018年11月26日	中国历史上的吏治
第九次	2018年10月31日	人工智能发展现状和趋势
第八次	2018年9月21日	实施乡村振兴战略
第七次	2018年7月31日	全面停止军队有偿服务
第六次	2018年6月29日	加强党的政治建设
第五次	2018年4月23日	《共产党宣言》及其时代意义
第四次	2018年2月24日	我国宪法和推进全面依法治国
第三次	2018年1月31日	建设现代化经济体系
第二次	2017年12月8日	实施国家大数据战略,加快建设数字中国
第一次	2017年10月27日	深入学习贯彻党的十九大精神

资料来源:作者根据"共产党员网"(http://www.12371.cn/special/lnzzjjtxx/)相关资料整理而成。

---

① 统计时间截至2018年12月31日。

二、运行特点

中国共产党和中国政府的各类"学习"行为呈现出"要素整合"这一特征。这是中国的经济社会转型在制度变迁及创新方面所遵循的基本思路和前进轨迹。具体而言，"要素整合"是指：基于务实且有效地服从、服务于治国理政事业这一出发点，对来自现有制度架构的内外、上下等多个渠道的各种各样的要素进行广泛吸收、重新排列组合，并在此基础上形成新的政策选择、制度方案，进而运用到相关治理领域中。

"要素整合"可以说是中国推进自身转型以及各领域现代化进程的中观层次的指导思想，为治国理政事业提供了体现时代性、把握规律性、富于创造性的理论和实践指南。对于如何推动中国的经济社会转型，中国共产党和中国政府本着对人民、国家和历史高度负责的态度，在综合考虑了方方面面的因素之后，慎重地选择了一条温和型的经济和政治体制改革道路，强调在实践摸索中逐渐进步而不是"一步到位"。在决策思想中根深蒂固的实践传统、转型战略中所秉承的渐进主义、各地方各部门的自然和历史条件具有天然或后天造成的差别等因素的综合作用下，中国的治国理政事业从未全盘引进过来自域外的现成方案，更不会相信存在着任何"放之四海而皆准"的标准化理论。[①]相反，中国尽己所能地发掘、汲取来自于各个方面的合理成分，对它们进

---

① 王绍光："学习机制与适应能力：中国农村合作医疗体制变迁的启示"，《中国社会科学》，2008年第6期。

行梳理和整合,条件允许的话,还把其中的一部分放置到实践中进行尝试,接着通过观察经过现实检验后的各种反馈,来决定如何具体开展制度变迁和创新。这既充分体现了中国共产党和中国政府,特别是改革开放以来的中国共产党和中国政府,在掌控经济社会转型节奏和规避风险上极为审慎的一面。同时,它也是中国政府决策和施政活动中能动性、灵活性的集中体现。

进一步而言,"要素整合"的核心思路在于:一是强调新理念、新方案在来源上的广泛性;二是强调这些新要素对于自身的适用性,这其中又主要是以实践检验来作为取舍的依据。

(一)来源广泛

"要素整合"首先是以对来自各个方面、各个视角的不同内容所秉承的开放性和包容性为主基调,尽可能地汲取到能够为我所用的一切成分。在几乎所有的治理领域中,中国都愿意从内外部的各个渠道里寻求到有益的因素,并把它们应用到相应的政策实践中。在这一谨慎的渐进过程中,一个"兼收并蓄型"的国家逐渐形成。①

在"要素整合"这一思想的指导下,中国的治国理政事业自然不会仅仅依靠某一具体的理论和学说,抑或一口气采用某些"一揽子方案",当然也更不是一味重视实践经验而不看重理论指导。它是着眼于把来自域外的理论主张

---

① David L. Shambaugh. "Introduction:The Evolving and Eclectic."in *The Modern Chinese State.* David Shambaugh ed.,New York:Cambridge University Press,2000,pp.1–14. David Shambaugh. *China's Communist Party:Atrophy and Adaptation.* Berkeley:University of California Press,2009,p.181.

与已有经验,以及产自本土的实践探索和创造一并统合起来,共同为政策事项提供可能的理论参考和支持。在坚持从中国实际出发这一基本理念的前提下,"要素整合"强调采取务实的态度和脚踏实地的原则,一方面充分利用域外的一切先进成果,理性地参照别人的经验、吸取别人的教训,另一方面它也注意吸收并鼓励本土的探索和创意,使得治理行动始终保持着对现实国情的高度关照。

(二)现实适用

"要素整合"的第二个关键,同时也是中国治国理政事业的一个要义在于:在积极、广泛地吸收相关要素的同时,也清醒地认识到,任何理论和经验都只有参考的价值,它们都还必须契合于中国的现实环境、满足真正的需求,并经受实践的检验。[1]绝大多数情况下,需要对各种要素进行反复比较、鉴别,有所取舍,并重新将其"排列组合"。

要将广泛汲取而来的各种要素"物尽其用",就必须使它们能够真正适用于中国的治理情景。这既是衡量要素整合程度的基本标尺,也是"要素整合"的最终目的所在。这需要开展一系列的理论和实践工作,以使各种异质性的要素尽可能地相容而不致排斥,使之前彼此独立的要素尽快产生联系和相关性,把各个分散存在的要素尽量以结构化、整体性的形式呈现出来。而用于整合它们的载体和平台,抑或说"过滤器",主要就是以在现实环境中的具体适

---

① 马德普:"渐进性、自主性与强政府——分析中国改革模式的政治视角",《当代世界与社会主义》,2005年第5期。

应程度、实际应用效果为准。

可以说,"要素整合"构成了中国的治国理政事业在制度探索和创新方面的一个根本性特征。概括而言,贯穿于中国转型道路的一条主线就是:在"实事求是"这一战略思想和改革总体观的指导下,本着"实践是检验真理的唯一标准"和"摸着石头过河"的原则来不断地对各种要素进行有效整合,致力于将传统经验与现代方法、外来方案与本土实践、理论设计与实际探索中可以为我所用的积极成分有机地结合起来,反复进行理论再加工、再创造,并重新回到实践、指导实践。

(三)有机兼容

要实现"要素整合",首先需要的是体制对各种要素具备一种"兼容能力",也即接纳并允许各种要素存在的能力。作为致力于实现"要素整合"的基础性形式,要学习并实践多样化的治理探索,其先决条件是要能够被中国的体制所"允许"和"接纳",这是它能够得以出现的前提。[1]同时,既然体制的"兼容能力"构成了"要素整合"的基本前提条件,它当然也就会进一步影响到学习活动的内容及边界。

进一步而言,体制的"兼容能力"是指在坚持根本性的制度框架和自身特色这一"基本面"不变的前提下,整个体制"有机地"同时容纳不同制度性要素且使之可以并行运转的能力。"兼容能力"的存在使得在体制内部运行、培养

---

① 王绍光:"学习机制、适应能力与中国模式",《开放时代》,2009年第7期。

与已有政策相异甚至完全抵触的新制度、新政策成为可能。体制所能够"兼容"的要素的内容也就是可以进行整合的内容,特别是可以展开学习活动的领域。在这些特定领域内,部分地方政府和部门被"允许"进行不同于现行体制的全新探索和创新。

体制的"兼容能力"为各类学习活动的广泛开展提供了运行载体和基本内容,这使得中国的制度变迁与创新呈现出显著的"内源式"特征,整个体制在治理过程中以吸纳内部的、分散形成的新探索和新方案的方式来进行整体的"自我更新与升级"。同时,体制的"兼容能力"还使得政策在诸多方面可以"双轨"甚至"多轨"运行,制度的新旧、改革的缓急等可以并行不悖。因此,在一些新政策的推行上,还可以通过采取分类指导的策略,分步推进那些准备在全国推广的改革措施。

体制的"兼容能力"既然决定着开展学习活动的内容,相应地它也限定着学习范围的大小及边界。任何"兼容"和"开放"都是有限度的,都不可能达到无节制的"放开"。它一方面允许乃至鼓励创新和探索,另一方面也不允许每一个领域都可以进行尝试,能够开展的改革也不可以随意扩大范围。兼容能力的这一关键属性使得学习活动是一种有计划并受到控制的行为。它是在限定的领域内、在可控的范围内"大胆探索",绝不是完全放任和随心所欲的。实践操作过程中有的领域是不允许探索,有的领域是默认探索,有的领域则是鼓励探索,其主要原因就在于此。

通过观察体制的"兼容能力",随时间演变及其受治理系统影响的情况,还可以进一步揭示出学习活动能否进行及内容演变的深层次机理。在不同时期"兼容能力"所可以兼容的要素发生变化,会影响学习活动内容和边界的变化,这可以用来进一步解释和分析学习活动的历时性发展过程。特别是上级政府与试验点之间对于体制"兼容能力"的内涵及其属性认知的不一致性,带来了两者对某些探索和尝试时而态度一致、时而相矛盾的结果。

(四)有力整合

除了体制的"兼容能力"之外,要确保"要素整合"的实现成为可能,还需要体制对各种要素具备一种"整合能力",也即对存在着的各种要素进行重新加工和组合的能力。同时,这种"整合能力"会进一步影响到学习活动的类型及方式。

所谓体制的"整合能力",是指对存在着的各种制度性要素进行鉴别和选择的认知能力,以及将选择而来的相关要素进行系统分析和总结,并且把它们进行重新加工和组合的能力。特定的治理理论和实践,能否被纳入学习项目,主要取决于体制的"兼容能力",它体现的是学习活动的"可行性"问题;而学习活动本身能发展到何种程度,则主要有赖于体制的"整合能力",它体现的是学习活动的"绩效性"问题。

由于体制所能够"兼容"的要素的内容就是学习活动可以进行的领域,相应地其所需要"整合"的对象基本上就是来自形成于学习活动中的政策方案。中国的体制架构对各种要素所具有的"整合能力"是学习活动作用大小和效力高低的关键。体制的"兼容能力"使各类学习活动得以在已有制度框架下存在,至于它能够在多大程度上、以何种方式对现行政策施加影响,从局部经验上升为全局性的正式制度,则是主要取决于体制的"整合能力"。

在体制内部开展各类学习行为,允许不同于现行制度的政策探索及实施活动,其目的显然不仅仅在于学习本身,而是要为更大范围内的治理项目和任务做出自己的贡献。为了用好用足"学习"这一机制,使它能够充分而有效地发挥其积极效应,还需要体制具备一种整合能力。单项学习内容能否被纳入到全局性的政策过程中,除了自身的信度和效度之外,关键还要取决于体制对框架内分散形成的诸个创新要素进行有效整合的能力。整合的过程就是一个不断进行选择、过滤和再创造的过程。

1. 上下整合

上下整合,是指中央政府自下而上地整合来自部分地方特别是基层的创新性做法和经验。上下整合是基于纵向视角的一种整合,来自体制内部的地方创新和探索构成了各种要素的来源地。学习活动的任务就是将这些新的制度要素纳入政策议程中,以评测其是否能够应用到更大乃至全国性的范围中。

上下整合的核心要义在于,中央政府通过向地方尤其是基层政府的吸纳性学习,希冀于基层可以尽可能地为全局性的制度调整和创新提供内容方面的支持。在相当长的一段时期内,"上下整合"构成了通过开展学习活动来进行改革的最主要的方式,直至今日它仍然是学习活动这一方法论的作用基石。

2. 内外整合

内外整合,是指由外而内地整合来自域外较为成熟的政策方案和制度文本。内外整合是基于横向视角的一种整合,来自体制之外的较为完备的制度和政策构成了各种要素的来源地。学习活动的任务就是对这些外部的制度要素进行相关的梳理,以评测其是否能够适用于中国。

改革开放之前,可以说"上下整合"几乎是中国的决策者进行"要素整合"的唯一方式。虽然它的作用及贡献有目共睹,但仅仅依赖于这一种整合方式,有时难免会遇到"捉襟见肘"的难题。随着改革开放进程的开启,为"内外整合"的出现和实现提供了可能和机遇。顾名思义,"内外整合"不同于"上下整合"的关键之处在于,它是将来自域外的通常已经较为成熟的政策方案引入,并通过开展相关学习活动将其整合,而后再纳入政策议程中。

三、资料汇编

表6.2　中国共产党中央政治局集体学习历次简况①
第十九届中央政治局

次数	时间	内容
第十次	2018年11月26日	中国历史上的吏治
第九次	2018年10月31日	人工智能发展现状和趋势
第八次	2018年9月21日	实施乡村振兴战略
第七次	2018年7月31日	全面停止军队有偿服务
第六次	2018年6月29日	加强党的政治建设
第五次	2018年4月23日	《共产党宣言》及其时代意义
第四次	2018年2月24日	我国宪法和推进全面依法治国
第三次	2018年1月31日	建设现代化经济体系
第二次	2017年12月8日	实施国家大数据战略加快建设数字中国
第一次	2017年10月27日	深入学习贯彻党的十九大精神

---

① 统计时间截至2018年12月31日。

表6.3　第十八届中央政治局

次数	时间	内容
第四十三次	2017年9月29日	当代世界马克思主义思潮及其影响
第四十二次	2017年7月24日	推进军队规模结构和力量编成改革，重塑中国特色现代军事力量体系
第四十一次	2017年5月26日	推动形成绿色发展方式和生活方式
第四十次	2017年4月25日	维护国家金融安全
第三十九次	2017年2月21日	我国脱贫攻坚形势和更好实施精准扶贫
第三十八次	2017年1月22日	入推进供给侧结构性改革
第三十七次	2016年12月9日	我国历史上的法治和德治
第三十六次	2016年10月9日	实施网络强国战略
第三十五次	2016年9月27日	二十国集团领导人峰会和全球治理体系变革
第三十四次	2016年7月26日	深化国防和军队改革
第三十三次	2016年6月28日	严肃党内政治生活，净化党内政治生态
第三十二次	2016年5月27日	我国人口老龄化的形势和对策
第三十一次	2016年4月29日	历史上的丝绸之路和海上丝绸之路
第三十次	2016年1月29日	"十三五"时期我国经济社会发展的战略重点
第二十九次	2015年12月30日	中华民族爱国主义精神的历史形成和发展
第二十八次	2015年11月23日	马克思主义政治经济学基本原理和方法论
第二十七次	2015年10月12日	全球治理格局和全球治理体制
第二十六次	2015年9月11日	践行"三严三实"
第二十五次	2015年7月30日	中国人民抗日战争的回顾和思考
第二十四次	2015年6月26日	加强反腐倡廉法规制度建设
第二十三次	2015年5月29日	健全公共安全体系
第二十二次	2015年4月30日	健全城乡发展一体化体制机制
第二十一次	2015年3月24日	深化司法体制改革、保证司法公正
第二十次	2015年1月23日	辩证唯物主义基本原理和方法论
第十九次	2014年12月5日	加快自由贸易区建设
第十八次	2014年10月13日	我国历史上的国家治理
第十七次	2014年8月29日	世界军事发展新趋势和推进我军军事创新

续表

第十六次	2014年6月30日	加强改进作风制度建设
第十五次	2014年5月26日	使市场在资源配置中起决定性作用和更好发挥政府作用
第十四次	2014年4月25日	切实维护国家安全和社会安定
第十三次	2014年2月24日	培育和弘扬社会主义核心价值观　弘扬中华传统美德
第十二次	2013年12月30日	提高国家文化软实力研究
第十一次	2013年12月3日	历史唯物主义基本原理和方法论
第十次	2013年10月29日	加快推进住房保障体系和供应体系建设
第九次	2013年9月30日	实施创新驱动发展战略
第八次	2013年7月30日	建设海洋强国研究
第七次	2013年6月25日	中国特色社会主义理论和实践
第六次	2013年5月24日	大力推进生态文明建设
第五次	2013年4月19日	我国历史上的反腐倡廉
第四次	2013年2月23日	全面推进依法治国
第三次	2013年1月28日	坚定不移走和平发展道路
第二次	2012年12月31日	坚定不移推进改革开放
第一次	2012年11月17日	坚持和发展中国特色社会主义,学习宣传贯彻党的十八大精神

表6.4　第十七届中央政治局

次数	时间	内容
第三十三次	2012年5月28日	坚持走中国特色新型工业化道路和推进经济结构战略性调整
第三十二次	2012年2月20日	实施更加积极的就业政策
第三十一次	2011年8月23日	完善我国土地管理制度问题
第三十次	2011年6月28日	深刻认识和充分运用党的建设历史经验,不断推进新形势下党的先进性建设
第二十九次	2011年5月30日	培育发展战略性新兴产业研究
第二十八次	2011年4月26日	加强任务落实不断开创人口工作新局面,为经济社会发展创造更加有利的人口环境
第二十七次	2011年3月28日	推进依法行政弘扬社会主义法治精神,充分发挥法律促进经济社会发展作用
第二十六次	2011年2月21日	优先发展教育,建设人力资源强国

续表

第二十五次	2010年12月28日	在新的历史起点上推动我国经济社会又好又快发展问题
第二十四次	2010年12月3日	总结和弘扬上海世博会经验和精神,为科学发展和社会和谐增加新优势
第二十三次	2010年9月29日	正确处理新时期人民内部矛盾问题研究
第二十二次	2010年7月23日	深化我国文化体制改革研究问题
第二十一次	2010年6月21日	加强党的基层组织建设问题
第二十次	2010年5月28日	世界医药卫生发展趋势和我国医药卫生体制改革问题
第十九次	2010年2月22日	关于实现2020年我国控制温室气体排放行动目标问题
第十八次	2010年1月8日	世界主要国家财税体制和深化我国财税体制改革
第十七次	2009年11月27日	贯彻落实党的十七届四中全会精神,努力提高党的建设科学化水平
第十六次	2009年9月9日	继续探索把握社会主义现代化规律,更好把社会主义现代化推向前进
第十五次	2009年7月24日	走出中国特色军民融合式发展路子,推动国防建设和经济建设良性互动
第十四次	2009年6月29日	高度重视积极推进党内民主建设,充分发挥全党积极性主动性创造性
第十三次	2009年5月22日	加快推进社保体系建设,实现可持续发展
第十二次	2009年2月23日	世界经济形势和推动我国经济又好又快发展
第十一次	2009年1月23日	中国特色农业现代化道路研究
第十次	2008年12月26日	深化改革开放问题研究
第九次	2008年11月29日	推动我国科学发展问题研究
第八次	2008年9月28日	中国特色社会主义理论体系研究
第七次	2008年7月26日	现代奥林匹克运动和办好北京奥运会
第六次	2008年6月28日	全球气候变化和我国加强应对气候变化能力建设
第五次	2008年4月28日	我国加快转变经济发展方式研究
第四次	2008年2月23日	国外政府服务体系建设和我国建设服务型政府
第三次	2008年1月29日	实现全面建设小康社会奋斗目标的新要求和推动经济社会又好又快发展
第二次	2007年12月18日	当代世界宗教和加强我国宗教工作

续表

| 第一次 | 2007年11月27日 | 完善中国特色社会主义法律体系和全面落实依法治国基本方略 |

表6.5 第十六届中央政治局

次数	时间	内容
第四十四次	2007年9月28日	扩大对外开放和维护国家经济安全
第四十三次	2007年8月28日	世界金融形势和深化我国金融体制改革
第四十二次	2007年7月26日	南昌起义和井冈山革命根据地的建立
第四十一次	2007年4月23日	我国农业标准化和食品安全问题研究
第四十次	2007年3月23日	关于制定和实施物权法的若干问题
第三十九次	2007年2月15日	国外区域发展情况和促进我国区域协调发展
第三十八次	2007年1月23日	世界网络技术发展和我国网络文化建设与管理
第三十七次	2006年12月25日	关于我国建设资源节约型社会
第三十六次	2006年11月30日	我国社会主义基层民主政治建设研究
第三十五次	2006年10月23日	国外医疗卫生体制和我国医疗卫生事业发展
第三十四次	2006年8月29日	世界教育发展趋势和深化我国教育体制改革
第三十三次	2006年7月25日	红军长征胜利的回顾和思考
第三十二次	2006年6月29日	坚持科学执政、民主执政、依法执政
第三十一次	2006年5月26日	国际知识产权保护和我国知识产权保护的法律和制度建设
第三十次	2006年3月27日	国外安全生产的制度措施和加强我国安全生产的制度建设
第二十九次	2006年2月21日	世界产业结构调整的趋势和我国加快转变经济增长方式的战略抉择
第二十八次	2006年1月25日	关于建设社会主义新农村
第二十七次	2005年12月20日	行政管理体制改革和完善经济法律制度
第二十六次	2005年11月25日	世界马克思主义研究与我国马克思主义理论研究和建设工程
第二十五次	2005年9月29日	国外城市化发展模式和中国特色的城镇化道路
第二十四次	2005年8月26日	世界反法西斯战争的回顾与思考
第二十三次	2005年6月27日	国际能源资源形势和我国能源资源战略
第二十二次	2005年5月31日	经济全球化趋势与当前国际贸易发展的新特点
第二十一次	2005年4月15日	关于我国经济社会发展战略的若干问题
第二十次	2005年2月21日	努力构建社会主义和谐社会

续表

第十九次	2005年1月24日	新时期保持共产党员先进性研究
第十八次	2004年12月27日	面向2020年的中国科技发展战略
第十七次	2004年12月01日	中国社会主义道路探索的历史考察
第十六次	2004年10月21日	我国民族关系史的几个问题
第十五次	2004年7月24日	坚持国防建设与经济建设协调发展的方针
第十四次	2004年6月29日	加强党的执政能力建设
第十三次	2004年5月28日	繁荣和发展我国的哲学社会科学
第十二次	2004年4月26日	法制建设与完善社会主义市场经济体制
第十一次	2004年3月29日	当今世界农业发展状况和我国农业发展
第十次	2004年2月23日	世界格局和我国的安全环境
第九次	2003年11月24日	15世纪以来世界主要国家发展历史考察
第八次	2003年9月30日	坚持依法治国、建设社会主义政治文明
第七次	2003年8月12日	世界文化产业发展状况和我国文化产业发展战略
第六次	2003年7月21日	党的思想理论与时俱进的历史考察
第五次	2003年5月23日	世界新军事变革的发展态势
第四次	2003年4月28日	当代科技发展趋势和我国的科技发展 以及运用科学技术加强非典型肺炎防治工作
第三次	2003年3月28日	世界就业发展趋势和我国就业政策研究
第二次	2003年1月28日	世界经济形势和我国经济发展
第一次	2002年12月26日	学习宪法

资料来源:作者根据"共产党员网"(http://www.12371.cn/special/lnzzjjtxx/)相关资料整理而成。

中共中央办公厅《关于推进学习型党组织建设的意见》

中办发〔2009〕44号

建设马克思主义学习型政党,是党的十七届四中全会从全面推进中国特色社会主义伟大事业和党的建设新的伟大工程的全局出发,提出的一项重大战略任务。把各级党组织建设成为学习型党组织,是建设马克思主义学习型政党的基础工程。为认真贯彻落实党的十七届四中全会精神,大力推进学习型党组织建设,现提出如下意见。

一、充分认识建设学习型党组织的重要意义

(一)建设学习型党组织,是党始终走在时代前列、引领中国发展进步的重要基础

当今世界正处在大发展大变革大调整时期,世界多极化、经济全球化深入发展。特别是现代科学技术进步日新月异,知识创造、知识更新速度大大加快,创新能力越来越成为综合国力和国际竞争力的核心因素。无论是一个国家、一个民族还是一个政党,如果不加强学习、不提高学习能力,势必落后于时代。各级党组织和广大党员干部必须切实增强学习的紧迫感和自觉性,更加重视和善于学习,努力掌握和运用一切科学的新思想、新知识、新经验,顺应时代发展,实现知识的不断更新。只有这样,才能敏锐把握时代前进脉搏,科学判断世界发展大势,提高推动改革发展的能力,更好地带领人民在激烈的国际竞争中掌握主动。

(二)建设学习型党组织,是党领导人民夺取全面建设小康社会新胜利、开创中国特色社会主义事业新局面的必然要求

经过长期奋斗,我们党团结带领全国各族人民成功开辟了中国特色社会

主义道路,取得了举世瞩目的伟大成就,站在了一个新的历史起点上。建设中国特色社会主义,是一项前无古人的开创性事业,是一个在理论与实践上不断探索的过程。当前,我国已进入新的发展阶段,经济社会发展呈现出一系列阶段性特征,推动科学发展、促进社会和谐的任务繁重而艰巨。前进道路上新情况、新问题、新矛盾不断涌现,我们不熟悉、不了解、不懂得的东西还很多。高度重视学习,通过全党广泛而深入的学习推动事业的大发展大进步,是我们党的宝贵经验。开拓中国特色社会主义更为广阔的发展前景,要求各级党组织和广大党员干部必须在新的实践中重新学习、继续学习,切实掌握和运用好党的理论创新成果,不断深化对中国特色社会主义规律的认识,不断完善适合我国国情的发展道路和发展模式,使中国特色社会主义道路越走越宽广。

(三)建设学习型党组织,是提高党的执政能力、保持和发展党的先进性的紧迫任务

党的先进性首先表现为思想理论上的先进性,只有思想理论上先进才能保持和发展党的先进性。党的执政能力与党的思想理论水平密切相关,只有提高全党的马克思主义水平,才能提高党的领导水平和执政能力。我们党历来重视学习,通过学习提高全党的思想理论素养,不断为党的执政能力建设和先进性建设注入强大动力。特别是进入新世纪新阶段以来,党中央坚持把学习放在更加突出的位置,中央政治局带头坚持集体学习制度,各级党组织和广大党员干部自觉加强学习,有力推动了党的思想理论建设和党的事业的蓬勃发展,也推动了党的执政能力的提高和党的先进性的发展。但也要清醒

地看到,全党的学习状况和党员干部的思想理论素养同党的执政能力和先进性建设的要求还不完全适应。面对新形势新任务,各级党组织和广大党员干部必须以对党、对人民、对历史高度负责的态度,更加自觉和勤奋地学习,切实提高思想理论水平,不断深化对共产党执政规律、社会主义建设规律、人类社会发展规律的认识,切实提高推动科学发展、促进社会和谐的能力,使我们党在理论上实践上永葆先进性。

二、总体要求和主要原则

(一)建设学习型党组织的总体要求是:

——高举中国特色社会主义伟大旗帜,坚持以邓小平理论和"三个代表"重要思想为指导,深入贯彻落实科学发展观,全面贯彻党的十七大和十七届三中、四中全会精神,紧紧围绕党和国家工作大局,按照科学理论武装、具有世界眼光、善于把握规律、富有创新精神的要求,以提高全党思想政治水平为基本目标,深入学习马克思主义理论,学习党的路线方针政策和国家法律法规,学习党的历史,学习现代化建设所需要的各方面知识,不断在武装头脑、指导实践、推动工作上取得新成效。要大力营造和形成重视学习、崇尚学习、坚持学习的浓厚氛围,牢固确立党组织全员学习、党员终身学习的理念,建立健全管用有效的学习制度,使党员的学习能力不断提升、知识素养不断提高、先锋模范作用充分发挥,使党组织的创造力、凝聚力、战斗力不断增强。

（二）建设学习型党组织，应当遵循以下主要原则：

——坚持解放思想、实事求是、与时俱进，用发展着的马克思主义指导新的实践。深入贯彻党的思想路线，准确把握当今世界发展大势，准确把握社会主义初级阶段基本国情，准确把握改革发展实际，深入研究回答重大理论和实际问题，在全面推进社会主义经济建设、政治建设、文化建设、社会建设以及生态文明建设和党的建设过程中不断作出新的理论概括，推进马克思主义中国化、时代化、大众化。

——坚持理论联系实际的马克思主义学风，切实推动实际问题的解决。大力弘扬求真务实精神，把学习型党组织建设与促进改革发展稳定紧密结合起来，与推动本地区本部门本单位的各项工作紧密结合起来，学用结合、学以致用，在实践中深化学习，做到学习理论与运用理论、改造客观世界与改造主观世界相统一，把学习成果转化为运用科学理论、科学知识分析和解决实际问题的能力，增强工作的原则性、系统性、预见性和创造性。

——坚持领导干部作表率，调动广大党员的积极性主动性。党员领导干部要坚持把学习作为提高素质、增长本领、做好领导工作的根本途径，先学一步，学深一些，作不断学习、善于学习的表率，推动本地区本部门本单位党组织和党员的学习。充分发挥广大党员的主体作用，激发党员的学习热情，满足党员多方面的学习需求。

——坚持改革创新，鼓励大胆探索。保持改革创新、开拓进取的精神状态，按照体现时代性、把握规律性、富于创造性的要求，坚持继承与创新相统一,营造宽松环境,尊重基层党组织和党员的首创精神,积极拓展学习的内容、途径、渠道,不断创新组织学习的思路、办法和机制。

三、学习的主要内容

(一)坚持用中国特色社会主义理论体系武装头脑

深入学习马克思列宁主义、毛泽东思想,深入学习邓小平理论、"三个代表"重要思想以及科学发展观,全面系统、完整准确地掌握中国特色社会主义理论体系的重大意义、时代背景、实践基础、科学内涵和历史地位,深刻领会贯穿其中的马克思主义立场、观点、方法。把学习中国特色社会主义理论体系同研读马列著作、毛泽东著作结合起来,同认真总结党的历史经验特别是改革开放的经验结合起来,从理论和实践、历史和逻辑的统一上加深理解,不断增强学习贯彻中国特色社会主义理论体系的自觉性和坚定性。充分运用马克思主义理论研究和建设工程成果,大力推动中国特色社会主义理论体系宣传普及活动,切实推进党的理论创新成果进教材、进课堂、进头脑。

(二)深入学习实践科学发展观

认真总结深入学习实践科学发展观活动的成功经验,引导党员干部准确掌握科学发展观的科学内涵和精神实质,深刻理解科学发展观对各方面工作提出的新要求,不断推动学习实践向深度和广度发展。着力转变不适应不符合科学发展要求的思想观念,使各级党组织和广大党员干部在本地区本部门本单位实现什么样的发展、怎样发展等重大问题上形成共识。着力解决影响和制约科学发展的突出问题,解决党员领导干部党性党风党纪方面群众反映强烈的突出问题,创新发展理念、理清发展思路、破解发展难题、转变发展方式。通过深入学习实践,努力形成有利于学习研究和贯彻落实科学发展观的政策导向、舆论导向、用人导向和体制机制,把各级党组织建设成为贯彻落实科学发展观的坚强堡垒,把各级领导班子建设成为善于领导科学发展的坚强领导集体,把党员干部队伍建设成为贯彻落实科学发展观的骨干力量。

(三)学习践行社会主义核心价值体系

广泛开展社会主义核心价值体系学习教育,努力把社会主义核心价值体系体现到党员干部教育管理全过程,融入到党员干部日常工作学习生活中,以党员干部的模范带头作用推动全社会学习践行社会主义核心价值体系的深化。引导广大党员干部增强政治敏锐性和政治鉴别力,自觉划清马克思主义同反马克思主义的界限,社会主义公有制为主体、多种所有制经济共同发展的基本经济制度同私有化和单一公有制的界限,中国特色社会主义民主同西方资本主义民主的界限,社会主义思想文化同封建主义、资本主义腐朽思想文化的界限,始终保持立场坚定、头脑清醒。加强思想道德建设和党的优良传统、民族优秀文化传统教育,带头弘扬民族精神和时代精神,自觉践行社会主义荣辱观,培养高尚道德情操和健康生活情趣,保持昂扬奋发的精神状态。

(四)学习掌握现代化建设所必需的各方面知识

积极推动党员干部学习人类社会创造的一切文明成果,学习现代化建设所需要的经济、政治、文化、科技、社会和国际等各方面知识,学习反映当代世界发展趋势的现代市场经济、现代国际关系、现代社会管理和现代信息技术等方面知识。党员领导干部要在学习科学知识上走在前面,在不断优化知识结构、开阔思路、把握规律中,提高战略思维、创新思维、辩证思维能力,成为本领域本行业的行家里手。要加强国家法律法规教育,加强国情和形势政策教育,加强以群众路线为重点的工作方法教育,切实提高党员干部的学习实践能力。

(五)学习总结实践中的成功经验

既要向书本学习,又要向实践学习、向群众学习。要深入改革发展生动实践,加强调查研究,虚心向群众请教,集中民意,不断总结人民群众创造的新做法新经验。要善于学习借鉴其他地区部门单位的好做法好经验,紧密联系自身实际,有机地运用到实际工作中去,丰富和拓展本地区本部门本单位改革发展的思路和办法。要围绕推进本地区本部门本单位的工作,围绕解决突出矛盾、破解发展难题、提高工作水平,不断研究新情况、解决新问题,在推动实际问题的解决中深化规律性认识,提高分析问题、解决问题的能力。要认真总结和深入学习党的历史经验,把学习党的历史同学习运用党的理论路线方针政策结合起来, 同学习运用执政党建设基本经验和党的建设理论结合起来,同服务改革发展稳定大局以及党的建设的现实结合起来,获取推动事业发展、做好各项工作的宝贵启示和精神动力。

四、立足实际,务求实效

(一)在推动本地区本部门本单位的工作上下功夫

建设学习型党组织,要同研究解决本地区本部门本单位改革发展稳定的突出矛盾和问题结合起来,提出化解矛盾、解决问题的有效措施和办法。要同研究解决人民最关心最直接最现实的利益问题结合起来,始终关注群众的安危冷暖,加大改善民生力度,努力实现好、维护好、发展好人民群众的根本利益。贯彻发展是硬道理、稳定是硬任务的战略思想,不断提高各级领导班子和领导干部谋划发展、统筹发展、优化发展、推动发展的本领和做好群众工作、公共服务、社会管理、维护稳定的本领,增强新形势下依法办事能力和应急管理、舆论引导、新兴媒体运用、做好民族宗教工作等方面能力。当前,建设学习型党组织,要特别注意同夺取应对国际金融危机冲击全面胜利、保持经济平稳较快发展的任务结合起来,切实做好改革发展稳定的各项工作,促进经济社会又好又快发展。

(二)在推动本地区本部门本单位党的建设上下功夫

要认真查找和解决影响发挥党委(党组)的领导核心作用、基层党组织的战斗堡垒作用、党员的先锋模范作用的主要问题,使党组织真正成为深入贯彻落实科学发展观的组织者、推动者和实践者，使广大党员真正成为深入学习实践科学发展观的模范。开展领导干部走进矛盾、破解难题活动，查找和解决影响党群、干群关系的突出问题，特别是官僚主义、形式主义等群众反映强烈的问题，增强贯彻民主集中制的自觉性，切实弘扬党的优良传统，大兴密切联系群众之风、求真务实之风、艰苦奋斗之风、批评和自我批评之风，以优良党风促政风带民风。建设学习型党组织，要同研究解决反腐倡廉建设方面存在的突出问题结合起来，在坚决惩治腐败的同时加大教育、监督、改革、制度创新力度，不断以反腐倡廉的新成效取信于民。

（三）在提高党员干部思想政治素养上下功夫

要着重加强理想信念教育，引导广大党员干部坚持高举中国特色社会主义伟大旗帜不动摇、坚持中国特色社会主义道路不动摇、坚持中国特色社会主义理论体系不动摇、坚持改革开放不动摇，把学习成效转化为坚持共产主义远大理想和中国特色社会主义共同理想的坚定信念，转化为与人民群众同呼吸、共命运、心连心的真挚情感，增强贯彻党的理论路线方针政策的自觉性和坚定性，增强走中国特色社会主义道路、为党和人民事业不懈奋斗的自觉性和坚定性。加强党性锻炼和党性修养，常怀忧党之心，恪尽兴党之责，牢固树立正确的世界观、人生观、价值观和权力观、地位观、利益观，牢记"两个务必"，增强党的意识、宗旨意识、执政意识、大局意识、责任意识，讲党性、重品行、作表率。

五、不断探索学习型党组织建设的方法和途径

(一)创新建设学习型党组织的方法

坚持运用好过去组织学习的有效做法,结合实际积极探索富有时代特点的新方式。加强和改进党委(党组)中心组学习,严格规范管理,增强学习效果。加强和改进务虚研讨,深入研究重大问题和热点难点问题。加强和改进专题调研,深入总结实践经验,形成改进工作的思路和举措。加强和改进主题宣讲,面对面地解答党员干部思想认识上的困惑。加强和改进形势政策教育,深入解读国家发展形势和重大方针政策。加强和改进个人自学,引导党员干部养成良好学习习惯。加强和改进专题讲座、报告会、专题电视片、主题教育等学习教育方式,鼓励和支持参加各种形式的成人教育、函授教育、网络教育,不断增强建设学习型党组织活动的吸引力凝聚力,扩大覆盖面和参与度。

(二)完善建设学习型党组织的途径

组织各种形式的主题学习教育活动,运用学习讲坛、读书会、知识竞赛、技能比赛、参观考察等广大党员喜闻乐见的手段,特别是结合党和国家重大政策出台、重大活动开展和重大节庆日纪念日等契机,不断丰富完善工作抓手。围绕党的全国代表大会和中央全会的召开,组织学习贯彻党的理论创新成果和中央重大决策部署,把全党思想及时统一到中央精神上来。围绕"五一"、"五四"、"七一"、"八一"、"十一"等重要节庆日以及重大历史事件纪念

日,组织开展党的历史、新中国历史以及党的优良传统和优良作风、民族精神和时代精神、促进民族团结和军民团结等方面的专题学习教育。围绕纪念革命领袖、革命先烈、杰出历史人物等活动,组织学习英烈英模和英雄人物的先进事迹和崇高思想。围绕我国传统节日,组织学习中华民族的悠久历史和灿烂文化,增强民族认同感。

(三)拓展建设学习型党组织的阵地

充分发挥党校、行政学院、干部学院在教育培训中的主渠道、主阵地作用,发挥高等学校、社科研究机构以及部门和行业培训机构的作用,努力改进培训方法,提高培训质量。充分运用好各级各类新闻媒体和互联网、手机等新兴媒体,引导其发挥自身优势。积极运用信息网络技术手段,加强党员干部远程教育、电化教育等学习教育网络建设,加强数字图书馆、数字出版物等网络学习教育平台建设,推进文化信息资源共享工程建设,不断提高党员干部学习教育的信息化水平。

(四)健全建设学习型党组织的制度

总结党员干部学习教育的经验,进一步明确学习教育的时间、内容、目标、责任以及相关的考勤、交流、通报等要求,推进党员干部学习教育的科学化、制度化、规范化。建立健全党组织集体学习制度,领导班子要定期务虚,保证集体学习每个季度不少于1次,提高学习质量。建立健全培训制度,科学安排岗前培训、业务培训、晋职培训、理论培训等,县处级以上党政领导干部参加脱产培训每年一般不少于110学时。建立健全调查研究制度,省部级领导干部到基层调研每年不少于30天,市、县级领导干部不少于60天,领导干部要每年撰写1至2篇调研报告。认真落实《2009—2013年全国党员教育培训工作规划》,建立基层党员轮训制度。建立健全党员个人自学制度,明确要求制订学习计划和目标,强化党员干部的日常学习,激发个人自学的内在动力。建立健全主题教育制度,形成运用重大节庆日纪念日等组织党员干部学习的工作机制。建立健全学习考核制度,把学习情况作为民主评议党员、综合考核评价领导班子和领导干部的重要内容,把理论素养、学习态度和学习能力作为选拔任用领导干部的重要依据,形成注重学习的用人导向。建立健全学习成果转化制度,通过集体交流、媒体宣传、内参反映等多种形式,促进学习教育成果及时运用于党委和政府决策中。

六、切实加强组织领导

(一)各级党委(党组)要把建设学习型党组织工作摆在突出位置,切实抓紧抓好

要把推进学习型党组织建设列入各级党委(党组)重要议事日程,作出专门部署,精心组织,狠抓落实。认真落实抓学习、促学习的工作责任制。中央和国家机关各部门党委(党组)要立足部门实际和职能特点,按照中央要求制订具体实施方案,明确学习重点,突出自身特色,确保建设学习型党组织的任务落到实处。地方各级党委要结合本地具体实际和改革发展稳定任务,按照分

层分类推进要求,制定切实可行的具体实施意见,提出操作性强的措施要求,推动学习型党组织建设深入开展。各级党委组织、宣传部门和其他有关部门,要在党委统一领导下,密切配合,抓好学习型党组织建设工作。宣传部门要切实发挥牵头负责作用,加强协调,扎实推进,同时牢牢把握正确导向,努力形成浓厚学习氛围。组织部门要把建设学习型党组织与干部教育培训、加强领导班子和干部队伍建设、基层党组织和党员队伍建设结合起来。工会、共青团、妇联等人民团体要充分发挥自身优势,开展各具特色的学习教育活动。

(二)领导机关和领导干部要带头学习,发挥示范带动作用

中央和地方党政领导机关要率先垂范,进一步加强和改进党委(党组)中心组学习,把领导班子建设成为学习型领导班子,推动下属部门和下级党组织的学习。党员领导干部特别是中高级领导干部要以身作则,以高度的政治责任感、强烈的求知欲和积极的进取精神,切实减少应酬,把更多的时间和精力放在学习上,学得更深一些,掌握的理论和知识更丰富一些,在全面系统掌握马克思主义理论特别是中国特色社会主义理论体系上走在前面,在学习掌握现代科学知识上走在前面,在弘扬理论联系实际的马克思主义学风上走在前面,努力成为建设学习型党组织和学习型领导班子的精心组织者、积极促进者、自觉实践者,带动全党形成良好学习风气。

(三)切实把建设学习型党组织的任务落实到基层

企业、农村、机关、学校、部队、社区的基层党组织,要积极开展各种形式的

创建学习型党组织活动。充分发挥基层党组织的积极性主动性创造性,鼓励和支持从实际出发,因地制宜,采取生动活泼的方式,动员广大基层党员投身到学习型党组织建设中来。要注意抓好离退休人员、偏远地区农村党员、非公有制经济组织和新社会组织中党员、下岗失业人员和流动人口中党员的学习,努力使建设学习型党组织的任务覆盖到每个基层党组织、每个党员。各级党委(党组)要加大对基层党组织学习的投入,加强硬件建设,提供必要的设施设备等保障,积极为党员学习教育创造良好条件。

（四）加强分类指导和督促检查

各级党委(党组)要根据不同类别、不同层次、不同岗位党员干部的特点,把学习的普遍性要求与特殊需要相结合,分别提出相应的任务和要求。经常了解下属部门和单位党组织的学习情况,根据不同特点和情况,有针对性地加强指导。党委组织、宣传部门要定期对下级党组织学习情况进行督促检查,针对存在的问题和不足,提出加强和改进的具体要求。各级党组织应在每年1月底前向上级党委组织、宣传部门专题报送上一年度学习情况总结和本年度学习计划。中央直属机关工委和中央国家机关工委要加强对中央和国家机关各单位学习型党组织建设情况的督促检查。省级有关工委要加强对省级机关各单位学习型党组织建设情况的督促检查。要组织开展经验交流,适时召开学习经验交流会,宣传先进典型,推广成功经验。要坚持求真务实,力戒形式主义。

中国共产党党委(党组)理论学习中心组学习规则

第一章 总则

第一条 为了进一步推进党委(党组)理论学习中心组学习制度化、规范化,推动理论武装工作深入开展,提高领导干部的理论水平和工作能力,加强领导班子思想政治建设,根据《中国共产党章程》和其他有关党内法规,制定本规则。

第二条 党委(党组)理论学习中心组学习,是各级党委(党组)领导班子和领导干部在职理论学习的重要组织形式,是严肃党内政治生活、强化党性修养的重要内容,是加强各级领导班子思想政治建设的重要制度,是建设学习型服务型创新型的马克思主义执政党、提高党的执政能力和领导水平的重要途径。

各级党委(党组)应当把理论学习中心组学习列入重要议事日程,纳入党建工作责任制,纳入意识形态工作责任制。

第三条 党委(党组)理论学习中心组学习以政治学习为根本,以深入学习中国特色社会主义理论体系为首要任务,以深入学习贯彻习近平总书记系列重要讲话精神为重点,以掌握和运用马克思主义立场、观点、方法为目的,坚持围绕中心、服务大局,坚持知行合一、学以致用,坚持问题导向、注重实效,坚持依规管理、从严治学。

第四条　本规则适用于各级党委（党组）理论学习中心组学习，党的各级纪律检查机关、工作机关、直属事业单位的领导班子理论学习中心组学习。

其他党组织参照本规则组织学习。

第二章　织与职责

第五条　党委（党组）理论学习中心组主要由党委（党组）领导班子成员组成，可以根据学习需要适当吸收有关人员参加。

第六条　各级党委（党组）对本级理论学习中心组学习负主体责任，对本地区本部门本单位的理论学习中心组学习负领导责任。

党委（党组）书记是理论学习中心组学习第一责任人，书记不能参加学习时，由主持党委（党组）日常工作的负责人代行职责。

党委（党组）负责宣传思想工作的成员是理论学习中心组学习直接责任人，主要职责是配合党委（党组）书记做好学习的组织工作。

党委（党组）其他成员应当积极参加学习，自觉遵守理论学习中心组学习制度，按照学习安排或者受委派承担相应职责。

第七条　党委（党组）理论学习中心组应当配备学习秘书，由宣传部、办公厅（室）、组织部或者机关党委等机构负责人担任，由宣传部负责人牵头。

宣传部、办公厅（室）、组织部、机关党委、讲师团等机构人员应当协助学习秘书共同做好学习服务工作。

第三章　学习内容、形式与要求

第八条　党委(党组)理论学习中心组学习内容包括:

(一)马克思列宁主义、毛泽东思想、邓小平理论、"三个代表"重要思想、科学发展观,习近平总书记系列重要讲话和治国理政新理念新思想新战略。

(二)党章党规党纪和党的基本知识。

(三)党的路线、方针、政策和决议。

(四)国家法律法规。

(五)社会主义核心价值观。

(六)党的历史、中国历史、世界历史和科学社会主义发展史。

(七)推进中国特色社会主义事业所需要的经济、政治、文化、社会、生态、科技、军事、外交、民族、宗教等方面知识。

(八)改革发展实践中的重点、难点问题。

(九)党中央和上级党组织要求学习的其他重要内容。

第九条　党委(党组)理论学习中心组可以通过以下适当形式,开展切实有效的学习活动:

(一)集体学习研讨。各级党委(党组)理论学习中心应当将集体学习研讨作为学习的主要形式,把重点发言和集体研讨、专题学习和系统学习结合起来,深入开展学习讨论和互动交流。理论学习中心组学习以中心组成员自己学、自己讲为主,适当组织专题讲座、辅导报告。

(二)个人自学。理论学习中心组成员应当根据形势任务的要求,结合工作需要和本人实际,明确学习重点,研读必要书目,下功夫刻苦学习。

(三)专题调研。理论学习中心组成员应当把理论学习与专题调研结合起来,深入基层、深入群众,扎实开展调查研究,深化理论学习。

理论学习中心组成员应当积极参加学习讲坛、读书会、报告会等学习活动,充分利用网络学习平台开展学习,拓宽学习渠道,提升学习效果。

党委(党组)理论学习中心组应当结合本地区本部门本单位实际,创新学习方式,改进学习方法,增强学习的吸引力、针对性和实效性。

第十条　理论学习中心组应当坚持把学习马克思主义理论作为做好一切工作的看家本领,把学习党的基本理论与学习党的理论创新成果结合起来,把握精神实质,掌握精髓要义,做到真学真懂真信真用。

坚持学以立德、学以修身、学以益智、学以增才,把提高理论素质与增强党性修养、提升工作本领结合起来,坚定理想信念,加强党性锻炼,提高精神境界。

大力弘扬理论联系实际的马克思主义学风,紧密结合改革开放和社会主义现代化建设的实际,紧密结合思想和工作实际,努力掌握马克思主义立场、观点、方法,学以致用、用以促学、学用相长,把学习成果转化为有效的政策举措。学习理论贵在精、贵在管用。坚持问题导向,提高运用党的基本理论解决实际问题的能力。

理论学习中心组成员应当发挥"关键少数"的示范和表率作用,自觉学习、带头学习,努力成为建设学习型党组织和学习型领导班子的精心组织者、积极促进者、自觉实践者,带动全党大兴学习之风。

集体学习研讨应当保证学习时间和质量每年应当集中一定时间学习,每季度不少于1次。提倡理论学习中心组成员结合工作实际撰写学习心得、调研报告或者理论文章。

第四章　学习管理、考核与问责

第十一条　党委(党组)理论学习中心组每年年初按照党中央和上级党组织部署,结合工作实际,制定年度学习计划。

年度学习计划由本级党委(党组)审定后施行,并报送上级党委宣传部、组织部或者有关党的机关工作委员会备案。

第十二条　上级党委宣传部会同组织部等有关部门,负责理论学习中心组学习情况的督查考核。督查可以采取自查、抽查或者普查等方式。考核可以结合领导班子和领导干部年度考核进行。

有关党的机关工作委员会负责各级机关、企事业单位党组织理论学习中心组学习情况的督查,并将督查情况通报党委宣传部、组织部。

第十三条　党委(党组)理论学习中心组每年向上级党委宣传部、组织部报送中心组学习情况;各级机关、企事业单位党组织理论学习中心组每年向有关党的机关工作委员会报送中心组学习情况。

党委宣传部、组织部每年通报下级党委(党组)理论学习中心组学习情况;有关党的机关工作委员会每年通报同级机关、企事业单位党组织理论学习中心组学习情况。

第十四条　对党委(党组)理论学习中心组学习开展不力、出现错误倾向产生恶劣影响的,应当按照有关规定问责。

第五章　附则

第十五条　各省、自治区、直辖市党委,中央直属机关工委、中央国家机关工委,可以根据本规则,结合实际制定实施办法。

中国人民解放军和中国人民武装警察部队党委理论学习中心组学习规则,由中央军事委员会根据本规则的基本精神制定。

第十六条　本规则由中央宣传部负责解释。

第十七条　本规则自2017年1月30日起施行。此前有关规定与本规则不一致的,以本规则为准。

干部教育培训工作条例

第一章　总则

第一条　为了推进干部教育培训工作科学化、制度化、规范化,培养造就高素质干部队伍,依据《中国共产党章程》、《中华人民共和国公务员法》和其他有关法律法规,制定本条例。

第二条　干部教育培训是建设高素质干部队伍的先导性、基础性、战略性工程,在推进中国特色社会主义伟大事业和党的建设新的伟大工程中具有不可替代的重要作用。干部教育培训工作必须坚持以马克思列宁主义、毛泽东思想、邓小平理论、"三个代表"重要思想、科学发展观为指导,深入贯彻习近平总书记系列重要讲话精神,紧紧围绕全面建成小康社会、全面深化改革、全面依法治国、全面从严治党的战略布局,以坚定理想信念、增强执政意识、提高执政能力为重点,把"三严三实"要求贯穿干部教育培训全过程,培养造就信念坚定、为民服务、勤政务实、敢于担当、清正廉洁的好干部,推动学习型、服务型、创新型马克思主义执政党建设和学习型社会建设,推进国家治理体系和治理能力现代化,为不断夺取中国特色社会主义新胜利、实现中华民族伟大复兴的中国梦提供思想政治保证、人才保证和智力支持。

第三条 本条例适用于党的机关、人大机关、行政机关、政协机关、审判机关、检察机关,以及列入公务员法实施范围的其他机关和参照公务员法管理的机关(单位)的干部教育培训工作。

国有企业、不参照公务员法管理的事业单位结合各自特点执行本条例。

第四条 干部教育培训工作应当遵循下列原则:

(一)服务大局,按需施教。始终坚持社会主义办学方向,紧紧围绕党和国家事业发展需要,结合干部岗位职责和健康成长需求,开展教育培训,全面提高质量和效益。

(二)以德为先,注重能力。贯彻干部队伍革命化、年轻化、知识化、专业化方针,坚持德才兼备、以德为先,突出理想信念教育和党性党规党纪教育,将能力培养贯穿始终,全面提高干部德才素质和履职能力。

(三)分类分级,全员培训。按照干部管理权限组织实施教育培训,把教育培训的普遍性要求与不同类别、不同层次、不同岗位干部的特殊需要结合起来,增强针对性,确保全覆盖。

(四)联系实际,学以致用。大力弘扬马克思主义学风,围绕中心工作,以问题为导向开展教育培训,引导干部在改造主观世界的同时,运用所学理论和知识指导实践、推动工作。

(五)与时俱进,改革创新。适应形势任务发展变化,遵循干部成长规律和干部教育培训规律,坚持开放办学,完善培训内容,改进培训方式,整合培训资源,优化培训队伍,不断推进干部教育培训理论创新、实践创新、制度创新。

(六)依法治教,从严管理。建立健全干部教育培训法规制度,依法依规开展干部教育培训,从严治校、从严治教、从严治学,保持良好的教学秩序和学习风气。

第二章　管理体制

第五条　全国干部教育培训工作实行在党中央领导下,由中央组织部主管,中央和国家机关有关工作部门分工负责,中央和地方分级管理的体制。

第六条　中央组织部履行全国干部教育培训工作的整体规划、制度建设、宏观指导、协调服务、督促检查等职能。

全国干部教育联席会议成员单位按照职责分工,负责相关的干部教育培训工作。

中央和国家机关各部门负责指导本行业本系统的业务培训。

第七条　地方各级党委领导本地区干部教育培训工作,贯彻执行党和国家干部教育培训工作的方针政策,把干部教育培训工作纳入本地区经济社会发展规划,统筹研究部署。

地方各级党委组织部主管本地区干部教育培训工作。地方各级干部教育领导小组或者联席会议成员单位按照职责分工,负责相关的干部教育培训工作。

第八条 干部所在单位按照干部管理权限,负责组织实施本单位的干部教育培训工作。

开展干部教育培训工作情况应当作为领导班子考核的重要内容。干部所在单位未按规定履行干部教育培训职责的,由干部教育培训管理部门责令其限期整改,并在一定范围内给予通报批评。

第九条 垂直管理部门的干部教育培训工作由部门负责。

双重管理单位的干部教育培训工作由主管方负责;经协商,也可以由协管方负责。

第十条 党委和政府工作部门抽调下级党委和政府领导班子成员参加培训,必须报同级干部教育培训主管部门审批,避免多头调训和重复培训。

第十一条 各级党委和政府及其有关工作部门、干部教育培训机构、干部所在单位和干部本人必须严格执行本条例,自觉接受组织监督、群众监督、社会监督。

干部教育培训主管部门会同有关部门对干部教育培训工作和贯彻执行本条例情况进行监督检查,制止和纠正违反本条例的行为,并对有关责任人员提出处理意见和建议。

第三章　教育培训对象

第十二条　干部有接受教育培训的权利和义务。

第十三条　干部教育培训的对象是全体干部,重点是县处级以上党政领导干部和优秀中青年干部。

第十四条　干部应当根据不同情况参加相应的教育培训:

(一)贯彻落实党和国家重大决策部署的集中轮训;

(二)党的基本理论和党性教育的专题培训;

(三)新录(聘)用的初任培训;

(四)晋升领导职务的任职培训;

(五)在职期间的岗位培训;

(六)从事专项工作的专门业务培训;

(七)其他培训。

第十五条　省部级、厅局级、县处级党政领导干部应当每5年参加党校、行政学院、干部学院,以及干部教育培训管理部门认可的其他培训机构累计3个月或者550学时以上的培训。提拔担任领导职务的,确因特殊情况在提任前未达到教育培训要求的,应当在提任后1年内完成培训。干部教育培训管理部门应当作出规划,统筹安排。

其他干部参加教育培训的时间,根据有关规定和工作需要确定,每年累计不少于12天或者90学时。

第十六条　干部必须严格遵守教育培训的规章制度,严格遵守学习培训和廉洁自律各项规定,完成规定的教育培训任务。

干部因故未按规定参加教育培训或者未达到教育培训要求的,应当及时补训。干部教育培训考核不合格的,年度考核不得确定为优秀等次。对无正当理由不参加教育培训的,给予批评教育直至组织处理。干部弄虚作假获取培训经历、学历或者学位的,按照有关规定严肃处理。

第十七条 干部在参加组织选派的脱产教育培训期间,一般应当享受在岗同等待遇,一般不承担所在单位的日常工作、出国(境)考察等任务。因特殊情况确需请假的,必须严格履行手续。

第十八条 干部个人参加社会化培训,费用一律由本人承担,不得由财政经费和单位经费报销,不得接受任何机构和他人的资助或者变相资助。

第四章　教育培训内容

第十九条 干部教育培训坚持以理想信念、党性修养、政治理论、政策法规、道德品行教育培训为重点,并注重业务知识、科学人文素养等方面教育培训,全面提高干部素质和能力。

第二十条 政治理论教育重点开展马克思列宁主义、毛泽东思想、邓小平理论、"三个代表"重要思想、科学发展观和习近平总书记系列重要讲话精神教育培训,加强党的路线方针政策、社会主义核心价值观、党史国史、国情形势等教育培训,引导干部坚定共产主义远大理想和中国特色社会主义共同理想,增强中国特色社会主义道路自信、理论自信、制度自信,提高运用马克思主义立场、观点、方法分析解决实际问题的能力,增强领导改革开放和社会主义现代化建设的本领。

对党员干部,必须加强党性教育,重点开展党章、党的宗旨、党规党纪、党的优良传统、党风廉政建设等教育培训,引导党员干部增强党的意识、宗旨意识、执政意识、大局意识、责任意识、规矩意识,做到对党忠诚、个人干净、敢于担当。

对党外干部,也应当根据其特点,开展相应的政治理论教育。

第二十一条　政策法规教育重点加强宪法法律和党内法规教育,开展党中央关于经济建设、政治建设、文化建设、社会建设、生态文明建设和党的建设等方面重大决策部署的培训,提高干部科学执政、民主执政、依法执政水平。

开展总体国家安全观教育,增强干部国家安全意识和推进国家安全建设的本领。

第二十二条　业务知识培训应当根据干部岗位特点和工作要求,有针对性地开展履行岗位职责所必备知识的培训,加强各种新知识新技能的教育培训,帮助干部提高专业素养和实际工作能力。

第二十三条　科学人文素养教育应当按照提高干部综合素质的要求,开展哲学、历史、科技、文学、艺术和军事、外交、民族、宗教、保密、心理健康等方面教育培训,帮助干部加快知识更新、优化知识结构、拓宽眼界视野。

第五章　教育培训方式方法

第二十四条　干部教育培训以脱产培训、党委(党组)中心组学习、网络培训、在职自学等方式进行。

第二十五条　脱产培训以组织调训为主。干部教育培训管理部门负责制定干部调训计划,选调干部参加脱产培训,对重要岗位的干部可以实行点名调训。干部所在单位按照计划完成调训任务。干部必须服从组织调训。

第二十六条　坚持和完善党委(党组)中心组学习制度。中心组学习应当以党的理论和路线方针政策为基本内容,在自学和调研基础上保证每个季度不少于1次集体学习研讨。

第二十七条　充分运用现代信息技术,完善网络培训制度,建立兼容、开放、共享、规范的干部网络培训体系。提高干部教育培训教学和管理信息化水平,用好大数据、"互联网+"等技术手段。

第二十八条　建立健全干部在职自学制度。干部所在单位应当支持鼓励干部在职自学,并提供必要条件。

第二十九条　严格规范和改进境外培训工作。干部教育培训管理部门应当根据工作需要,突出重点、注重实效,择优选派培训对象,合理确定培训机构,严格培训过程管理和效果评价。

第三十条　干部教育培训应当根据内容要求和干部特点,综合运用讲授式、研讨式、案例式、模拟式、体验式等教学方法,实现教学相长、学学相长。

引导和支持干部教育培训方式方法创新。

第六章　教育培训机构

第三十一条　加强干部教育培训机构建设,构建分工明确、优势互补、布局合理、竞争有序的干部教育培训机构体系。充分发挥党校、行政学院、干部学院在干部教育培训中的主渠道、主阵地作用。加强社会主义学院建设。

第三十二条　党校、行政学院、干部学院和社会主义学院应当坚持功能定位，突出办学特色，按照职能分工开展干部教育培训工作。

部门和行业系统干部教育培训机构，应当按照各自职责，提升专业化办学水平，做好本部门和本行业本系统的干部教育培训工作。

干部教育培训管理部门可以委托符合条件的高等学校、科研院所、社会培训机构等承担干部教育培训任务。

各类干部教育培训机构应当加强交流合作，通过联合办学等方式，促进资源优化配置，增强办学活力和实力。

充分发挥现场教学基地作用，统筹规划、规范管理，提升教学质量。

第三十三条　干部教育培训机构必须贯彻执行党和国家干部教育培训方针政策和法律法规。对违反规定的，由干部教育培训主管部门责令限期整改；逾期不改的，给予通报批评；情节严重的，由有关部门对负有主要责任的领导人员和直接责任人员给予纪律处分。

第三十四条　干部教育培训机构应当以教学为中心，深化教学改革，完善培训内容，科学设置培训班次和学制，优化学科结构，改进课程设计，创新教学方法，提高教学水平。

第三十五条　各级党委和政府应当加强干部教育培训机构的领导班子建设，改善干部教育培训机构的基础设施和办学条件。

各级党委和政府应当坚持办好基础较好、优势明显的干部教育培训机构，调整、整顿不具备办学能力和条件的干部教育培训机构。

第三十六条　实行干部教育培训机构准入制度。高等学校、科研院所、社会培训机构等承担干部教育培训任务,必须获得干部教育培训管理部门的资质认可。干部教育培训管理部门应当制定和公布相应的准入标准。不得组织干部到没有资质的教育培训机构培训。

培育和规范干部教育培训市场,引导和推动教育培训机构积极参与、规范运作、优化服务、提高质量,逐步形成由干部教育培训主管部门指导、公开平等、竞争有序、能进能出的干部教育培训市场机制。规范干部教育培训收费标准,严禁借干部教育培训之名谋取不当利益。

第三十七条　实行干部教育培训项目管理制度。干部教育培训管理部门可以采取直接委托、招标投标等方式,确定承担教育培训任务的教育培训机构。

第三十八条　加强干部教育培训管理者队伍建设,加强培养,严格管理,促进交流,优化结构,提高素质。

加强干部教育培训理论研究。

第七章　师资、课程、教材、经费

第三十九条　按照政治合格、素质优良、规模适当、结构合理、专兼结合的原则,建设高素质干部教育培训师资队伍。

第四十条　从事干部教育培训工作的教师,必须对党忠诚、政治坚定,严守纪律、严谨治学,具有良好的职业道德修养、较高的理论政策水平、扎实的专业知识基础,有一定的实际工作经验,掌握现代教育培训理论和方法,具备胜任教学、科研工作的能力。

第四十一条　从事干部教育培训工作的教师,应当联系实际开展教学,有的放矢,力戒空谈,严守讲坛纪律,不得传播违反党的理论和路线方针政策、违反中央决定的错误观点。对违反讲坛纪律的,给予批评教育直至纪律处分。

第四十二条　实行专职教师职务聘任和竞争上岗制度,通过考核、奖惩和教育培训,加强专职教师队伍建设。

建立专职教师知识更新机制和实践锻炼制度,保证专职教师每年参加教育培训的时间累计不少于1个月。逐步建立符合干部教育培训特点的师资队伍考核评价体系。

第四十三条　选聘思想政治素质过硬、实践经验丰富、理论水平较高的领导干部、企业经营管理人员、专家学者和先进模范人物、优秀基层干部等担任兼职教师,充分发挥兼职教师的作用。

建立健全领导干部上讲台制度。县级以上党政领导班子成员特别是主要领导干部应当带头到党校、行政学院、干部学院、社会主义学院和高等学校等授课。

第四十四条　中央组织部和各省、自治区、直辖市党委组织部应当建立完善干部教育培训师资库。有条件的地区和部门可以根据工作需要建立干部教育培训师资库。

第四十五条　建立完善干部教育培训课程开发和更新机制,构建富有时代特征和实践特色、务实管用的干部教育培训课程体系。

第四十六条　加强精品课程建设,重点开发体现马克思主义中国化最新成果、反映各领域理论和实践创新的精品课程。

建立国家级和省级干部教育培训精品课程库,实现优质课程资源共享。

第四十七条 适应不同类别干部教育培训的需要,着眼于提高干部综合素质和能力,逐步建立开放的、形式多样的、具有时代特色的干部教育培训教材体系。

第四十八条 坚持干部教育培训教材的开发和利用相结合,做到与时俱进、科学规划、编审分开、讲求实效。

第四十九条 加强干部教育培训教材编写、出版、发行、使用的管理和监督。

全国干部培训教材编审指导委员会负责组织制定干部教育培训教材建设规划,审定全国干部教育培训教材。有关地方、部门和机构按照教材建设规划的要求,可以编写符合需要、各具特色的干部教育培训教材,积极选用中央有关部门组织编写、推荐的权威教材和学习读本,并可以选用国内外优秀出版物。

第五十条 干部教育培训经费列入各级政府年度财政预算,保证干部教育培训工作需要。

加强干部教育培训经费管理,厉行节约,勤俭办学,提高经费使用效益。

第五十一条 加大对革命老区、民族地区、边疆地区、贫困地区干部教育培训支持力度,推动优质培训资源向基层延伸倾斜。

第八章 考核与评估

第五十二条 建立干部教育培训考核和激励机制。干部接受教育培训情况应当作为干部考核的内容和任职、晋升的重要依据。

第五十三条　干部教育培训考核的内容包括干部的学习态度和表现,理论、知识掌握程度,党性修养和作风养成情况,以及解决实际问题的能力等。

第五十四条　干部教育培训考核应当区分不同教育培训方式分别实施。脱产培训的考核,由主办单位和干部教育培训机构实施;网络培训和境外培训的考核,由主办单位和干部所在单位实施。

干部教育培训实行登记管理。各级干部教育培训主管部门和干部所在单位应当按照干部管理权限,建立完善干部教育培训档案,如实记载干部参加教育培训情况和考核结果。

建立健全跟班管理制度,加强对干部学习培训的考核与监督。

第五十五条　组织(人事)部门在干部年度考核、任用考察时,应当将干部接受教育培训情况作为一项重要内容。干部参加脱产培训情况应当记入干部年度考核表,参加2个月以上的脱产培训情况应当记入干部任免审批表。

第五十六条　建立健全干部教育培训评估制度,加强对干部教育培训机构、项目及课程的评估。

第五十七条　干部教育培训管理部门负责对干部教育培训机构进行评估,也可以委托干部教育培训管理部门认可的机构进行评估。

干部教育培训机构评估的内容包括办学方针、培训质量、师资队伍、组织管理、学风建设、基础设施、经费管理等。

干部教育培训管理部门应当充分运用评估结果,指导干部教育培训机构改进工作。

第五十八条　干部教育培训项目评估由项目委托方组织实施。

项目评估的内容包括培训设计、培训实施、培训管理、培训效果等。

评估结果应当作为评价教育培训机构办学质量的重要标准,作为确定教育培训机构承担培训任务的重要依据。

第五十九条 干部教育培训课程评估由教育培训机构组织实施。

课程评估的内容包括教学态度、教学内容、教学方法、教学效果等。

教育培训机构应当将评估结果作为指导教学部门和教师改进教学的重要依据。

第九章 附则

第六十条 中国人民解放军和中国人民武装警察部队的干部教育培训办法,由中央军事委员会根据本条例的基本精神制定。

第六十一条 本条例由中央组织部负责解释。

第六十二条 本条例自2015年10月14日起施行。2006年1月21日中共中央印发的《干部教育培训工作条例(试行)》同时废止。

《2018—2022年全国干部教育培训规划》

干部教育培训是干部队伍建设的先导性、基础性、战略性工程,在进行伟大斗争、建设伟大工程、推进伟大事业、实现伟大梦想中具有不可替代的重要地位和作用。为培养造就忠诚干净担当的高素质专业化干部队伍,不断把新时代中国特色社会主义推向前进,结合干部教育培训工作实际,制定本规划。

一、总体要求

(一)指导思想

高举中国特色社会主义伟大旗帜，全面贯彻党的十九大和十九届二中、三中全会精神，以马克思列宁主义、毛泽东思想、邓小平理论、"三个代表"重要思想、科学发展观、习近平新时代中国特色社会主义思想为指导，认真落实新时代党的建设总要求，贯彻落实新时代党的组织路线，以学习贯彻习近平新时代中国特色社会主义思想为首要任务，以坚决维护习近平总书记的核心地位、坚决维护党中央权威和集中统一领导为最高政治原则，以坚定理想信念宗旨为根本，以全面增强执政本领为重点，突出政治训练、政治历练，把提高政治觉悟、政治能力贯穿全过程，坚持政治统领、服务大局，坚持以德为先、注重能力，坚持精准培训、全员覆盖，坚持改革创新、共建共享，坚持联系实际、从严管理，围绕建立源头培养、跟踪培养、全程培养的素质培养体系深化干部教育培训改革，着力提高培训针对性有效性，高质量教育培训干部、高水平服务党和国家事业发展，为决胜全面建成小康社会、夺取新时代中国特色社会主义伟大胜利、实现中华民族伟大复兴的中国梦提供有力保证。

(二)主要目标

——以习近平新时代中国特色社会主义思想为中心内容的理论教育更加深入，使之系统权威进教材、生动有效进课堂、刻骨铭心进头脑，广大干部马克思主义水平和政治理论素养不断提高,"四个意识"不断增强,"四个自信"进一步坚定,"四个服从"成为普遍自觉,思想行动高度统一。

——党性教育更加扎实,广大干部理想信念、党性观念、宗旨意识进一步强化,思想觉悟、政德修养、品行作风进一步提高,信仰之基、从政之基、廉政之基进一步牢固。

——专业化能力培训更加精准,广大干部适应新时代、实现新目标、落实新部署的能力明显增强,干一行、爱一行、精一行的专业精神进一步提升。

——知识培训更加有效,广大干部履职的基本知识体系不断健全、知识结构不断改善、综合素养不断提高,复合型领导干部的培养取得新进展。

——干部教育培训体系改革更加深化,干部素质培养的系统性、持续性、针对性、有效性不断增强,具有先进培训理念、科学内容体系、健全组织架构、高效运行机制的新时代中国特色社会主义干部教育培训体系不断完善。

(三)重要指标

1.省部级、厅局级、县处级党政领导干部5年内参加党校(行政学院或者行政学校,以下简称行政学院)、干部学院以及干部教育培训管理部门认可的其他培训机构累计3个月或者550学时以上的培训。科级以下干部每年参加培训累计不少于12天或者90学时。不同类别干部每年达到一定的调训率、参训率和人均脱产培训、网络培训学时数。

2.省(自治区、直辖市)、市(地、州、盟)、县(市、区、旗)党政领导班子成员每2至3年到党校(行政学院)、干部学院至少接受1次系统理论教育和严格党性教育,5年内累计不少于2个月;一般每年参加1次1周左右的专业化能力专题培训。

3.中央党校(国家行政学院)和省、市两级党校(行政学院)教学安排中,以习近平新时代中国特色社会主义思想课程为主,理论教育和党性教育的比重不低于总课时的70%。各级党校(行政学院)、干部学院的主体班次都要设置党性教育课程,1个月以上的班次要安排学员进行党性分析,确保党性教育课程不低于总课时的20%。

4.省级以上党校(行政学院)、干部学院、社会主义学院主体班次中,领导干部讲课课时不低于总课时的20%,运用研讨式、案例式、模拟式、体验式、辩论式等互动式教学方法的课程比重不低于30%。

二、全面深入开展习近平新时代中国特色社会主义思想教育培训

(一)坚持把学习贯彻习近平新时代中国特色社会主义思想摆在干部教育培训最突出的位置

把习近平新时代中国特色社会主义思想作为党委(党组)理论学习中心组学习主要内容,作为各级党校(行政学院)、干部学院、社会主义学院主课,作为干部学习的中心内容,不分心、不走神、不偏离,长期坚持、持续发力,精耕细作、不断深化,结合"不忘初心、牢记使命"主题教育,推动学习教育往深里走、往实里走、往心里走。实施"习近平新时代中国特色社会主义思想教育培训计划",以县处级以上领导干部为重点,坚持集中培训与经常性教育相结合,坚持

理解中国治理

中长期系统培训与短期专题培训相结合,坚持理论学习与实践锻炼相结合,综合运用多种方式方法,深化习近平新时代中国特色社会主义思想学习培训。

(二)在学懂弄通做实上下功夫

组织干部研读习近平新时代中国特色社会主义思想原著,从历史和现实相贯通、国际和国内相关联、理论和实际相结合的宽广视角,深刻把握习近平新时代中国特色社会主义思想的深邃理论源泉、深厚文化底蕴、丰富实践基础、强大真理和人格力量,深刻把握这一重要思想的时代意义、理论意义、实践意义、世界意义,深刻把握"八个明确""十四个坚持"的科学体系和丰富内涵,深刻把握贯穿其中的马克思主义立场观点方法,不断提高马克思主义水平和政治理论素养,不断提高运用科学理论解决实际问题的能力,全面贯彻党的基本理论、基本路线、基本方略。坚持理论联系实际,教育引导广大干部把自己摆进去、把思想摆进去、把工作摆进去,对照习近平新时代中国特色社会主义思想检视思想言行,真正筑牢理想信念、增强履职本领、提升品行作风,增强政治意识、大局意识、核心意识、看齐意识,自觉在思想上政治上行动上同以习近平同志为核心的党中央保持高度一致。

(三)着力提升学习培训效果

研究制定习近平新时代中国特色社会主义思想教学大纲,构建较为完备的课程体系。以学习贯彻习近平新时代中国特色社会主义思想为主线,组织编写第五批全国干部学习培训教材。加强师资队伍建设,定期对理论骨干师资进行习近平新时代中国特色社会主义思想专题学习培训,在中央党校(国家行政学院)开设学制一年的习近平新时代中国特色社会主义思想理论研修班。强化对习近平新时代中国特色社会主义思想的教学研究,组织教师分专题分领域开展理论攻关、集体备课,推动研究成果进课堂,着力提高教师用学术讲政治的水平。注重研究式教学,增加自学和研讨时间,列出自学书目,组织学员研读原著、研究问题;在加强自学基础上,组织学员深入研讨,安排教师导读,实现教学相长、学学相长。开发一批学习贯彻习近平新时代中国特色社会主义思想的教学案例和现场教学点。深入研究理论教育的特点和规律,搭建理论学习网络平台,不断增强理论学习教育的吸引力感染力说服力。

(四)建立健全习近平新时代中国特色社会主义思想学习教育长效机制

坚持和完善干部脱产学习进修制度,制定新一轮领导干部5年脱产进修计划,精心组织选调干部参加党校(行政学院)、干部学院脱产培训,全面系统学习习近平新时代中国特色社会主义思想,对重要岗位的干部实行点名调训。建立健全干部在职自学制度,积极创造条件,鼓励和支持干部加强习近平新时代中国特色社会主义思想的学习。完善理论学习考核激励机制,强化述学、评学、考学措施,把学习贯彻习近平新时代中国特色社会主义思想情况作为考核领导班子和衡量领导干部思想政治素质的重要内容。

三、完善培训内容体系

（一）党的基本理论教育

在大力开展习近平新时代中国特色社会主义思想教育培训的同时，组织广大干部深入学习马克思列宁主义、毛泽东思想、邓小平理论、"三个代表"重要思想、科学发展观，原原本本学习和研读经典著作，学习掌握马克思主义哲学、政治经济学、科学社会主义，学习掌握中国特色社会主义理论体系，学习掌握贯穿其中的马克思主义立场观点方法，不断深化对共产党执政规律、社会主义建设规律、人类社会发展规律的认识，自觉坚持和运用辩证唯物主义和历史唯物主义世界观、方法论分析解决问题，增强战略思维、创新思维、辩证思维、法治思维、底线思维能力，真正做到真学真懂真信真用。

（二）党性教育

加强理想信念教育，教育引导党员干部挺起共产党人的精神脊梁，解决好世界观、人生观、价值观这个"总开关"问题，自觉做共产主义远大理想和中国特色社会主义共同理想的坚定信仰者、忠实实践者。加强党章学习培训，教育引导党员干部自觉尊崇党章、模范践行党章、忠诚捍卫党章，认真履行党员义务，正确行使党员权利。加强党规党纪特别是政治纪律和政治规矩教育，强化廉政教育，开展经常性警示教育，引导干部知敬畏、存戒惧、守底线。加强党的宗旨和作风教育，引导干部深入贯彻以人民为中心的发展思想，践行全心全意为人民服务的根本宗旨,坚决反对"四风",始终保持党同人民群众的血肉联系。加强党内政治文化教育,弘扬忠诚老实、公道正派、实事求是、清正廉洁等价值观,引导干部自觉增强党内政治生活的政治性、时代性、原则性、战斗性。加强党史国史、党的优良传统和世情国情党情教育,结合庆祝改革开放40周年、新中国成立70周年、中国共产党成立100周年等重大活动开展党性教育,引导干部传承红色基因,永葆政治本色。开展政德教育,引导干部明大德、守公德、严私德,自觉追求高尚情操、坚守道德底线、远离低级趣味、引领时代新风。深入开展社会主义核心价值观教育,加强中华优秀传统文化、革命文化和社会主义先进文化学习教育,引导干部树立正确的历史观、民族观、国家观、文化观,不断提升精神境界。

(三)专业化能力培训

紧紧围绕统筹推进"五位一体"总体布局和协调推进"四个全面"战略布局,着眼建设现代化经济体系、发展社会主义民主政治、推动社会主义文化繁荣兴盛、加强和创新社会治理、加快生态文明体制改革和坚定不移全面从严治党等,聚焦贯彻落实新发展理念、深化供给侧结构性改革、实施"七大战略"、打赢"三大攻坚战"和推动"一带一路"建设等党中央重大决策部署,突出问题导向、实践导向,组织开展务实管用的专题培训,引导和帮助干部丰富专业知识、提升专业能力、锤炼专业作风、培育专业精神,不断提高适应新时代中国特色社会主义发展要求的能力。实施"干部专业化能力提升计划"。

(四)知识培训

着力培养又博又专、底蕴深厚的复合型干部,使之做到既懂经济又懂政治、既懂业务又懂党务、既懂专业又懂管理。加强党的路线方针政策和宪法法律法规学习培训,开展经济、政治、文化、社会、生态文明、党建和哲学、历史、科技、国防、外交等各方面基础性知识学习培训,开展互联网、大数据、云计算、人工智能等新知识新技能学习培训,帮助干部完善履行岗位职责必备的基本知识体系,提高科学人文素养。抓好总体国家安全观、统战、民族、宗教、金融、保密、统计、城市规划管理、质量发展、安全生产、应急管理、知识产权、心理健康等方面学习培训。加强形势任务教育,引导干部统一思想、把握大局,居安思危、坚定信心。

四、优化分类分级培训体系

(一)党政领导班子成员

围绕培养造就信念过硬、政治过硬、责任过硬、能力过硬、作风过硬的执政骨干队伍,以提高政治素质、增强党性修养为根本,以提升专业能力为重点,突出党的群众路线教育,加强各级领导班子成员的培训。

主要措施:(1) 党中央就关系党和国家工作全局的重大理论和现实问题定期举办省部级主要领导干部专题研讨班。(2)中央组织部每年安排不少于500名省部级干部到中央党校(国家行政学院)进行系统理论学习;每年安排不少于1000名省(自治区、直辖市)党委和政府领导班子成员以及中央和国家机关部委领导班子成员,到国家级干部教育培训机构参加1次1周左右的专业化能力专题培训;每年安排3000名左右市(地、州、盟)党政领导班子成员和省(自治区、直辖市)直属部门单位领导班子成员到国家级干部教育培训机构培训;每年安排800名左右县委书记到中央党校(国家行政学院)参加培训,安排200名左右新任县委书记到中国井冈山干部学院、中国延安干部学院进行党性教育,安排贫困县党政正职到中国浦东干部学院参加专题培训;委托中央和国家机关有关部委举办地方党政领导干部专题研究班,每年培训1000名左右市、县党政领导班子成员。(3)地方各级党委组织部按照干部管理权限,统筹制定年度培训计划,每年安排不少于1/5的领导班子成员参加培训。(4)中央和国家机关有关部委按照职责分工,对本系统的省(自治区、直辖市)直属部门单位领导班子成员开展培训。统战部门加强领导班子中党外干部的教育培训。

(二)机关公务员

围绕建设高素质专业化公务员队伍,以加强思想政治建设、职业道德建设和业务能力建设为重点,准确把握综合管理类、专业技术类、行政执法类等公务员类别特点和不同需求,加强机关公务员培训。

主要措施:(1)中央组织部会同有关部门每年安排3000名左右中央和国家机关司局级干部参加专题研修,安排300名左右司局级干部、150名左右新任司局长到中央党校(国家行政学院)培训,安排中央和国家机关100名左右新任处长参加示范培训。(2)中央和国家机关各部委、各人民团体组织人事部门对本单位司局级以下干部开展全员培训,每年安排不少于1/5的干部参加培训。(3)省(自治区、直辖市)直属部门单位负责抓好本部门本单位处级以下干部的培训,市(地、州、盟)直属部门单位负责抓好本部门本单位科级以下干部的培训。(4)各级组织人事部门要督促指导同级各部门各单位公务员的教育培训工作,抓好初任培训、任职培训、专门业务培训、在职培训。加强机关党支部书记培训。

(三)企业领导人员

着眼培养造就对党忠诚、勇于创新、治企有方、兴企有为、清正廉洁的国有企业家队伍,以强化忠诚意识、拓展世界眼光、提高战略思维、增强创新能力、锻造优秀品行为重点,加强企业领导人员教育培训,着力培养企业家精神,加快建立健全企业领导人员培训体系。

主要措施:(1)研究出台关于新形势下进一步加强企业领导人员教育培训工作的意见。(2)中央组织部每年安排不少于1/5的中管金融企业、中管企业领导班子成员和国务院国资委党委管理领导班子的中央企业主要负责人,到国家级干部教育培训机构培训。定期举办中管金融企业和中管企业党委(党组)书记专题研究班。(3)国务院国资委抓好国务院国资委党委管理领导班子的中央企业领导班子成员培训。(4)各级组织人事部门、国有资本监管部门和各国有企业根据职责分工,抓好企业党组织书记培训,结合实际开展企业领导人员全员培训。(5)中央统战部组织全国工商联领导班子成员、常委、执委中的民营企业主要负责人等培训,工业和信息化部负责组织中小企业经营管理者培训。(6)中国大连高级经理学院要突出特色、打造品牌,进一步发挥在企业领导人员培训中的重要作用。中央企业的党校(企业大学)要加强办学能力建设,充分发挥在企业自主培训中的作用。

(四)事业单位领导人员

着眼建设一支符合新时期好干部标准的高素质专业化事业单位领导人员队伍,突出事业单位公益性、服务性、专业性、技术性特点,遵循事业单位领导人员成长规律,以提高政治觉悟、管理能力、专业水平和职业素养为重点,分类开展事业单位领导人员教育培训,探索建立事业单位领导人员教育培训体系,更好适应新时代中国特色社会主义公益事业发展要求。

主要措施:(1)中央组织部会同地方和有关行业主管部门根据实际,定期举办相关培训班次,每年安排一定数量的事业单位领导人员参加培训。(2)中央组织部会同有关部门每2年举办1次党委书记和校长列入中央管理的高校主要负责人培训班,每年安排不少于1/5的其他高校党委书记、校长到国家级干部教育培训机构参加培训。教育部、工业和信息化部、中国科学院等部门单位和地方各级高校主管部门按照干部管理权限,统筹制定年度培训计划,每年安排不少于1/5的高校领导班子成员参加培训。(3)中央和国家机关各部委、各人民团体组织人事部门对所属事业单位领导人员开展全员培训,每年安排不少于1/5的领导人员参加培训。(4)地方各级党委组织部统筹制定年度培训计划,组织协调本地区事业单位领导人员和基层党组织负责人的培训。(5)各级组织人事部门加强统筹,注重对事业单位其他管理人员进行培训。

（五）专业技术人员

围绕建设规模宏大、结构合理、素质优良、具有国际竞争力的专业技术人员队伍，突出政治引领，以提升思想政治素质和职业素养、创新创造创业能力为重点，以新理论、新知识、新技术、新方法为主要内容，以高精尖缺和骨干专业技术人才为主要对象，加强专业技术人员培训。

主要措施：（1）人力资源社会保障部组织实施专业技术人员继续教育，指导各行业各系统开展全员教育培训；组织实施专业技术人才知识更新工程，每年培训100万名高层次、急需紧缺和骨干专业人才。组织开展新疆、西藏少数民族专业技术人才特殊培养工作。（2）中央组织部会同有关部门，每年安排1300名左右高层次专家到国家级干部教育培训机构培训。各省（自治区、直辖市）党委组织部负责各自联系的高级专家培训。（3）中央宣传部会同有关部门，每年选派700名左右哲学社会科学教学科研骨干、部分新闻和文化工作骨干到国家级干部教育培训机构培训。各省（自治区、直辖市）负责抓好本地区哲学社会科学教学科研骨干、新闻和文化工作骨干的培训。（4）非公有制经济组织、社会组织和基层一线专业技术人员的教育培训，由人力资源社会保障部会同有关部门明确任务、提出要求，各省（自治区、直辖市）人力资源社会保障部门会同有关部门组织实施。（5）中央和国家机关各部委、各人民团体组织人事部门，各省（自治区、直辖市）人力资源社会保障部门根据行业特点和业务需要，分类分层开展专业技术人员培训。

（六）年轻干部

着眼培养造就忠实贯彻习近平新时代中国特色社会主义思想、符合新时期好干部标准、忠诚干净担当、数量充足、充满活力的高素质专业化年轻干部队伍,突出理想信念宗旨教育、思想道德教育、优良作风教育,加强年轻干部政治训练和实践锻炼。

主要措施:（1）中央组织部每年安排1000名以上优秀年轻干部到国家级干部教育培训机构培训,安排部分中西部地区年轻干部到中国浦东干部学院培训。（2）各级组织人事部门根据优秀年轻干部培养目标,坚持分类培训,有计划地安排年轻干部到党校（行政学院）、干部学院和党性教育基地接受系统理论教育和严格党性教育。实施"年轻干部理想信念宗旨教育计划"。

（七）基层干部

着眼培养守信念、讲奉献、有本领、重品行的高素质专业化基层干部队伍,以提高发展经济、改革创新、依法办事、化解矛盾、做群众工作等能力为重点,加强基层干部特别是乡镇（街道）党政正职、村（社区）党组织书记的培训。

主要措施:（1）各省（自治区、直辖市）党委组织部每年安排200名左右基层干部到省级干部教育培训机构参加示范培训。（2）各省（自治区、直辖市）、市（地、州、盟）党委组织部每年安排不少于1/5的乡镇（街道）党政正职参加培训。（3）各市（地、州、盟）、县（市、区、旗）党委组织部按照职责抓好基层干部培训,确保全覆盖。各地区各部门各单位每年分期分批将党支部书记轮训一遍,加强基层党务干部培训。(4)实行垂直管理的部门负责本系统基层干部的教育培训。

各地区各部门各单位要加大对"一把手"的培训力度,实施"'一把手'政治能力提升计划"。重视抓好女干部、少数民族干部、党外干部的教育培训。继续支持革命老区、民族地区、边疆地区、贫困地区干部教育培训工作。实施"贫困地区干部教育培训帮扶计划",加强精准扶贫、精准脱贫教育培训,推动优质培训资源向贫困地区倾斜。东部地区做好对口支援西部地区、东北地区干部教育培训工作,开展公务员对口培训。加强和改进军地领导干部交叉培训和军队转业干部培训。

五、建强培训保障体系

(一)培训机构建设

立足功能定位,加强各级党校(行政学院)、干部学院主渠道主阵地建设,加强各级社会主义学院建设,坚持以教学为中心,紧扣主责主业,深化教学科研管理改革,突出教师主导作用和学员主体地位,不断提高办学质量。强化上级党校(行政学院)对下级党校(行政学院)的业务指导,加强教学督导、师资培养、质量评估,因地制宜推进市级党校(行政学校)对县级党校(行政学校)教学、师资等的统筹。深化县级党校(行政学校)办学体制改革,实施"县级党校(行政学校)分类建设计划"。按照少而精、突出特色的要求,稳妥推进部门行业干部教育培训机构优化整合。强化干部教育培训高校基地规范管理。坚持从严从实,加强现场教学基地建设,出台党性教育基地规范化建设意见。完善社会培训机构参与干部教育培训机制,开展清单式管理试点。鼓励干部教育培训机构开展交流协作,推动优质培训资源共享。

(二)师资队伍建设

加大名师培养吸收力度,把干部教育培训师资纳入各级人才政策支持范畴,努力造就一批马克思主义理论大家和忠诚于马克思主义、在学科领域有影响力的知名专家,定期评聘全国干部教育名师,给予支持和奖励。继续实施骨干教师培养计划,国家级干部教育培训机构每年培训2000名教学一线骨干教师,省级干部教育培训机构5年内将市县两级党校(行政学校)、社会主义学院教师培训一遍。建立健全专职教师知识更新机制和实践锻炼制度,每年有计划安排专职教师参加学习培训、调查研究和挂职锻炼。加大对基层师资队伍建设支持力度,国家级干部教育培训机构和省级党校(行政学院)每年安排一定数量的师资送教下基层,每年组织150名省市两级干部教育培训机构骨干教师到国家级干部教育培训机构访学进修。建立健全符合干部教育培训特点的师资准入和退出机制、师资考核评价体系、职称评定和岗位聘任办法、人才激励机制。加强和改进兼职教师选聘和管理。出台领导干部上讲台实施意见,支持各级领导干部上讲台,鼓励退休干部返聘任教。推进优秀师资共享,建好用好各级师资库。

（三）课程教材建设

制定理论教学和党性教育大纲。重点开发体现马克思主义中国化最新成果、反映各领域理论和实践创新的精品课程。加强教材建设，开发一批适应干部履职需要和学习特点的培训教材和基础性知识读本，分批向党员干部推荐学习书目。各地区各部门各单位结合实际，开发各具特色、务实管用的培训课程和教材。干部教育培训机构根据形势任务发展变化，及时更新课程教材内容。5年内评审推介500门左右全国干部教育培训好课程、50种左右全国干部教育培训好教材。

（四）培训方式方法创新

根据培训内容要求和干部特点，改进方式方法，开展研讨式、案例式、模拟式、体验式等方法运用的示范培训。推动国家级和省级干部教育培训机构案例库建设。探索运用访谈教学、论坛教学、行动学习、翻转课堂等方法。鼓励和支持干部运用网络培训、专题讲座等形式开展各方面基础性知识学习。

（五）干部教育培训和互联网融合发展

统筹整合网络培训资源，建设兼容、开放、共享、规范的全国干部网络培训体系。加强网络培训标准建设，2020年前形成较为完备的干部网络培训标准体系，2022年前实现各类各级干部网络培训平台资源共建共享、数据互联互通。积极探索适应信息化发展趋势的网络培训有效方式，推行线上线下相结合的培训模式。加强中国干部网络学院及其分院建设,建设在线学习精品课程库,迭代开发移动学习平台。严把网络培训的政治关、质量关、纪律关。加快干部教育培训机构"智慧校园"建设。完善干部教育培训信息管理系统,建立全国统一、分级管理的干部教育培训电子档案信息系统。

（六）学风建设

大力弘扬理论联系实际的马克思主义学风,做到学以致用、用以促学、知行合一。落实意识形态工作责任制,把讲政治贯穿教学、科研、管理全过程,严以治校、严以治教、严以治学。坚持艰苦奋斗、勤俭办学。严格教师管理,严肃教师讲课、参加会议、接受采访、发表文章等纪律要求,旗帜鲜明反对和抵制各种错误观点。加强学员管理,严格执行并适时修订《关于在干部教育培训中进一步加强学员管理的规定》。定期开展学风督查。

（七）经费管理

各级政府要将干部教育培训经费列入年度财政预算,保证工作需要。加大基层干部教育培训经费投入力度,地方各级党委可以使用留存的党费组织培训基层党员干部。中央财政加大对革命老区、民族地区、边疆地区、贫困地区一般性转移支付力度,财政困难地方可以统筹使用自有财力和上级转移支付开展干部教育培训工作。加强干部教育培训经费管理,完善有关规定,厉行勤俭节约,保证专款专用,提高使用效益。

(八)理论研究

加强干部教育培训重大理论和现实问题研究,深入把握干部成长规律和干部教育培训规律。推动设立干部教育学二级学科。办好干部教育培训专业期刊,搭建研究交流平台,促进成果转化应用。

六、健全培训制度体系

(一)完善需求调研制度

牢固树立按需培训理念,突出组织需求和岗位需求,把需求调研贯穿训前、训中、训后全过程。建立健全干部教育培训与干部选拔、管理、监督部门之间的信息沟通机制,健全完善干部教育培训主管部门与培训机构、干部所在单位之间的协调会商机制,精准把握培训需求,共同制定实施干部培训培养计划。

(二)健全组织调训制度

完善调训计划申报制度,加强统筹协调,严格审核把关,避免和防止多头调训、重复培训、长期不训等问题。严肃调训纪律,建立健全调训情况通报制度,完善点名调训和补训制度。对5年内没有参加党校(行政学院)、干部学院系统理论教育和严格党性教育的领导干部,及时进行补训。探索"错峰"调训和分段式培训,缓解工学矛盾。

（三）健全教学组织管理制度

加强干部教育培训全流程精细化管理。推行培训项目负责制。建立健全培训机构集体备课、教学督导、评价反馈等制度。建立健全跟班管理制度。注重发挥学员党支部和班委会作用,强化学员自我管理。加强培训管理队伍建设,注重对跟班联络员、组织员(班主任)的教育管理,建立健全培训管理者培训制度。

（四）建立健全干部教育培训考核评价制度

全面考核评价干部的学习态度和表现、理论知识掌握程度、党性修养和作风养成情况以及解决实际问题的能力等。2020年前制定理论教育和党性教育成效考核办法。运用互联网等手段,开展党的理论、党章党规党纪、履行岗位职责基本知识测试,探索对干部在职自学情况进行考核。加强干部选拔、培养、管理、使用工作的统筹,对中青年干部培训班等中长期主体班次强化跟班考察,通过开展谈心谈话、学员相互评价等方式,了解学员表现,为培养、考察、识别干部提供参考。完善培训情况登记、反馈、跟踪管理等制度。

（五）建立健全干部教育培训质量评估制度

坚持定量与定性相结合,完善质量评估指标体系,全面推进干部教育培训机构办学质量、项目质量、课程质量评估。2020年前完成省市县三级党校(行政学院)办学质量评估试点工作,2022年前对省市县三级党校(行政学院)

评估一遍。完善项目质量评估制度,健全由项目委托单位、参训学员、培训机构等共同参与的评估机制。完善课程质量评估制度,健全由学员、教师(或者专家)、跟班管理人员、教学管理部门等多方参与的评估机制。

(六)建立健全干部教育培训工作督查制度

重点围绕党中央关于干部教育培训工作的方针政策、重大任务等贯彻落实情况定期开展督促检查和情况通报,发现问题及时整改。将开展干部教育培训工作情况纳入领导班子考核重要内容,开展选人用人工作检查应当注意了解新提拔干部接受教育培训情况。

七、组织领导

各级党委(党组)要认真落实党建主体责任,把干部教育培训工作纳入本地区本部门本单位党的建设整体部署和工作规划,加强领导,统筹安排。各级党委(党组)主要负责同志要切实履行职责,及时解决干部教育培训工作中的困难和问题。干部教育领导小组或者联席会议要定期研究干部教育培训工作,加强协调指导。

各级组织部门要在党委领导下切实履行主管职能,加强整体规划、制度建设、宏观指导、协调服务和督促检查。各级干部教育领导小组或者联席会议成员单位要各司其职、密切配合、形成合力。各地区各部门各单位要围绕本规划提出的目标和任务,结合实际制定本地区本部门本单位干部教育培训规划或者实施意见,坚持分类分级,抓好贯彻落实。

　　中央组织部要对本规划实施情况进行督促检查,开展中期和5年总结评估工作。

　　中国人民解放军的干部教育培训工作,由中央军委根据本规划精神制定实施意见。

结语　中国治理的延续性与现代化

中国的治国理政事业，既在宏观层面具有"大气"的体制优势，亦在中微观层面具有"精巧"的机制优势。这些机制性优势，在70年的治国理政历程中已有充分的体现。在丰富的治国理政实践尤其是新时代的全面深化改革实践中，这些持续性长、遍及性广、活跃度高的技术性机制，成为各个治理领域在不同发展阶段取得源源不断成功的重要保障。这些技术性机制各自拥有相对特定的运行逻辑及功能，它们形成了一组"机制模块"，与"制度模块"一起共同作为中国国家治理体系的重要支柱。

这些技术性治理机制，都是在中国"土生土长"起来的方法论工具，在不同时期、以各种形式，持续性地服务于治国理政事业，可以说是中国共产党和中国政府自身"创业"并积累下来的一系列"治理资产"。作为带有特定含义的名词和话语，"领导小组、试点、督察、创城、网格、学习"技术性治理机制以其广泛的存在、丰富的功能和鲜明的特质,共同构成了中国整个治理体系中的一个重要板块。进入全面深化改革时期,这些治理机制在继续助推改革进程朝着治理现代化的总目标迈进的同时,自身亦面临着较为迫切的现代化任务。

围绕着推进国家治理体系与治理能力的现代化这一宏大目标及内容体系,本书选择其中的一个"中观层次板块",即治理实践中以"领导小组、试点、督察、创城、网格、学习"为典型代表的技术性机制,由此切入研析中国国家治理现代化进程中所涉及的一系列现实及理论问题。显而易见,现实中类似的治理机制有很多,本书自然无法将其全部纳入,而是以目前较为关键的六个治理机制为研究对象。至于那些还未来得及考虑的因素和变量,并非它们的研究价值不足,仅仅只是作者基于个人旨趣、精力投入和容量限制的考虑。同时,就现有研究工作的进度和程度而言,肯定还难以完成对"领导小组、试点、督察、创城、网格、学习"这六个治理机制研究中各种问题的解答。作为一个探索性尝试,本书就它们的现实概况、运行特点进行了基础性梳理和学理性探讨,对于更多重要议题的论析还有待于今后做进一步的努力。

可以预见,随着越来越多的研究者、研究力量的跟进和投入,会有更多数量、类型的治理机制及其现代化研究论题进入到中国国家治理现代化的研究议程中来。这里还需要指出的是,未来时期要将有关于中国国家治理现代化理论与实践的分析,朝着更深层次、更精细化的方向拓展,尤其是置于更加坚实的社会科学研究基础之上,有两个重要方面值得强调:

其一,要有意识地摆脱"特殊论""特色论"等研究倾向。作为中国治理实践中的特定名词和特有话语,包括"领导小组、试点、督察、创城、网格、学习"

理解中国治理

在内的诸多治理机制，自然是生长于中国治理土壤之上的独特现象，确实有自己的原创性贡献和独到逻辑。但若过分强调它们的独特性甚至唯一性，可能会使研究工作落入"中国特色"的窠臼，难以与现代政治学、行政学、政策学等学科体系中的相关理论形成实质性的对话。过度彰显与众不同其实是一种自我隔离和封闭，尤其是与主流理论体系的严重脱节，最终会使研究共同体及其工作呈现出自娱自乐式的"学术孤岛"状态。

其二，要致力于对已有国家治理现代化理论体系产生影响和贡献。准确合理地把握中国治理机制特殊性的基本思路是，客观和严肃地对这些经验性知识进行理论抽象，推导出具有一般性理论意义的分析框架，最终进阶到对已有理论体系展开修正、补充和扩展这一层面。现有的国家治理现代化理论体系，是对部分国家和地区的发展历程进行学理性转化而来。对于存在着明显差异的中国经验事实，简单移植和套用这些域外理论，显然难以得到精确的阐释和理解。但"水土不服"并不等同于完全"无用"，更不意味着我们就一定要自成一系、另辟蹊径。已有的理论体系可能只是因为缺少了某些重要"拼图"，而显得不够完善，这正好为新兴理论的成长、进入提供了广阔空间和上佳机遇。基于这些本土性治理机制生发而来的理论认知，能够极大地扩充和丰富现有的国家治理现代化知识库，进而拓展国家治理现代化理论版图中的中国领地。因此，学界同仁们要站在追求社会科学一般性理论的高度，使基于中国治理历史与现实的理论，成为整个国家治理现代化理论的一部分，进而将其发展成为能够涵盖欧美、中国以及其他国家和地区实际情况的一个包容性与解释力都更强的理论体系，做出对中国自身和整个世界的双重贡献。

后　记

一、为何取此书名

本书的全名，实际上应该是"尝试从技术性视角理解中国治理"。显然，这肯定不能作为书名，故只好压缩简略，以"理解中国治理"之名与大家见面。

这样做的好处，直接地看是方便印制封面，功利地看是有助于"吸引眼球"，增加些许销量。但副作用也很明显，无论是笔者的能力，还是书的实际内容和水平，恐怕要使希望通过此书来"理解"中国治理的读者感到未至预期。作者只是期望通过此书，使得读者能够在短时间内对这些治理机制形成一个易于理解且准确的认知。

中国治理所涉及的内容如此广泛，本书并无此野心，将相关内容琳琅满目地全部堆砌出来。笔者只是尝试着从一个技术性视角,对中国治理实践中持续时间长、遍及度广的若干机制展开梳理和阐释。至于其他方面的一系列治理机制并非不重要,而是源于作者在熟悉程度、精力投入、个人兴趣上的主观取舍。同时,这又恰好为未来的修订、再版工作预留了充足的空间和余地。新旧机制之间,与时俱进地保持"适时更新""有进有出",从而能够接续性地解析"中国是如何治理的"这一宏大命题。

二、写作目的与过程

自2010年出版硕士学位论文暨第一本专著《中国"小组机制"研究》、2013年出版博士学位论文暨第二本专著《中国"政策试点"研究》之后,笔者开始正式撰写"第三本书"的提纲。实际上,在2008年正式选定"领导小组"为硕士论文选题时,就已经有了将其他"备选"研究选题,发展成为系列研究的设想,即"成熟一个、出版一本"。近年来,随着个人关于各种治理机制的专题论文得以陆续发表,之前相对零散的想法开始逐渐体系化。笔者转念一想,当然其中也有惰性的因素,干脆合多为一、捏合成型,将这些相对独立的治理机制"合并"出版。这正是各位朋友所看到的"第三本书"——《理解中国治理》。

此书的写作提纲一再修订,在"选词"即具体选择哪些机制方面,一改再改,陷入了某种"选择困难症"。最终,在"时间线"的迫使下,确定为"领导小组、试点、督察、创城、网格、学习"这六个治理机制。在具体的内容安排方面,尝试着尽可能在学术性、实用性、参考性之间求得一个最大公约和平衡。于是对每一项治理机制的阐述,都分为"现实概况、运行特点、资料汇编"这三个部分,希冀于融洽地兼顾事实梳理与理论阐释,从而更好地契合各类型读者的阅读、使用习惯。虽然在"资料汇编"部分有"凑字数"之嫌,但笔者一直坚定地认为,这些数据和文件对于从事相应研究和实际工作的人士而言,都是十分重要的参考材料。尤其是相较于零碎地从各处费力搜寻,一本"随手可得、随手可查"的小册子,显然更加实用且有效。

笔者关于中国治理机制的系列研究,都发端、成型于南开大学。本书最终在2019年出版,正是新中国成立70周年、南开大学建校100周年之际,可谓"恰逢其时"。期待着在未来的研究工作中,持续性地围绕中国治理这一研究领域,发出更多更好的"南开之声"。

三、最后的致意

作为系列研究的开端,笔者于2009年完成了以"领导小组"为主题的硕士学位论文,并在次年将其作为专著出版,距今正好10年时间。

2009年以来,笔者关于中国治理机制的系列研究,得到了海内外各界人士的广泛关注,在此一并致以感激与谢意。海内外研究中国政府与政治的若干著名学者,多次直接或间接地与我联系,深入交流各种相关议题。很多中外文的著作、期刊论文、学位论文、研究报告,大量引用了笔者的研究观点及内容。笔者陆续接受了二十余家各种媒体平台的采访,其中包括英国《经济学人》,法国《费加罗报》,中国新华社、《人民日报》(海外版)、中央电视台《东方

理解中国治理

时空》《瞭望东方周刊》《中国新闻周刊》《南方周末》、财经网、大公网等重要媒体,与之相关联的转载更是数不胜数。基于各类成果的相关观点,经各种渠道,多次进入决策层、实务部门的视野中。以上种种,既是对笔者研究工作的莫大鼓励和肯定,更是促使笔者持续跟进追踪、提升研究水准的最大鞭策。

各位师友、同行、编辑、同学,曾经或正在参与相关实际工作的相关友人,你们的建议、意见乃至质疑,是本书的出版得以成为现实的关键所在,笔者更是在多方面获益匪浅。这些技术性治理机制,在中国治理实践中的普遍性、重要性有目共睹,期待继续和大家一起,共同推进这一板块的研究工作。

非常令人高兴的是,负责笔者两本专著的"老朋友"、天津人民出版社的王康老师继续担当拙作的策划编辑。林雨老师作为责任编辑,其耐心且细致的工作,让人敬佩,更使拙作增色不少。为了本书的出版,两位老师付出了辛勤的汗水和智慧。我向王康老师、林雨老师和出版社各个工作环节上的各位朋友致以诚挚的谢意!

在研究和写作过程中,我引用了一些前辈、同行的研究成果和相关新闻报道中的资料和数据,并尽量一一注明了出处,倘若挂一漏万,请予指正。同时,祈望学界前辈、同行和从事实践工作的朋友不吝赐教。真诚欢迎所有的批评、交流和建议! 笔者的邮箱地址是:zhouwang@nankai.edu.cn。

周　望

2019年春于南开大学西南村